U0520475

中华优秀传统文化融入
高校思想政治理论课系列丛书

丛书主编：隋灵灵　张素莲　隋卫东

中华优秀传统文化融入《马克思主义基本原理》案例研究指南

隋灵灵　张素莲 ──────── ◎编著

天津出版传媒集团

天津人民出版社

图书在版编目(CIP)数据

中华优秀传统文化融入《马克思主义基本原理》案例研究指南 / 隋灵灵, 张素莲编著. —— 天津 : 天津人民出版社, 2023.10
(中华优秀传统文化融入高校思想政治理论课系列丛书 / 隋灵灵, 张素莲, 隋卫东主编)
ISBN 978-7-201-19878-1

Ⅰ.①中… Ⅱ.①隋… ②张… Ⅲ.①马克思主义理论—教案(教育)—高等学校 Ⅳ.①A81

中国国家版本馆 CIP 数据核字(2023)第 193172 号

中华优秀传统文化融入《马克思主义基本原理》案例研究指南
ZHONGHUA YOUXIU CHUANTONG WENHUA RONGRU
《MAKESI ZHUYI JIBEN YUANLI》ANLI YANJIU ZHINAN

出　　版	天津人民出版社
出 版 人	刘　庆
地　　址	天津市和平区西康路35号康岳大厦
邮政编码	300051
邮购电话	（022）23332469
电子信箱	reader@tjrmcbs.com
策划编辑	王　康
责任编辑	武建臣
特约编辑	郭雨莹
装帧设计	卢炀炀
印　　刷	天津新华印务有限公司
经　　销	新华书店
开　　本	710毫米×1000毫米 1/16
印　　张	21.5
插　　页	2
字　　数	280千字
版次印次	2023年10月第1版　2023年10月第1次印刷
定　　价	89.00元

版权所有　侵权必究
图书如出现印装质量问题，请致电联系调换（022-23332469）

中华优秀传统文化融入高校思想政治理论课系列丛书
总　序

习近平总书记在庆祝中国共产党成立100周年大会上提出："坚持把马克思主义基本原理同中国具体实际相结合、同中华优秀传统文化相结合。"① 这一重大论断为中华优秀传统文化资源融入高校思想政治理论课提供了重要的理论指导。

中华优秀传统文化经过岁月长河的沉淀并流传至今，其内容博大精深，意义厚重深远，是中华民族的独特精神标识和宝贵精神财富，是我们在当今世界多种思想文化相互激荡中能够站稳脚跟的根基，是中华民族生命力、凝聚力、创造力的重要源泉，需要一代代人继续弘扬和传承下去。中华优秀传统文化融入思想政治理论课教学，为大学生思想政治教育工作提供了丰富的资源，如将中华中华优秀传统文化所倡导的讲仁爱、重民本、守诚信、崇正义、尚和合、求大同等价值观念融入社会主义核心价值观。生态文明、以民为

---

① 习近平:《在庆祝中国共产党成立100周年大会上的讲话》,《求是》,2021年第14期。

本、依法治国、解放思想、实事求是等治国理念,也可以从中华优秀传统文化思想宝库中找到依据。充分挖掘中华优秀传统文化的内涵,汲取中华优秀传统文化的营养,把中华优秀传统文化渗透于思想政治教育之中,深入挖掘和阐发中华优秀传统文化的时代价值,充分发挥思想政治理论课主渠道的作用,推动中华优秀传统文化创造性转化、创新性发展。

习近平总书记在庆祝中国共产党成立95周年大会上的重要讲话中指出:"文化自信,是更基础、更广泛、更深厚的自信。在5000多年文明发展中孕育的中华优秀传统文化,在党和人民伟大斗争中孕育的革命文化和社会主义先进文化,积淀着中华民族最深层的精神追求,代表着中华民族独特的精神标识。"①

中华优秀传统文化融入高校思想政治理论课教学,有利于大学生坚定文化自信,对于培养大学生形成和践行社会主义核心价值观具有重要的促进作用。从中华优秀传统文化中探寻当今社会问题的解决之道,就是一种文化自信力。加强中华优秀传统文化教育,把中华优秀传统文化融入思想政治教育,全方位融入教育教学的各个环节,充分发挥以文化人、以文育人的功能。坚定文化自信,既要不忘本来,弘扬中华优秀传统文化;也要面向未来,坚持中国特色社会主义文化发展道路。用习近平新时代中国特色社会主义思想武装头脑,坚持真理、坚守理想,以坚定理想信念筑牢精神之基,深入学习中国古代思想文化的重要典籍,理解中华优秀传统文化的精髓,正确把握中华优秀传统文化与马克思主义中国化的关系,引导大学生完善人格修养,关心国家命运,自觉把个人理想和国家理想、个人价值与国家发展结合起来,坚定为实现中华民族伟大复兴的中国梦不懈奋斗的理想信念。

本套丛书的出版旨在促进思想政治教育与中华优秀传统文化教育的紧

---

① 习近平:《在庆祝中国共产党成立95周年大会上的讲话》,人民出版社,2016年,第13页。

密结合，为深入挖掘中华优秀传统文化中蕴含的丰富思想政治教育资源方面提供良好的范例。同时，对于进一步丰富高校思想政治理论课的教学内容，提升教学效果，做出自己的努力。

这套丛书包括《中华优秀传统文化融入〈思想道德与法治〉案例研究指南》《中华优秀传统文化融入〈中国近现代史纲要〉案例研究指南》《中华优秀传统文化融入〈马克思主义基本原理〉案例研究指南》《中华优秀传统文化融入〈毛泽东思想和中国特色社会主义理论体系概论〉案例研究指南》，希望得到读者的喜爱和指正。

本套丛书内容按照最新版教材内容编写，编写组会随着教材内容的变化及时更新中华优秀传统文化融入的内容。

本套丛书的出版凝聚了全体编者的心血，希望丛书在弘扬中华优秀传统文化、培养和提高学生的人文素质方面有所裨益。

由于编者水平有限，书中缺点、疏漏之处在所难免，恳请专家和读者批评指正。在丛书的编写过程中曾参阅了许多专家、学者的论著与观点，在此一并表示感谢。

编　者

2022 年 5 月

前　言

  2014 年，教育部印发《完善中华优秀传统文化教育指导纲要》，明确提出："促进思想政治教育与中华优秀传统文化教育的紧密结合，以爱国主义教育为核心，深入挖掘中华优秀传统文化中蕴含的丰富思想政治教育资源，进一步丰富中小学德育课和高校思想政治理论课的教学内容，创新教学方法和手段，提升教学效果。"[①] 2017 年，中共中央办公厅、国务院办公厅印发《关于实施中华优秀传统文化传承发展工程的意见》，对传承发展中华优秀传统文化制定了具体的政策措施和实践路径。2021 年，国家"十四五"规划又对"传承弘扬中华优秀传统文化"做出了制度安排。可见，加强中华优秀传统文化教育，不仅是高校的教学任务、政治任务，更是高校思想政治理论课教师责无旁贷的教学责任、政治责任。2021 年，习近平总书记在庆祝中国共产党成立 100 周年大会上提出："坚持把马克思主义基本原理同中国具体实际相结合、同中华优秀传统文化相结合。"[②] 习近平总书记强调，"对待马克思

[①] 教育部关于印发《完善中华优秀传统文化教育指导纲要》的通知，中华人民共和国教育部网站，http://www.moe.gov.cn/srcsite/A13/s7061/201403/t20140328_166543.html。

[②] 习近平：《在庆祝中国共产党成立 100 周年大会上的讲话》，《人民日报》，2021 年 7 月 2 日。

主义,不能采取教条主义的态度"①。2022 年 10 月 16 日习近平总书记在党的二十大报告中强调,"只有把马克思主义基本原理同中国具体实际相结合、同中华优秀传统文化相结合,坚持运用辩证唯物主义和历史唯物主义,才能正确回答时代和实践提出的重大问题,才能始终保持马克思主义的蓬勃生机和旺盛活力"②。

马克思主义基本原理之所以能够同中华优秀传统文化相结合,就在于马克思主义揭示的人类最高理想共产主义,同中华民族祖先追求的"天下为公"的"大同"社会,都共同指向了人类社会发展的美好前景;就在于马克思主义认识世界、改造世界、造福全人类的科学理论,同我国古代思想家所阐述的人文观念存在着相互融通的关系;就在于中国化的马克思主义,把马克思主义基本原理与中国的具体实际、与中华优秀传统文化相结合并形成了一个有机整体。马克思主义中国化,就是要"化"在具有五千年之久的历史文化长河里,"化"在当前充满民族文化气息的现实实践的土壤中。历史充分证明,马克思主义只有与中华优秀传统文化相结合,才能深深根植于中华文化的沃土,绽放出强大的真理力量和实践伟力,让中华文化展现新的时代风采。

本书的出版,旨在促进中华优秀传统文化融入《马克思主义基本原理》教学,贯彻落实党和国家传承弘扬中华优秀传统文化的政策,践行习近平总书记关于坚持把马克思主义基本原理同中国具体实际相结合、同中华优秀传统文化相结合的指示要求。

本书结合教材内容,以案例形式,生动、形象地阐释中华优秀传统文化中蕴含的思想政治教育内涵,帮助高校思想政治理论课教师更好地把中华优秀传统文化融入《马克思主义基本原理》课程的教学过程中,帮助学生全

---

① 习近平:《在哲学社会科学工作座谈会上的讲话》,人民出版社,2016 年,第 13 页。
② 习近平:《高举中国特色社会主义伟大旗帜 为全面建设社会主义现代化国家而团结奋斗——在中国共产党第二十次全国代表大会上的报告》,《人民日报》,2022 年 10 月 26 日。

中华优秀传统文化融入《马克思主义基本原理》案例研究指南

面深入学习中华优秀传统文化中蕴含的思想内涵、人文精神和道德规范,增强学生的文化自信,使学生更加深刻地理解、掌握《马克思主义基本原理》的思想、观点、方法,树立正确的世界观、人生观、价值观。

徐铭泽、王美琦、李小雪、王坤、梁飞、张彦文等也参加了本书的编写工作。本书的出版凝聚了全体编者的心血,诚望本书能对提升《马克思主义基本原理》课程教学质量、弘扬中华优秀传统文化、培养和提高学生的人文素质等方面有所帮助。

本书在编写过程中,参考了许多有关论著,吸收了许多专家同仁的观点,但为了行文方便,不便一一注明。书后所附参考文献是本书重点参考的文献。在此,特向在本书中引用和参考的已注明和未注明的专著、教材、报刊、文章、网页的编著者和作者表示诚挚的谢意。

本书成稿于 2022 年 5 月,《马克思主义基本原理(2023 年版)》出版之后,编者根据新版教材内容做了修订。

本书虽经多次修改,但由于编者能力所限,不足之处在所难免,敬请专家读者批评指正。

编者
2023 年 3 月

目录 CONTENTS

导论 / 1

第一章 世界的物质性及发展规律 / 18
第一节 世界的多样性与物质统一性 / 18
第二节 事物的普遍联系和变化发展 / 52
第三节 唯物辩证法是认识世界和改造世界的根本方法 / 121

第二章 实践与认识及其发展规律 / 138
第一节 实践与认识 / 138
第二节 真理与价值 / 169
第三节 认识世界和改造世界 / 186

第三章 人类社会及其发展规律 / 202
第一节 人类社会的存在与发展 / 202
第二节 社会历史发展的动力 / 217
第三节 人民群众在历史发展中的作用 / 235

第四章 资本主义的本质及规律 / 244
第一节 商品经济和价值规律 / 244
第二节 资本主义经济制度 / 253

第三节　资本主义上层建筑 / 258

第五章　资本主义的发展及其趋势 / 264

　　第一节　垄断资本主义的形成与发展 / 264

　　第二节　正确认识当代资本主义的新变化 / 272

　　第三节　资本主义的历史地位和发展趋势 / 276

第六章　社会主义的发展及其规律 / 284

　　第一节　社会主义五百年的历史进程 / 284

　　第二节　科学社会主义基本原则 / 291

　　第三节　在实践中探索社会主义的发展规律 / 299

第七章　共产主义崇高理想及其最终实现 / 309

　　第一节　展望未来共产主义新社会 / 309

　　第二节　实现共产主义是历史发展的必然趋势 / 316

　　第三节　共产主义远大理想与中国特色社会主义共同理想 / 323

参考文献 / 330

导　论

在人类思想史上，就科学性和影响力而言，没有一种思想理论能达到马克思主义的高度，也没有一种学说能像马克思主义那样对世界产生如此广泛而深远的影响。马克思主义犹如壮丽的日出，照亮了人类探索历史规律和寻求自身解放的道路，至今依然闪烁着耀眼的真理光芒。马克思主义具有怎样的独特魅力？当今时代，马克思主义为何不可替代？新时代青年应当如何学习运用马克思主义？要理解这些问题，就需要系统学习马克思主义基本原理，树立科学的马克思主义观。

本部分共精选13个中华优秀传统文化案例，用以阐释和印证什么是马克思主义；马克思主义的创立与发展；马克思主义的基本特征；马克思主义的当代价值；自觉学习和运用马克思主义五个问题。

【案例一】一难知全

见骥一毛，不知其状；见画一色，不知其美。

——［战国］尸佼《尸子》

中华优秀传统文化融入《马克思主义基本原理》案例研究指南

【案例分析】

只看到千里马身上的一根毛,是不能知晓其体态的;只见到画上的一点颜色,是不能欣赏画卷之美的。比喻只了解事物的局部而缺乏宏观把握。这种认知上的片面性,会导致偏安一隅,暗于大理。

尸佼的这一思想,与孟子的"明足以察秋毫之末,而不见舆薪";庄子的"井蛙不可以语于海者,拘于虚也;夏虫不可以语于冰者,笃于时也";先秦道家著作《鹖(音 hé)冠子》中的"一叶障目,不见泰山;两豆塞耳,不见雷霆",讲述的是同一个道理。

马克思主义是一个博大精深的理论体系。马克思主义哲学、马克思主义政治经济学和科学社会主义是其三个基本组成部分,它们之间紧密联系,不可分割。我们要把马克思主义基本原理当成一个不可分割的逻辑体系,看作一个有机整体。对马克思主义进行研究与学习,既要进行宏观的整体性研究,又要进行微观的组成部分的研究,要将二者有机地结合起来。如果不对马克思主义的组成部分进行微观研究,就整体而研究整体,我们就无法深入理解和具体把握马克思主义的整体性,整体性研究就会流于空泛;而如果不在整体性原则的指导下进行微观研究,我们就无法准确地理解马克思主义不同组成部分的相互关系及其所体现的整体性特征,也就无法全面地理解马克思主义。因此,要从基本立场、基本观点、基本方法的有机统一中,来学习和把握马克思主义基本原理。

【教材内容链接】《马克思主义基本原理》"导论"之"什么是马克思主义"

【案例二】利器善事

工欲善其事,必先利其器。

——[春秋]孔子、其弟子及其再传弟子《论语·卫灵公篇》

【案例分析】

工匠想要使他的工作做得好，一定要先让工具锋利。比喻要做好一件事，准备工作非常重要。

马克思主义的基本立场，是马克思主义观察、分析和解决问题的根本立足点和出发点。马克思主义的基本观点，是关于自然、社会和人类思维发展一般规律的科学认识，是对资本主义社会和社会主义社会发展规律的科学认识，是对人类思想成果和社会实践经验的科学总结。马克思主义的基本方法，是建立在辩证唯物主义和历史唯物主义世界观和方法论的基础上，指导我们正确认识世界和改造世界的思想方法和工作方法。要学习和把握马克思主义基本原理，必须掌握马克思主义的基本立场、基本观点、基本方法。

大学生在成长过程中必然会遇到许多困难与烦恼。面对错综复杂的现实社会，学习马克思主义有利于大学生树立正确的世界观，提高思想道德素养以及树立对整个世界的正确看法和认知；有助于我们在现实生活中发挥人的主观能动性，树立正确的价值观。面对学习与生活中的难题，学习马克思主义有助于我们辩证分析问题，分清主次矛盾，并以此作为解决问题的出发点。面对各种思想冲击，学习马克思主义有助于我们坚定理想信念，自觉用马克思主义的立场观点方法，用习近平新时代中国特色社会主义思想这一马克思主义中国化最新成果，来辨析形形色色的社会思潮，分析纷繁复杂的社会现象，并在这一过程中不断深化对马克思主义科学性、真理性的认识，进而不断坚定共产主义远大理想和中国特色社会主义共同理想。

所谓知之愈明，行之愈笃。马克思主义这一人类伟大思想成果，值得我们用一生学思践悟。广大青年要自觉坚定马克思主义信仰，将马克思主义看作是我们认识世界、把握规律、追求真理、改造世界的强大思想武器，以青春之我、奋斗之我，为民族复兴铺路架桥，为祖国建设添砖加瓦，争做新时代坚定有为的青年马克思主义者。

【教材内容链接】《马克思主义基本原理》"导论"之"什么是马克思主义"

【案例三】与时俱进

凡益之道,与时偕行。

——[殷周至秦汉]《周易·益卦》

【案例分析】

做事情要立于不败之地,就必须跟上时代的步伐,把握时代的脉搏,与时俱进。从哲学上看,世界上的一切事物都是在不断发展变化的,只有把握时代脉搏、跟上时代步伐,才能始终走在时代前列。

马克思、恩格斯生活的时代,资本主义生产方式在西欧已经有了相当的发展。工业革命和科技进步极大地提高了劳动生产率,促进了生产力的发展。资本主义生产方式一方面带来了社会化大生产的迅猛发展,另一方面又给社会带来了深重的灾难:社会两极分化、工人极端困苦、周期性经济危机频繁爆发。令人困惑的是,财富的增加却伴随着贫困的扩散,生产的发展却引起经济危机,这究竟是怎么回事?应如何认识这些怪现象?如何说明资本主义这个"怪物"?人类的未来在哪里?

无产阶级在反抗资产阶级剥削和压迫的斗争中,逐步走向自觉,并迫切渴望科学的理论指导。习近平总书记在《纪念马克思诞辰200周年大会上的讲话》中指出:"马克思的思想理论源于那个时代又超越了那个时代,既是那个时代精神的精华又是整个人类精神的精华。"[①]时代课题吸引着马克思和恩格斯,工人运动召唤着马克思和恩格斯。两位胸怀伟大理想的年轻思想家以自觉的历史担当,迎接时代的挑战,成为新理论的创立者。

【教材内容链接】《马克思主义基本原理》"导论"之"马克思主义的创立

---

① 习近平:《习近平在纪念马克思诞辰200周年大会上的讲话》,《人民日报》,2018年5月5日。

与发展"——马克思主义的创立

【案例四】取舍适宜

可则因,否则革。

——[西汉]扬雄《法言·问道》

【案例分析】

对于过去的遗产,合宜于现在的,就继承;不合宜现在的,就变革。这两句话多用于说明如何对待以往的遗产,也可用于说明如何借鉴他人的经验。

对于遗产,不论是政治的、经济的、文化的、意识形态方面的,也不论是理论的或具体方法措施方面的,都应持有一个正确的态度,即古为今用。一切适宜于现代的就继承,一切不适宜于现代的就变革。不全盘否定,也不全盘接受。

19世纪西欧的三大先进思潮为马克思主义的创立提供了直接的理论来源。德国古典哲学、英国古典政治经济学、英法两国的空想社会主义,这三大思潮都是资本主义发展初期的先进思想家求索时代课题的尝试,他们提出了包含许多具有启发性的思想,比如德国古典哲学的辩证法思想,英国古典政治经济学对资本主义生产关系的分析和关于劳动创造价值的思想,空想社会主义者对资本主义社会的批判和对未来新社会的展望等。19世纪的三大科学发现,即细胞学说、能量守恒与转化定律、生物进化论,为马克思主义的产生提供了自然科学前提。正如列宁所说:"马克思主义这一革命无产阶级的思想体系赢得了世界历史性的意义,是因为它并没有抛弃资产阶级时代最宝贵的成就,相反却吸收和改造了两千多年来人类思想和文化发展中一切有价值的东西。"①

---

① 《列宁全集》(第三十九卷),人民出版社,1986年,第332页。

【教材内容链接】《马克思主义基本原理》"导论"之"马克思主义的创立与发展"——马克思主义的创立

【案例五】因变而变

夫筑城郭,立仓库,因地制宜,岂有天气之数以威邻国者乎?

——[东汉]赵晔《吴越春秋·阖闾内传》

器械者,因时变而制宜适也。

——[西汉]刘安及其门客《淮南子·氾论训》

【案例分析】

修筑城墙,建立仓库,根据各地的具体情况,制定适宜的办法,怎能靠上天或运气之类来威慑邻国呢?

器械用具同样要根据时代的变化而变化,使之适宜使用。后人由此提炼出成语"因时制宜",意思是指根据不同时期的具体情况,采取适当的措施。

因地制宜、因时制宜两个成语都表明:我们在处理问题和矛盾的时候应具体问题具体分析。

19世纪70年代到20世纪初,是西方科学技术取得重要成果的时期。科学技术的发展有力地推动了生产规模的扩大,使生产和资本日益集中,从而出现资本垄断的局面,资本主义从自由竞争阶段进入垄断阶段。垄断组织的迅速发展加剧了资本主义各国之间经济政治发展的不平衡,并导致了第一次世界大战的爆发。除无产阶级和资产阶级的矛盾外,帝国主义与殖民地半殖民地国家的民族矛盾成为资本主义世界的又一重大矛盾。俄国是当时欧洲最落后的国家,成为帝国主义各种矛盾的焦点与集合点,并因此成为帝国主义体系中最薄弱的环节,这就为无产阶级革命首先在俄国发生并取得胜利创造了有利的条件。列宁在领导俄国革命和建设的过程中,把马克思主义基本原理与俄国实际相结合,创立了列宁主义,把马克思主义发展到新的历史阶段。

【教材内容链接】《马克思主义基本原理》"导论"之"马克思主义的创立与发展"——马克思主义的发展

【案例六】万物有源

参天之木,必有其根;怀山之水,必有其源;人之有祖,亦犹是焉。

——[清]张澍《姓氏寻源·序》

【案例分析】

耸入云霄的树木,一定有它的根基;环绕山陵的洪水,一定有它的源头;每个人都有祖先,都可以追根溯源。

近代以来,由于西方列强的入侵和封建统治的腐败,中国逐步成为半殖民地半封建社会,国家蒙辱、人民蒙难、文明蒙尘,中华民族遭受了前所未有的劫难。为了改变中国人民的命运,各种思潮竞相发声。"你方唱罢我登场。"但无论哪一种思潮,哪一种主义,都没能解决中国的实际问题,未能改变旧中国的社会性质和中国人民的悲惨命运。中国迫切需要新的思想引领救亡运动,迫切需要新的组织凝聚革命力量。

十月革命一声炮响,给中国送来了马克思列宁主义。"十月革命帮助了全世界的也帮助了中国的先进分子,用无产阶级的宇宙观作为观察国家命运的工具,重新考虑自己的问题。"[①]中国共产党从成立起,就把马克思列宁主义确立为指导思想,并在不断探索中把马克思主义基本原理同中国具体实际相结合、同中华优秀传统文化相结合,领导全国各族人民取得了革命、建设、改革的伟大胜利,并不断推进马克思主义中国化,不断丰富和发展了马克思主义。

---

① 《毛泽东选集》(第四卷),人民出版社,1991年,第1471页。

【教材内容链接】《马克思主义基本原理》"导论"之"马克思主义的创立与发展"——马克思主义中国化时代化

【案例七】以民为本

齐宣王见孟子于雪宫。王曰:"贤者亦有此乐乎?"孟子对曰:"有。人不得,则非其上矣。不得而非其上者,非也。为民上而不与民同乐者,亦非也。乐民之乐者,民亦乐其乐。忧民之忧者,民亦忧其忧。乐以天下,忧以天下,然而不王者,未之有也。"

——[战国]孟子、其弟子及其再传弟子《孟子·梁惠王下》

【案例分析】

齐宣王在别墅雪宫里接见孟子。宣王说:"贤人也有在这样的别墅里居住游玩的快乐吗?"孟子回答说:"有。人们要是得不到这种快乐,就会埋怨他们的国君。得不到这种快乐就埋怨国君是不对的;作为老百姓的君王而不与民同乐,也是不对的。以百姓的快乐作为快乐的人,百姓也把他的快乐作为快乐;以百姓的忧患作为自己的忧患的人,百姓也会把他的忧患作为忧虑。以天下人的快乐为快乐,以天下人的忧愁为忧愁,这样还不能够使天下归服,是没有过的。"

在与齐宣王的交流对话中,孟子提出了"乐民之乐者,民亦乐其乐;忧民之忧者,民亦忧其忧"。这是孟子民本思想的重要观点。孟子认为,把天下人的快乐当作快乐,把天下人的忧愁当作忧愁,那么天下百姓就会归服于国君。北宋范仲淹《岳阳楼记》中的名句"先天下之忧而忧,后天下之乐而乐",正是对孟子思想的继承与发扬。

孟子认为民众是国家的主体,君主要想保证邦固国宁,就必须得民心、顺民意、与民同乐,这样才能得到民众的拥护爱戴。与民同乐是孟子仁政思想的一个组成部分。正是基于这种认识,孟子告诫统治者在思想上要以民为本,重民、爱民;在军事上要避免战争,安民、救民;在经济上要制民之产,富民、利民。①

马克思主义的基本特征之一就是人民性,人民性是马克思主义的本质属性,人民至上是马克思主义的政治立场。马克思主义政党始终把人民放在心中最高位置,始终站稳人民立场、把握人民愿望、尊重人民创造、集中人民智慧,一切奋斗都致力于实现最广大人民的根本利益。

放眼于世界,没有一个政党像中国共产党这样,从诞生开始就把"人民"镌刻在自己的旗帜上,并且一百多年来栉风沐雨、岁月峥嵘,一以贯之、持之以恒。中国共产党的根基在人民、血脉在人民、力量在人民。2007年1月7日,习近平总书记在《之江新语·为民办实事成于务实》一文中引用"乐民之乐者,民亦乐其乐;忧民之忧者,民亦忧其忧"。这句话是强调,鱼水之情从来都是相互的,党员干部如果能够倾心为民,乐民之乐、忧民之忧,群众同样会以德报德,这样就能赢得群众发自内心的拥护和支持,实现党群关系的良性互动,在新时期重叙鱼水情谊。

人民群众是历史的创造者,是社会主义事业的依靠力量。我们要始终秉持马克思主义的人民性,坚定人民至上的政治立场,致力于为实现最广大人民的根本利益而奋斗。

【教材内容链接】《马克思主义基本原理》"导论"之"马克思主义的基本特征"——人民的理论

【案例八】知易行难

子皮尽用其币。归,谓子羽曰:"非知之实难,将在行之。夫子知之矣,我则不足。《书》曰:'欲败度,纵败礼。'我之谓矣。夫子知度与礼矣,我实纵欲而不

---

① 人民日报评论部:《习近平用典第一辑》,人民日报出版社,2015年,第14页。

能自克也。"

——[春秋]左丘明《左传·昭公十年》

【案例分析】

子皮用完了全部的财礼。回国后,他对子羽说:"学习与懂得道理并不是最难的,而难在去实行。子产他老人家懂得道理,我却连道理还懂得不够。《尚书》上说,'欲望败坏法度,放纵败坏礼仪。'这说的就是我啊。子产他老人家懂得法度和礼仪了,我确实放纵欲望而不能克制自己。"

郑国大夫子皮给晋平公吊丧,他要带着财礼去。子产劝他说,吊丧用不着财礼,并给他算了一笔账,用财礼一定要百辆车拉,必须千人运送,千人运送一时回不来,必然会把钱财花光,这样有几次国家就会败亡。子皮不听,结果应了子产说的,钱财全用光了。所以他回来对子羽检讨自己的过失时,首先感慨地说"非知之实难,将在行之"。

求知重在运用,中华民族自古就是重视践行的民族。《古文尚书·说命》中提及"非知之艰,行之惟艰",指出认识事物,懂得道理并不难,难的是付诸行动,使主观内在的知外化为客观可见的行,从而强调了行的重要和困难,知行关系问题从此确立。对于知易行难的道理,《贞观政要·慎终》中也有所提及:"非知之难,行之惟难;非行之难,终之斯难。"意思是说做任何事情,只去了解它并不困难,困难的是去做;去做也并不困难,困难的是善始善终。

从使命和作用来说,马克思主义不是书斋中的学问,不是一种纯粹解释世界的学说,而是直接服务于无产阶级和人民群众改造世界的实践活动的科学理论。从马克思主义的内容来看,实践观点是马克思主义首要的和基本的观点,这一基本观点体现在马克思主义全部思想内容之中。马克思主义具有突出的实践精神,它始终强调理论与实践的统一,始终坚持与社会主义实际运动紧密结合。可以说,以马克思主义为指导的世界社会主义运动,本身就是马克思主义的实践形态。

读书要探究事物的道理，要有真知灼见，然后用学到的知识来检查自己，亲自实践，用学到的道理来指导自己的行动，正确处理好读书学习和参加社会实践二者之间的关系。

【教材内容链接】《马克思主义基本原理》"导论"之"马克思主义的基本特征"——实践的理论

【案例九】智者知变

明者因时而变，知者随事而制。

——[西汉]桓宽《盐铁论·忧边第十二》

【案例分析】

聪明的人往往会根据时期的不同而改变自己的策略和方法，有大智慧的人会伴随着事物发展方向的不同而制定相应的管理方法。"知"通"智"。这句话强调了"变"的重要性和必要性，主张与时俱进，积极地根据时代发展的要求做出适当的调整，反对因循守旧。

马克思主义是不断发展的开放的学说，具有与时俱进的理论品质。马克思主义是时代的产物，并随着时代、实践和科学的发展而不断发展。当今世界和我们所处的新时代，同过去相比发生了深刻的变化。无论从国外还是从国内看，我们都面临着许多新情况新问题，要跟上时代前进步伐，就不能身体已进入 21 世纪，脑袋还停留在过去，需要从理论和实践上作出回答并加以解决，为此必须坚持与时俱进，继续丰富和发展马克思主义。

2013 年 5 月，习近平总书记同各界优秀青年代表座谈时的讲话中指出："生活从不眷顾因循守旧、满足现状者，从不等待不思进取者、坐享其成者，而是将更多机遇留给善于和勇于创新的人们，青年是社会上最富活力、最具创造性的群体，理应走在创新创造前列。"[①]要有逢山开路、遇河架桥的意志，

---

① 习近平：《在同各界优秀青年代表座谈时的讲话》，《人民日报》，2013 年 5 月 5 日。

为了创新创造而百折不挠、勇往直前;要有探索真知、求真务实的态度,在立足本职的创新创造中不断积累经验、取得成果。

【教材内容链接】《马克思主义基本原理》"导论"之"马克思主义的基本特征"——发展的理论

【案例十】善治求源

臣窃闻善除害者察其本,善理疾者绝其源。伏惟陛下欲纾人之忧,先念忧之所自;欲救人之病,先思病之所由。知所自以绝之,则人忧自弭也;知所由以去之,则人病自瘳也。

——[唐]白居易《策林一·兴五福,销六极》

【案例分析】

臣听说善于消除祸患的人,总是先查找其根由;善于调理疾病的人,总是先断绝疾病产生的源头。陛下想要纾解忧愁,先要想想忧愁的根源在哪里;想要救治别人,先要查清楚病根在哪里。知道根源便杜绝它,则人的忧愁就消解了,知道原因就消除它,则人的病就会自然好了。比喻解决问题要找到问题的症结,才能根治。

此句的重点是"察其本"和"绝其源"。从古至今,大到灾祸,小到疾病的发生,都要追本溯源。只有找出根源,才能够使"患处"得到根治。反之,如果治标不治本,灾祸、疾病就会接踵而来。在生活中,一旦出现了任何问题,都要找到根源,这样问题才能够得到根本解决。

近代以来,由于封建统治者的腐败无能和西方列强的欺凌,中华民族陷入灾难深重的境地。无数仁人志士为了挽救民族危亡、实现民族复兴而前仆后继,但都未能改变中国人民的悲惨命运。马克思主义传入中国,使中华民族在精神上从被动转为主动。中国共产党在马克思主义的指导下带领中国人民取得了革命、建设、改革的伟大胜利,我国社会发生了翻天覆地的历史变化,中国人民实现了从站起来、富起来到强起来的伟大飞跃,中华民族伟大复兴进入了不可逆转的历史进程。我国现代化建设取得的举世瞩目的伟大成就,是马克思主义的现实指导作用和当代价值最直接、最可靠的证明。在当代中国,马克思主义仍然是指引我们发展的旗帜。不论前进的道路上遇到怎样的困难和挑战,只要我们高举马克思主义的旗帜,高举中国特色社会主义的旗帜,就不会迷失方向,就不会失去信仰。

【教材内容链接】《马克思主义基本原理》"导论"之"马克思主义的当代价值"——指引当代中国发展的行动指南

【案例十一】引匠获释

齐景公使人为弓,三年乃成。景公引弓而射,不穿一札。景公怒,将杀弓人。弓人之妻往见景公,曰:"蔡人之子,弓人之妻也。此弓者,太山之南,乌号之柘,燕牛之角,荆麋之筋,河鱼之胶也。四物者,天下之练材也,不宜穿札之少如此。且妾闻奚公之车不能独走;莫耶虽利不能独断,必有以动之。夫射之道,左手若拒石,右手若附枝,掌若握卵,四指如断短杖,右手发之,左手不知,此盖射之道。"景公以其言为仪而射之,穿七札。

——[西汉]韩婴《韩诗外传卷八·二十六章》

【案例分析】

齐景公要弓匠做弓,经过三年弓才做成。景公拿着弓,拉开弓射箭,却连一层牛皮的箭靶、一层铠甲的金属叶片也射不透。景公大怒,要杀做弓的弓匠。弓匠的妻子去见景公,对景公说:"我是蔡国人的女儿,弓匠的妻子。这张弓,是用从泰山南坡上找来的乌号柘木——一种停歇在这枝头的鸟儿一起飞,树枝就会随之弹起而致使鸟儿啼叫的坚韧的桑柘木,用燕地牛的角、楚地麋鹿的筋,以及黄河里的鱼的鱼皮熬制的鱼胶等材料做成的。这四种材料,是天下有名的精选出来的好材料,用这种材料做成的弓不应当只穿透层数这样少的牛皮箭靶、只射穿这样少的铠甲片。况且我听说过,即使奚仲造的车子,也不能自个儿跑,不会独自行走;莫耶宝剑虽然锋利,也不能自个儿独自斩断东西,必须有人使用它。射箭的方法,左手稳稳的好像抵着石头,右手好像攀着树枝,手掌好像握着鸡蛋,四个指头好像折断了的短木棍,右手将箭发射出去,左手没有感觉好像不知道。这就是射箭的方法。"景公按弓匠妻子所讲述的方法摆好姿势然后射箭,一下子就穿透了七层牛皮的箭靶。

器具,如果使用的方法不正确的话,就不会发挥它最好的效能。做任何事情都有方法,只有找到合适的方法,才能成功。这就如同教学,教师舍弃了好的方法,就教不好;学生舍弃了好的方法,同样也学不好。由此可见,讲究方法是解决问题、达到目的的重要途径。只有掌握了科学有效的方法,才能取得事半功倍的效果。

大学生在学习马克思主义理论的过程中,要有正确的态度和运用科学的方法。努力学习和掌握马克思主义的基本立场观点方法,才能从根本上不断提高自己的思想理论水平和辨别是非的能力,增强认识世界和改造世界的能力;才能全面、正确地理解和贯彻党的基本理论、基本路线、基本纲领、基本经验及各项方针政策,坚定不移地继续解放思想、坚持改革开放、推动科学发展、促进社会和谐,为全面建设社会主义现代化国家而奋斗。

【教材内容链接】《马克思主义基本原理》"导论"之"自觉学习和运用马克思主义"——努力学习和掌握马克思主义的基本立场观点方法

【案例十二】轮扁论读书

桓公读书于堂上,轮扁斲轮于堂下,释椎凿而上,问桓公曰:"敢问,公之所读者何言邪?"公曰:"圣人之言也。"曰:"圣人在乎?"公曰:"已死矣。"曰:"然则君之所读者,古人之糟粕已夫!"桓公曰:"寡人读书,轮人安得议乎!有说则可,无说则死!"轮扁曰:"臣也以臣之事观之。斲轮,徐则甘而不固,疾则苦而不入，不徐不疾，得之于手而应于心，口不能言，有数存焉于其间。臣不能以喻臣之子，臣之子亦不能受之于臣，是以行年七十而老斫轮。古之人与其不可传也死矣，然则君之所读者，古人之糟粕已夫！"

——[战国]庄子及其后学《庄子·天道》

【案例分析】

齐桓公在堂上读书，轮扁在堂下砍削木材制作车轮，轮扁放下椎凿的工具走上堂来，问齐桓公说："请问，您所读的是什么书呀？"桓公说："是记载圣人之言的书。"又问："圣人还在吗？"桓公说："已经死去了。"轮扁说："既然这样，那么您所读的书不过是圣人留下的糟粕罢了。"桓公说："我读书，做轮子的匠人怎么能议论？说出道理就可以放过你，没有道理可说就要处死。"轮扁说："我是从我做的事情看出来的。砍削木材制作轮子，榫头做得过于宽缓，就会松动而不牢固，做得太紧了，又会滞涩而难以进入。我做得不宽不紧，从手中做出的活儿，正符合心中摸索出的规律。这种火候嘴里说不出来，但是这个规律存在其中。我不能明白地告诉我的儿子，我儿子也不能从我这里得到做轮子的经验和方法，所以我已经七十岁了，还在独自做车轮。古代人和他们所不能言传的东西都一起死去了，那么您读的书不过就是古人留下的糟粕罢了！"

学习知识如果仅从书本上现成得来，而没有一定的实践基础，就算不上真正学习到有用的知识。学习理论，当然要多读马克思主义经典著作和党的重要文献。但是，马克思主义理论绝不只是书本上的学问，更是来自实践又指导实践的行动指南。因此，要学好这一理论，就必须坚持和弘扬理论联系实际的优良学风。一方面，要紧密联系我国社会的客观实际，特别是要联系新时代的新实际，了解我们党的大政方针；另一方面，要紧密联系自身的实际，努力提升自己的主观世界，进一步端正认识，健全人格，提高自身的素质。

【教材内容链接】《马克思主义基本原理》"导论"之"自觉学习和运用马

克思主义"——坚持理论联系实际的马克思主义学风

【案例十三】潜移默化

好雨知时节,当春乃发生。
随风潜入夜,润物细无声。
野径云俱黑,江船火独明。
晓看红湿处,花重锦官城。

——[唐]杜甫《春夜喜雨》

【案例分析】

好雨似乎会挑选时节,在春天来到的时候就伴着春风在夜晚悄悄地下起来,无声地滋润着万物。田野小径的天空一片昏黑,唯有江边渔船上的一点渔火放射出一线光芒,显得格外明亮。等天亮的时候,雨水湿润的花丛,娇美红艳,锦官城的大街小巷也一定是一片万紫千红的景象。

诗词用的是拟人化手法,指春雨随着春风在夜里暗暗地、静悄悄地来到大地,使大地万物受到雨水的滋养。现在经常用来形容通过采取有效的办法使受教育者在潜移默化、不知不觉中接受教育和熏陶。

青年是祖国的未来、事业的希望。大学生要自觉学习和运用马克思主义,要用正确的态度和科学的方法来学习和践行马克思主义。第一,要努力学习和掌握马克思主义的基本立场观点方法,领会马克思主义的精髓要义。只有这样,才能形成正确的世界观和方法论,培养科学的思维方式,增强分析问题和解决问题的能力。第二,要努力学习和掌握马克思主义中国化时代化的理论成果。学习这些理论成果,特别是学习习近平新时代中国特色社会主义思想,不仅有助于把握马克思主义在中国的运用和发展,而且有助于加深对马克思主义基本原理的理解。第三,坚持理论联系实际的马克思主义学风。要学好这一理论,就必须坚持和弘扬理论联系实际的优良学风。一方面,要紧密联系我国社会的客观实际,把握社会主义初级阶段这个最大国情,了解我们党的大政方针。另一方面,要紧密联系自身的实际,努力改造自己的主观世界,进一步端正认识,健全人格,提高自身的素质。第四,学习马克思主义,不能停留在对知识和方法的掌握上,还要内化为信念、外化为行动。要树立科学的理想信念,自觉将马克思主义作为自己的行动指南,培育和践行社会主义核心价值观,把它融入社会生活的各个方面,通过强化教育引导等手段,将其融入社会生活,使人们在实践中感知它、领悟它,达到"日用而不知"的程度。

【教材内容链接】《马克思主义基本原理》"导论"之"自觉学习和运用马克思主义"——要有正确的态度和方法

第一章 世界的物质性及发展规律

置身大千世界,仰望浩瀚星空,人们不禁思考和追问"世界是什么?""世界从哪里来?""世界与人是什么关系?"等问题。这些问题其实就是世界观问题,对这些问题的解答决定性地影响着人们的人生观和价值观。马克思主义的科学世界观揭示了世界的本质及发展规律,为我们提供了认识世界和改造世界的科学方法,为我们确立科学的人生观和价值观奠定了坚实的基础。

本章共精选 102 个中华优秀传统文化案例,用以阐释和印证世界的多样性与物质统一性;事物的普遍联系和变化发展;唯物辩证法是认识世界和改造世界的根本方法三个问题。

第一节 世界的多样性与物质统一性

我们生活在同一个世界,但对于这个世界的本质究竟是什么,不同的哲学流派有不同的理解。马克思主义认为,世界在本质上是物质的,物质是运动的,时间和空间是物质运动的存在方式。物质决定意识,意识对物质具有能动的反作用。正确认识和处理物质与意识的辩证关系,还需要处理好主观能动性和客观规律性的关系。

本节共精选31个中华优秀传统文化案例,用以阐释和印证物质及其存在的方式;物质与意识的辩证关系;世界的物质统一性三个问题。

【案例一】知足者常乐

孔子游于泰山,见荣启期行乎郕之野,鹿裘带索,鼓琴而歌。孔子曰:"先生何以为乐?"曰:"天生万物,惟人为贵,吾得为人,一乐也;男贵女贱,吾得为男,二乐也;人生有不见日月,不免襁褓者,吾既已行年九十矣,是三乐也。贫者士之常也,死者人之终也,处常得终,当何忧哉?"孔子曰:"善乎!能自宽者也。"

——[战国]列子《列子·天瑞》

【案例分析】

孔子在泰山游览,看见荣启期漫步在郕邑的郊外,穿着粗制的皮衣,系着粗麻绳,一面弹琴,一面唱歌。孔子问道:"先生这样快乐,是因为什么呢?"荣启期回答说:"我有很多很多的快乐啊,天生万物人为贵,我能成为人,这是我的第一乐。人类中有男女的区别,男人受尊重,女人受鄙视,而我既然能够成为男人,那自然就是我快乐的第二个原因了。人出生到世上,有没有见到太阳月亮、没有离开襁褓就夭亡的,而我既然已经活到了九十岁,那自然就是我快乐的第三个原因了。贫穷是读书人的普遍状况,死亡是人的最终结果,我安心处于一般状况,等待最终结果,还有什么可忧愁的呢?"孔子说:"说得好!你是个能够自己宽慰自己的人。"

这就是"知足者常乐"的典故。文中"男贵女贱"是落后的传统观念,现代社会提倡男女平等,但是"知足常乐"成为人们处世哲学的一种态度。人生活在世界上,需要对世界有一个总体的看法和把握,这就是人的世界观。我们置身其中的世界森罗万象、多姿多彩。从宇宙星体的运行,到地球物种的演化,再到人类社会的发展,以及人类文化的创造,无一不呈现出复杂的样态,体现着世界的多样性。

哲学是系统化、理论化的世界观,是对自然知识、社会知识和思维知识的概括和总结,是关于宇宙和人生的总体性认识,为人类安身立命提供不可或缺的思想基础。因此,青年人尤其是当代大学生要学会哲学思考,帮助自己树立起科学的世界观。

【教材内容链接】《马克思主义基本原理》第一章第一节"世界的多样性与物质统一性"之"物质及其存在方式"——哲学

【案例二】人有亡斧者

人有亡斧者,意其邻之子,视其行步,窃斧也;颜色,窃斧也;言语,窃斧也;动作态度,无为而不窃斧也。俄而抇其沟而得其斧,他日复见其邻之子,动作态度,无似窃斧者。

——[战国]吕不韦及其门客《吕氏春秋·去宥》

【案案例分析】

从前,有个人丢了一把斧子,他怀疑是邻居家的孩子偷的,就暗暗地注意那个孩子。他看那个孩子走路的姿势,像是偷了斧子的样子;他观察那个孩子的神色,也像是偷了斧子的样子;他听那个孩子说话的语气,更像是偷了斧子的样子。总之,在他的眼睛里,那个孩子的一举一动都像是偷斧子的。不久,他在挖掘山沟时找到了那把斧子。从此以后,他再看邻居家的那个孩子,一举一动丝毫也不像偷过斧子的样子了。

邻居家孩子的言语举止并没有变化,但在丢斧人眼里却前后判若两人。因为丢斧人先前根据自己主观想象,怀疑邻居的孩子偷了他的斧头,认为邻居的孩子是一个小偷,这是先有意识后有物质,是唯心主义;后来找到了斧头,认为邻居的孩子不再是小偷,这是物质决定意识,是唯物主义。唯物主义与唯心主义的根本分歧就在于对物质与意识何者为第一性的不同回答。

从哲学上看,世界上的万事万物归结起来无非是两大类现象:物质现象和精神现象。人类的活动归纳起来无非是两大类:认识世界和改造世界。我们认识和看待这两大类现象和两大类活动,都不能不涉及存在和思维的关系问题。存在和思维的关系问题又称为物质和意识的关系问题,构成了全部哲学的基本问题。

恩格斯总结和概括了哲学发展特别是近代哲学发展的历史事实,第一次明确指出:"全部哲学,特别是近代哲学的重大的基本问题,是思维和存在的关系问题。"[1]哲学基本问题之一就是存在和思维、物质和意识谁为本原的问题,即何者为第一性的问题。对这一问题的不同回答,形成了唯物主义和唯心主义两种根本对立的哲学派别。

对哲学基本问题的回答是解决其他一切哲学问题的前提和基础。只有科学解决存在和思维的关系问题,才能正确认识世界的本质和把握世界的发展规律。

【教材内容链接】《马克思主义基本原理》第一章第一节"世界的多样性与物质统一性"之"物质及其存在方式"——哲学基本问题

【案例三】鱼乐之辩

庄子与惠子游于濠梁之上。庄子曰:"鲦鱼出游从容,是鱼之乐也。"惠子曰:"子非鱼,安知鱼之乐?"庄子曰:"子非我,安知我不知鱼之乐?"惠子曰:"我非子,固不知子矣;子固非鱼也,子之不知鱼之乐全矣!"庄子曰:"请循其

---

[1] 《马克思恩格斯选集》(第四卷),人民出版社,2012年,第229页。

本。子曰'汝安知鱼乐'云者,既已知吾知之而问我,我知之濠上也。"

——[战国]庄子及其后学《庄子·外篇·秋水》

【案例分析】

庄子与好友惠施同游于濠梁之上,庄子说:"鱼儿悠然自得地游来游去,真是快活呀!"惠施听了之后,跟庄子辩论,说:"你又不是鱼,你怎么知道鱼儿很快活呢?"庄子一听,眼珠转了转说:"你又不是我,你怎么知道我不知道鱼儿很快活?"惠施又反问:"我不是你,当然不知道你了,由此推断,你也不是鱼,你也不知道鱼很快活。"庄子安闲地回答道:"请追溯话题本源。你说'你哪儿知道鱼快乐'的话,说明你已经知道我知道鱼快乐而在问我。我是在濠水的桥上知道的啊。既然你问我鱼为什么是快乐的,这就说明你事先已经承认我是知道鱼是快乐的,而现在你问我怎么知道鱼是快乐的。我是在濠水的岸边知道鱼是快乐的。"

本文讲两位辩论高手,同游于濠水的一座桥梁之上,俯看鲦鱼自由自在地游来游去,因而引起联想,展开一场人能否知鱼之乐的辩论。庄子说:"鱼儿悠然自得地游来游去,真是快活呀!"肯定人能知鱼之乐,这说明物质是可以被人们反映的,庄子坚持了可知论。惠施听了之后,说:"你又不是鱼,你怎么知道鱼儿很快活呢?"否定人能知鱼之乐,认为鱼儿不能被人们认识,是不可知论。存在和思维、物质和意识是否具有同一性的问题,即思维能否正确地反映存在、人能否认识或彻底认识世界的问题。对这一问题的不同回答,产生了可知论和不可知论的理论分野。这是哲学基本问题第二方面的内容。

【教材内容链接】《马克思主义基本原理》第一章第一节"世界的多样性与物质统一性"之"物质及其存在方式"——哲学基本问题

【案例四】神依于形

形存则神存,形谢则神灭。

——[南朝·梁]范缜《神灭论》

【案例分析】

人的形体存在,神(指人的精神)就存在;人的形体没有了,神也就消失了。

"形存则神存,形谢则神灭"是由南北朝时期著名的思想家范缜提出的,是我国古代唯物主义思想的体现。范缜认为,精神是肉体(形)的作用,肉体是精神的本质,肉体消失了,精神就消失了。

古代朴素唯物主义,是用某种或某几种具体物质形态来解释世界本原的哲学学说,是唯物主义发展的最初历史形态。它否认世界是神创造的,把世界的本原归结为某种或某几种具体的物质形态,试图从中找到具有无限多样性的自然现象的统一。这里的"形"指的是物质的某种具体形态。认为"形"不在了,也就是世界不存在了,神就不存在了,因此它是把世界归结为某种具体的社会形态。

世界是物质的世界,对物质的正确理解是我们认识和把握世界本质和规律的前提。一切唯物主义哲学都是从这一前提出发,把物质范畴作为自己的理论基石。从古到今,唯物主义对物质的理解,经历了从朴素到科学、从片面到比较全面的过程。古代朴素唯物主义用某一种或几种物质作为本原来解释世界,在当时具有合理性和进步性。但是,把物质等同于具体的物质形态,又具有明显的局限性。

【教材内容链接】《马克思主义基本原理》第一章第一节"世界的多样性与物质统一性"之"物质及其存在方式"——哲学的物质范畴

【案例五】天地一气

人之生,气之聚也。聚则为生,散则为死。若死生为徒,吾又何患!故万物一也。是其所美者为神奇,其所恶者为臭腐。臭腐复化为神奇,神奇复化为臭腐。故曰:"通天下一气耳。"圣人故贵一。

——[战国]庄子及其后学《庄子·外篇·知北游》

【案例分析】

元气聚合,人就有了生命;元气散失,人就死亡。假如生与死互为伴侣的话,我又有什么可忧虑的呢!所以说万物是同一的,并没有什么差别。只不过世人把自己所喜欢的、所欣赏的事物称为神奇,把自己所厌恶的、所痛恨的事物称为臭腐。如同死生相伴一样,臭腐的东西可以重新转化为神奇的东西,而神奇的东西也将会转化为臭腐的东西。所以说:"贯通天理生死的,只是气而已。"圣人看重的是生死的同一性。

庄子在《知北游》中,以人的生死为例阐明了"天地一气"的思想,认为"气"是世界的本原,万事万物都统一于物质性的"气"。在庄子看来,宇宙万物,包括人在内,无一例外地都"受气于阴阳"(《庄子·秋水》),都为一"气"所幻所化,气的聚散就形成了物质的存在与毁灭,人的生死也是如此。另外,中国古代的思想家不仅认为天地之先就有"元气","气"是万物统一的基础,而且认为"气"是客观存在的。

用某一种或几种物质作为本原来解释世界,就是古代朴素唯物主义。这在当时具有合理性和进步性。但是,把物质等同于具体的物质形态,又具有明显的局限性。

【教材内容链接】《马克思主义基本原理》第一章第一节"世界的多样性与物质统一性"之"物质及其存在方式"——哲学的物质范畴

第一章　世界的物质性及发展规律

【案例六】指鹿为马

赵高欲为乱,恐群臣不听,乃先设验,持鹿献于二世,曰:"马也。"二世笑曰:"丞相误邪?谓鹿为马。"问左右,左右或默,或言马以阿顺赵高。或言鹿者,高因阴中诸言鹿者以法。后群臣皆畏高。

——[西汉]司马迁《史记·秦始皇本纪》

【案例分析】

赵高想要叛乱(篡夺秦朝的政权),恐怕各位大臣不听从他,就先设下圈套设法试探。于是带来一只鹿献给秦二世,说:"这是一匹马。"秦二世笑着说:"丞相错了吧?您把鹿说成是马。"问身边的大臣,左右大臣有的沉默,有的故意迎合赵高说是马,有的说是鹿,赵高就在暗中假借法律中伤(或陷害)那些说是鹿的人。之后,大臣们都畏惧赵高。

这个故事比喻故意颠倒黑白,混淆是非。但不管赵高怎样歪曲事实,鹿还是鹿,不会变成马,所以物质不依赖于人类的意识而存在;但同时也说明,物质可以被人们所认识,尽管认识有正误之分。马克思主义的"物质"范畴是一个高度抽象的哲学概念,是对世界上客观存在的各种事物共同本质的概括。恩格斯指出,"物、物质无非是各种物的总和,而这个概念就是从这一总和中抽象出来的"[①]。物质不依赖于人的意识又能被人的意识所反映的特性,就是客观实在性。20世纪初,列宁进一步对物质概念作了全面科学的规定:"物质是标志客观实在的哲学范畴,这种客观实在是人通过感觉感知的,它不依赖于我们的感觉而存在,为我们的感觉所复写、摄影、反映。"[②]列宁的这一界定继承和汲取了以往唯物主义理解物质存在和物质概念的合理内容,实现了物质定义的科学化,表明了物质就是不依赖于人类的意识而存在,并能为人类的意识所反映的客观实在。这种客观实在性,是从自然存在和社会

---

① 《马克思恩格斯选集》(第三卷),人民出版社,2012年,第939页。
② 《列宁选集》(第二卷),人民出版社,2012年,第89页。

存在中抽象出的共同特性。

【教材内容链接】《马克思主义基本原理》第一章第一节"世界的多样性与物质统一性"之"物质及其存在方式"——哲学的物质范畴

【案例七】掩耳盗铃

　　范氏之亡也,百姓有得钟者,欲负而走,则钟大不可负;以锤毁之,钟况然有声。恐人闻之而夺己也,遽掩其耳。恶人闻之,可也;恶己自闻之,悖也!

——[战国]吕不韦及其门客《吕氏春秋·自知》

【案例分析】

　　范氏是春秋末期晋国的贵族,被其他四家贵族联合打败后,逃往齐国。范氏逃亡的时候,有个人趁机偷了一口钟,想要背着它逃跑。但是,这口钟太大了,不好背,他就打算用锤子砸碎以后再背。谁知,刚砸了一下,那口钟就"咣"地发出了很大的响声。他生怕别人听到钟声,来把钟夺走了,就急忙把自己的两只耳朵紧紧捂住继续敲。害怕别人听到钟的声音,这是可以理解的;但捂住自己的耳朵就以为别人也听不到了,这就太荒谬了。

　　钟一敲,就会发出"咣"的响声。这个想偷钟的人也很懂得这点,这说明物质是可以被人们认识的,坚持了可知论;钟的响声是客观存在的,不管你掩不掩耳朵,它总是要响的,凡是客观存在的东西,都不以人的意识为转移。有的人对不喜欢的客观存在采取不承认的态度,以为如此,客观就不存在了,这和"掩耳盗铃"一样,都是极端的主观唯心主义。

　　物质就是不依赖于人类的意识而存在,并能为人类的意识所反映的客观实在。

【教材内容链接】《马克思主义基本原理》第一章第一节"世界的多样性与物质统一性"之"物质及其存在方式"——哲学的物质范畴

【案例八】鲁班造锯

鲁国公输氏班善木技,八方工术。皇命,令其一十五日槛木三百余,违者诛族。鲁班携徒不过三,十有五日槛木三百余成。班初入山,忽为草所伤,草多齿,极利。班思,归闾,后锯乃成。

——[战国]墨子、墨子弟子及其再传弟子《墨子·天志上》

【案例分析】

公输班是鲁国的工匠,到处承揽木工活。有一次皇帝要盖一座大殿,征召全国的工匠服役,鲁班也被征召了。朝廷命令鲁班十五天砍伐三百棵大树,不然就满门抄斩,可是鲁班身边只有三个学徒,他很着急,于是就自己上山去看。当时那座山非常陡峭,爬起来有些困难,鲁班一不留意,脚下一滑,急忙用手去抓长在旁边的草,没想到手被一种野草的叶子划破了,立马就渗出血来了。于是他摘下叶片仔细观察,叶子两边长着锋利的齿,他用这些密密的小齿在手背上轻轻一划,居然又割开了一道口子。他的手就是被这些小齿划破的。望着手掌上裂开的几道小口子,鲁班陷入了沉思。他想,要是具备这样齿状的工具,不是也能很快地锯断树木了吗?鲁班回家后,经过反复思考,多次试验,就发明了锯。锯子果然好使,很快就把树木锯断了,大大提高了工作效率。

鲁班发明锯的故事说明,劳动创造财富,实践出真知。创造来源于观察和想象。劳动是创造价值的唯一源泉。古今中外的伟大发明无一不是在劳动中产生的。马克思主义物质概念与实践的观点是内在统一的。列宁指出:"对象、物、物体是在我们之外、不依赖于我们而存在着的,我们的感觉是外部世界的映象。……这个结论是由一切人在生动的人类实践中作出来的。"[①]人类的社会生活本质上是实践,而实践活动本质上是客观的,物质生产实践是社

---

① 《列宁选集》(第二卷),人民出版社,2012年,第78页。

会存在和发展的基础。马克思主义在物质概念上的重大变革是通过实践的发现揭示了社会存在，克服了旧唯物主义将物质概念局限在自然领域的缺陷，把唯心主义从社会历史领域的庇护所中彻底驱除出去。

【教材内容链接】《马克思主义基本原理》第一章第一节"世界的多样性与物质统一性"之"物质及其存在方式"——哲学的物质范畴

【案例九】万物更续

新新不停，生生相续。

——［唐］孔颖达《卷首·论易之三名》

【案例分析】

新生事物层出不穷，永续不止。自然界的万事万物（包括人类社会）像植物的春芽夏叶秋果凋零。人的生老病死，月亮的阴晴圆缺，历史朝代的更替，各派思想的历史地位转换等，永远都处于运动、发展、变化之中。

要正确地认识物质世界，还需要进一步把握物质的根本属性和存在方式，以及运动着的物质的基本存在形式。"新新不停，生生相续。"揭示了运动是物质的根本属性。物质世界的运动是绝对的。任何物质的具体形态都离不开一定的运动。万事万物都处在这样或那样的运动之中，它们只有在运动中才能保持自己的存在，没有运动就没有事物，不做任何运动的事物是没有的。所以说，运动是物质的根本属性，是物质的存在方式。恩格斯说："运动，就它被理解为物质的存在方式、物质的固有属性这一最一般的意义来说，涵盖宇宙中发生的一切变化和过程，从单纯的位置变动直到思维。"[①]运动是标志一切事物和现象的变化及其过程的哲学范畴。物质和运动是不可分割的，

---

① 《马克思恩格斯选集》（第三卷），人民出版社，2012年，第951页。

运动是物质的运动,物质是运动着的物质,离开物质的运动和离开运动的物质都是不可想象的。

【教材内容链接】《马克思主义基本原理》第一章第一节"世界的多样性与物质统一性"之"物质及其存在方式"——物质的存在方式

【案例十】刻舟求剑

楚人有涉江者,其剑自舟中坠于水,遽契其舟,曰:"是吾剑之所从坠。"舟止,从其所契者入水求之。舟已行矣,而剑不行,求剑若此,不亦惑乎?

——[战国]吕不韦及其门客《吕氏春秋·察今》

【案例分析】

楚国有个渡江的人,他的剑从船中掉到水里。他急忙用刀在船边掉下剑的地方做了记号,说:"这是我的剑掉下去的地方。"船到目的地后停了下来,这个楚国人从他刻记号的地方跳到水里寻找剑。船已经行驶了,但是剑没有移动,像这样寻找剑,不是很糊涂吗?

"刻舟求剑"是由一个寓言故事演化而来的成语,一般比喻人死守教条,拘泥成法,固执不知变通。

物质世界的运动是绝对的,而在运动过程中又有某种相对的静止,这种相对静止是物质运动在一定条件下的稳定状态。运动和静止二者相互依赖、相互渗透、相互包含,"动中有静、静中有动"。无条件的绝对运动和有条件的相对静止构成了对立统一的关系。

用静止的眼光来看待变化发展的事物,必将导致错误的判断。《刻舟求剑》一文中的楚国人正是犯了这样的错误。世界上的事物总是在不断地发生变化,人应该随着事物的变化而变化,改变解决问题的方法,不能死守教条,否则会一事无成。因此,在实践中要坚持用运动、变化和发展的观点看问题,与时俱进,把发展和稳定统一起来。

中华优秀传统文化融入《马克思主义基本原理》案例研究指南

【教材内容链接】《马克思主义基本原理》第一章第一节"世界的多样性与物质统一性"之"物质及其存在方式"——物质的存在方式

【案例十一】水变兵败

荆人欲袭宋,使人先表澭水。澭水暴益,荆人弗知,循表而夜涉,溺死者千余人,军惊如坏都舍。向其先表之时可导也,今水已变而益多矣,荆人尚犹循表而导之,此其所以败也。

——[战国]吕不韦及其门客《吕氏春秋·察今》

【案例分析】

楚国人想袭击宋国,就派人先去测量澭水的深浅做好标志。但澭水突然大涨,楚国人不晓得,依旧按照原来测量的标志在夜里偷渡。结果被淹死了一千多人,军中惊骇的声音如同都邑里的房屋崩塌一样。原来在测量时是可以渡过去的,现在河水已经上涨了,而楚国人还是按照旧的标志渡河,因此就失败了。

事物是运动变化的,运动是物质的根本属性,人的认识也应随着客观事物的变化而变化。河水时涨时落,不断变化,人的认识也应随之变化,绝不能停滞不前、头脑僵化,否则必定会碰钉子。

运动是物质的根本属性,物质是运动着的物质,离开运动的物质是不可想象的,我们必须用发展的观点看问题,想问题办事情都要以具体的时间、地点和条件为转移。

【教材内容链接】《马克思主义基本原理》第一章第一节"世界的多样性与物质统一性"之"物质及其存在方式"——物质的存在方式

【案例十二】心动论

时有风吹幡动,一僧曰风动,一僧曰幡动,议论不已。惠能进曰:不是风动,不是幡动,仁者心动。

——[唐]法海集录《坛经》

【案例分析】

风吹旗幡,幡随风飘动。一个和尚说是风在动,另一个和尚说是旗幡在动,两个人争论不休,都认为自己说得对。惠能上前说道:不是风在动,也不是旗幡在动,仁慈的人心有所感。意在告诫人们不应该为外物影响心境。

物质和运动不可分割,运动是物质的运动,物质是运动的主体和承担者。而惠能却认为,运动着的是"心",并非物质,他强调既不是风动,也不是旗幡在动,而是人的心在动,认为运动与物质是分隔开的。"仁者心动"中的"心"是中国哲学的一个范畴,心即精神,这里把物质的运动理解为精神的运动,否认了物质和运动的不可分性,否认了运动是物质的运动,是一种主观唯心主义的运动观。

要正确认识物质世界,还需进一步把握物质的根本属性和存在方式。物质的根本属性是运动,运动是标志一切事物和现象的变化及其过程的哲学范畴。物质和运动是不可分割的,运动是物质的运动,离开物质的运动是不可想象的。因此,既不能离开运动谈物质,也不能离开物质谈运动,二者不可分割。

【教材内容链接】《马克思主义基本原理》第一章第一节"世界的多样性与物质统一性"之"物质及其存在方式"——物质的存在方式

【案例十三】变与不变

自其变者而观之,则天地曾不能以一瞬;自其不变者而观之,则物与我皆无尽也。

——[北宋]苏轼《前赤壁赋》

【案例分析】

一瞬,指一眨眼的时间。物与我,指万物与人类。从事物变易的一面看来,天地间没有哪一瞬间不发生变化;而从事物不变的一面看来,万物与自己的生命同样无穷无尽。

在哲学意义上,"盖将自其变者而观之,则天地曾不能以一瞬"指的是从事物变易的一面看来,天地间没有不发生变化的瞬间,强调事物处于绝对运动之中;"自其不变者而观之,则物与我皆无尽也"指的是从事物不变的一面看来,万物与自己的生命同样无穷无尽,强调事物处于相对静止之中。总的来说,这句话强调了世间万物都是绝对运动和相对静止的统一。

运动与静止是辩证统一的,物质世界的运动是绝对的,而物质在运动过程中又有某种相对的静止。事物是绝对运动和相对静止的统一,"动中有静、静中有动",运动和静止相互依赖、相互渗透、相互包含。因此,运动和静止的辩证关系原理要求我们既要用运动、变化、发展的观点观察和处理问题,又要看到事物的相对静止,坚持绝对运动和相对静止的统一。

【教材内容链接】《马克思主义基本原理》第一章第一节"世界的多样性与物质统一性"之"物质及其存在方式"——物质的存在方式

【案例十四】打即不打

丘浚尝在杭州谒释珊。见之殊傲。顷之,有州将子弟来谒,珊降阶接之,甚恭。丘不能平,伺子弟退,乃问珊曰:"和尚接浚甚傲,而接州将子弟乃尔恭耶?"珊曰:"接是不接,不接是接。"浚勃然起,杖珊数下曰:"和尚莫怪,打是不打,不打是打。"

——[明]江盈科《谐史》

【案例分析】

丘浚曾经在杭州拜访过一个叫珊的和尚。这和尚对他很傲慢。一会儿,杭州武官的儿子来了,和尚非常恭敬地接待他。丘浚心里愤愤不平,等那武官的儿子走了,便问和尚:"你接待我很傲慢,可是接待武官的儿子却这样恭敬,这是为什么?"和尚说:"迎接是不接,不迎接是接。"丘浚听后突然跳起来,用手杖敲了和尚几下,说:"你不要见怪,打是不打,不打是打。"

古时候有个人,借了别人的钱,后来债主来讨债,欠债人说:"一切都是变化的,借钱的那个我已经不是现在的我了。因此,我不欠你的债。"债主发了脾气,打了他,两个人撕扭到了衙门。县令问欠债的人为何不还钱,他又把理由说了一遍。县令问债主为什么动手打人,债主说:"一切都是变化的,打人的我已经不是现在的我了,因此我并未打人。"

物质世界的运动是无条件的、绝对的,而物质在运动过程中又有某种相对的静止,静止是有条件的、相对的,动中有静,静中有动,世界上的一切事物的存在和发展,都是绝对运动和相对静止的统一。否认相对静止,否认事物发展的稳定性,就会走到荒谬的地步。

和尚和欠债人否认相对静止,否认事物的稳定性,是相对主义的诡辩论。丘浚和债主以彼之道还之彼身,让对方哑巴吃黄连尝到了诡辩论的滋味。上述故事幽默而诙谐地告诉我们理解运动和静止关系的重要性。

【教材内容链接】《马克思主义基本原理》第一章第一节"世界的多样性与物质统一性"之"物质及其存在方式"——物质的存在方式

【案例十五】时光流逝

一寸光阴一寸金,寸金难买寸光阴。

——[唐]王贞白《白鹿洞二首》

盛年不重来,一日难再晨。及时当勉励,岁月不等人。

——[魏晋]陶渊明《杂诗》

百川东到海,何时复西归?少壮不努力,老大徒伤悲。

——[南朝]佚名《长歌行》

莫等闲、白了少年头,空悲切。

——[南宋]岳飞《满江红》

【案例分析】

一寸光阴和一寸长的黄金一样昂贵,而一寸长的黄金却难以买到一寸光阴。比喻时间十分宝贵。

青春一旦过去便不可能重来,一天之中永远看不到第二次日出。应当趁年富力强之时勉励自己,光阴流逝,并不等待人。

百川奔腾着东流到大海,何时才能重新返回西境?少年人如果不及时努力,到老来只能是悔恨一生。

不要虚度年华,花白了少年黑发,只有独自悔恨悲悲切切。

时间和空间是运动着的物质的基本存在形式。这四句话皆体现了时间的流逝一去不复返,展现了时间的一维性特点。时间只有一个方向,是不可逆转的,时间沿着过去、现在和将来前进,只进不退,有去无回。英国人卡莱尔说过,"不可限制的、静静的、从不停息的就是时间"。时间具有一维性,不可逆转性,其特点多姿多彩。在等待的人,时间是最慢的;在欢乐的人,时间是最快的;它可以扩展到无穷大,也可以分割到无穷小;当时谁都不予以重视,过后谁都表示惋惜;没有它,什么事都做不成。

古人以黄金与光阴做对比,足以证明时间之宝贵。时间快速流逝,上天馈赠给我们每个人的时间都是有限的。生命有限,所以我们才要珍惜时间、爱惜时间,发奋努力,使自己有所作为、有所成就。

【教材内容链接】《马克思主义基本原理》第一章第一节"世界的多样性与物质统一性"之"物质及其存在方式"之——物质的存在方式

【案例十六】无限分割

一尺之棰,日取其半,万世不竭。

——[战国]庄子及其后学《庄子·杂篇·天下》

【案例分析】

一尺长的棍棒,每日截取它的一半,千秋万代也截不完。

时间和空间既是无限的又是有限的。时间和空间的无限性是指整个物质世界在时间上无始无终,在空间上无边无际。时间空间的有限性是指每一具体事物在时间上有始有终,在空间上有边有际。时间和空间的有限性和无限性是不可分割的。时空的无限性存在于有限性之中,无数时间和空间的有限性之总和,构成时间和空间的无限性。所以我们要通过时间和空间的有限性去认识和把握其无限性。

"一尺之棰,日取其半,万世不竭。"说明整个物质世界的时空是无限的,具体物质形态的时空是有限的,有限体现无限。我们想问题、办事情都要以具体的时间、地点和条件为转移。

【教材内容链接】《马克思主义基本原理》第一章第一节"世界的多样性与物质统一性"之"物质及其存在方式"——物质的存在方式

【案例十七】胸有成竹

画竹必先得成竹于胸中,执笔熟视,乃见其所欲画者,急起从之,振笔直遂,以追其所见,如兔起鹘落,少纵则逝矣。

——[北宋]苏轼《文与可画筼筜谷偃竹记》

【案例分析】

要画好竹,先得胸中有竹的形象,下笔之前反复观察,细心揣摩,使自然之竹变为胸中之竹。待竹的意象呈现出来,便奋笔直追,捕捉住一瞬间的意象,一气呵成,在纸上栩栩如生地再现出来。要迅疾得像兔子跃起奔跑,鹘鸟向地面俯冲一样,稍一放松,竹的意象就消失了。

《文与可画筼筜谷偃竹记》是苏轼悼念亡友之作。文与可是北宋著名书画家兼诗人,尤善画竹,技艺高妙。曾送苏轼《筼筜谷偃竹图》一幅。文与可去世七个月后,元丰二年(公元1079年)七月七日,苏轼在湖州晾晒书画,见到亡友文与可送给自己的偃竹图,睹物生情,遂写了这篇杂记。精辟地记述了画竹的理论和方法,阐述了深刻的文艺创作思想。

文与可认为,画竹"必先得成竹于胸中",画竹之前先要把握竹的整体形象和精神实质,做到融会于心,待酝酿成熟,然后振笔直书,一气呵成,才能生动传神地把它再现出来。

这段话体现了意识是人脑的机能和属性,是客观世界的主观映象。物质对意识的决定作用表现在意识的起源和本质上。意识是物质的产物,但又不是物质本身。马克思指出:"观念的东西不外是移入人的头脑并在人的头脑中改造过的物质的东西而已。"①

【教材内容链接】《马克思主义基本原理》第一章第一节"世界的多样性与物质统一性"之"物质与意识的辩证关系"——物质决定意识

【案例十八】气本论

尽天地之间,无不是气,即无不是理也。天下惟气而已矣,无其气则无其道。气者,理之依也。

——[明清]王夫之《读四书大全说》

【案例分析】

"气"是物质实体,"理"是客观规律,"道"是抽象的一般道理。整个天地之间,没有不是表现出阴阳变化的实体"气"的,也就没有不是体现出变化过

---

① 《马克思恩格斯选集》(第二卷),人民出版社,2012年,第93页。

程所呈现出规律性的"理"的。整个世界都是具体的事物构成的而已,没有具体的事物也就没有一般的道理。物质实体是客观规律产生的基础。

王夫之强调"气"是阴阳变化的实体,"理"乃是变化过程所呈现出的规律性。理是气之理,气外没有虚托孤立的理。这里的"理"也可以指精神,即精神是依赖于物质的,由物质产生的,离开物质,精神就不存在。这句话既不是客观唯心主义也不是主观唯心主义,而是古代朴素唯物主义。辩证唯物主义认为:人的意识是物质世界长期发展的产物,是社会实践的产物。世界的本原是物质,物质决定意识,意识依赖于物质。

【教材内容链接】《马克思主义基本原理》第一章第一节"世界的多样性与物质统一性"之"物质与意识的辩证关系"——物质决定意识

【案例十九】纣为象箸

昔者,纣为象箸,而箕子怖。以为象箸必不加于土铏,必将犀玉之。象箸玉杯,必不羹菽藿,则必旄象豹胎;旄象豹胎,必不衣短褐而食于茅屋之下,则必锦衣九重,广室高台。吾畏其卒,故怖其始。居五年,纣为肉圃,设炮烙,登糟邱,临酒池,纣遂以亡。故箕子见象箸以知天下之祸,故曰见小曰明。

——[战国]韩非子《韩非子·喻老》

【案例分析】

过去,纣王做了一双象牙筷子,箕子感到恐惧不安,认为象牙筷子必定不能放到泥土烧成的碗、杯里去,必然要使用犀牛角、玉石做成的碗、杯。用着犀牛角、玉石做成的碗、杯,就必定不会吃豆子饭、喝豆叶汤,必然要吃牦牛、大象和豹的幼胎。吃牦牛、大象和豹的幼胎,就一定不会穿着短小的粗布衣服站在茅草屋底下,必定要穿多层华美的锦衣,铸造高大壮观的宫室。我害怕如此的结局,所以恐惧这样的开始。过了五年,纣王建造了用肉食装点的园子,设置了烤肉用的铜格子,登上酒糟堆成的山丘,面对注满美酒的池子,于是纣因此而灭亡了。箕子见到一双象牙筷子就可以预见天下的灾祸,所以说"能从小事预见到天下的大事就叫做'明智'"。

意识具有创造性。箕子的担心并不是凭空产生的,而是从"象箸"推算出来的,是"从端倪推测后果"。人的意识不仅采取感觉、知觉、表象等形式反映事物的外部现象,而且运用概念、判断、推理等形式,对感性材料进行加工制作和选择建构,在思维中构造一个现实中所没有的观念世界。

【教材内容链接】《马克思主义基本原理》第一章第一节"世界的多样性与物质统一性"之"物质与意识的辩证关系"——意识对物质具有反作用

【案例二十】杯弓蛇影

尝有亲客,久阔不复来,广问其故,答曰:"前在坐,蒙赐酒,方欲饮,见杯中有蛇,意甚恶之,既饮而疾。"于时河南听事壁上有角,漆画作蛇。广意杯中蛇即角影也。复置酒于前处,谓客曰:"酒中复有所见不?"答曰"所见如初。"广乃告其所以,客豁然意解,沈疴顿愈。

——[唐]房玄龄等《晋书·乐广传》

【案例分析】

乐广有一位亲密的朋友,分别很久没有再来访。问到原因时,有人告诉说:"前些日子他来你家做客,承蒙你的厚意,正端起酒杯要喝酒的时候,仿佛看见杯中有一条小蛇在晃动。心里虽然十分厌恶它,可还是喝了那杯酒。回到家里,就身患重病。"当时河南听事堂的墙壁上挂着一张角弓,上面还用漆画了一条蛇。乐广心想,杯中所谓的小蛇无疑是角弓的影子了。于是,他便在原来的地方再次请那位朋友饮酒。问道:"今天的杯中还能看到小蛇吗?"朋友回答说:"所看到的跟上次一样。"乐广指着墙壁上的角弓,向他说明了原因,客人恍然大悟,积久难愈的重病一下子全好了。

从上述故事中可以看出,乐广朋友的病并不是器质性的病变,而是由心疑引起的,心疑既除,病也就好了。这里的"心疑"就是人的大脑发出的"指令"对人体心理过程和生理活动的影响。由此可见,意识具有调控人的行为和生理活动的作用。

现代科学和医学实验证明,意识、心理因素能够对人的行为选择和健康状况产生重要影响。俗话说的"笑一笑十年少,愁一愁白了头"就是反映了这个道理。

【教材内容链接】《马克思主义基本原理》第一章第一节"世界的多样性与物质统一性"之"物质与意识的辩证关系"——意识对物质具有反作用

【案例二十一】庖丁解牛

庖丁为文惠君解牛,手之所触,肩之所倚,足之所履,膝之所踦,砉然向然,奏刀騞然,莫不中音。合于《桑林》之舞,乃中《经首》之会。文惠君曰:"嘻!善哉!技盖至此乎?"庖丁释刀对曰:"臣之所好者,道也,进乎技矣。始臣之解牛之时,所见无非牛者。三年之后,未尝见全牛也。方今之时,臣以神遇而不以目视,官知止而神欲行。依乎天理,批大郤,导大窾,因其固然,技经肯綮之未尝,而况大軱乎!良庖岁更刀,割也;族庖月更刀,折也。今臣之刀十九年矣,所解数千牛矣,而刀刃若新发于硎。彼节者有间,而刀刃者无厚;以无厚入有间,恢恢乎其于游刃必有余地矣,是以十九年而刀刃若新发于硎。虽然,每至于族,吾见其难为,怵然为戒,视为止,行为迟。动刀甚微,謋然已解,如土委地。提刀而立,为之四顾,为之踌躇满志,善刀而藏之。"文惠君曰:"善哉!吾闻庖丁之言,得养生焉。"

——[战国]庄子及其后学《庄子·内篇·养生主》

【案例分析】

有个名叫丁的厨师给文惠君宰牛。他的手接触的地方,肩膀靠着的地方,脚踩着的地方,膝盖顶住的地方,都哗哗地响,刀子刺进牛体,发出霍霍的声音,没有哪一种声音不合乎音律。既合乎《桑林》舞曲的节拍,又合乎《经首》乐章的节奏。文惠君说:"嘿,好哇!你的技术怎么高明到这种地步呢?"厨师丁放下屠刀,答道:"我所喜好的是事物的规律,它比技术进一步了。我刚开始宰牛的时候,看到的无一不是整头的牛。三年之后,就不曾再看到整头的牛了。现在呢,我用精神去接触牛,不再用眼睛看它,感官的知觉停止了,只凭精神在活动。顺着牛体天然的结构,击入大的缝隙,顺着骨节间的空处进刀;依着牛体本来的组织进行解剖,脉络相连、筋骨聚结的地方,都不曾用刀去碰过,何况那粗大的骨头呢!好的厨师,每年换一把刀,因为他们用刀割肉;一般的厨师,每月换一把刀,因为他们用刀砍断骨头。现在,我的这把刀用了十九年啦,它宰的牛有几千头了,可是刀口像刚从磨石上磨出来的一样。因为那牛的骨节有空隙,而刀刃很薄;用很薄的刀刃插入有空隙的骨节,宽宽绰绰的,对于刀的运转必然是大有余地的了。因此,刀用了十九年,刀口却像刚刚从磨石上磨出来一样。虽说是这样,每当遇到筋骨交错聚结的地方,我看到它难以处理,就会小心翼翼地警惕起来,目光集中到一点,动作放慢了,使刀非常轻,结果它霍地一声剖开了,像泥土一样散落在地上。我提着刀站起来,为此我环顾四周,悠然自得,心满意足,把刀擦拭干净,收藏起来。"文惠君说:"好哇!我听了庖丁的这些话,从中获得了保养身体的道理。"

庖丁解牛,之所以得心应手,运用自如,迎刃而解,是因为他完全了解牛的构造规律,并遵循这个规律去用刀。

人们只有在认识和掌握客观规律的基础上,才能正确地认识世界,有效地改造世界。人创造历史,不是随心所欲地创造,只有遵循历史的规律和进程,把握时代的脉搏和契机,才能真正成为历史的主人。

【教材内容链接】《马克思主义基本原理》第一章第一节"世界的多样性与物质统一性"之"物质与意识的辩证关系"——主观能动性和客观规律性

的辩证统一

【案例二十二】遵循规律

天行有常,不为尧存,不为桀亡。应之以治则吉,应之以乱则凶。

——[战国]荀子《荀子·天论》

天不为人之恶寒也,辍冬;地不为人之恶辽远也,辍广;君子不为小人之匈匈也,辍行。

——[战国]荀子《荀子·天论》

【案例分析】

大自然的运行有一定的规律,这个规律不会因为尧的圣明或者夏朝桀的暴虐而改变。社会治理若能顺应自然规律,就会安定有序,而违背规律就会导致混乱。

上天不会因为人们讨厌寒冷,就废止了严冬;大地也不会因为人们讨厌遥远,就废弃了它的辽远;见识远大的人不会因为目光短浅的人吵吵嚷嚷而停止行动。

自然界有自身发展的客观规律,日月列星、四时风雨是"天行有常"的具体表现。这是大自然的职能,既无神力主宰,也不以人的意志为转移。人世的吉凶祸福也不是由天来决定的,而是取决于人是否适应客观规律。社会的治乱不在天,不在时,不在地。唐尧与夏桀,天时相同,可是前者以治,后者以乱,说明治乱不由天定,完全在于人为。规律是事物之间必然的、本质的联系。因此人们在改造自然而满足自身需要的时候,应该"人道效法天道""不违农时""顺天休命",尊重自然、善待自然。在尊重自然界客观规律的前提下适时、适度地改造自然,保持人与自然的和谐关系,保证人类持续生存和发展。

【教材内容链接】《马克思主义基本原理》第一章第一节"世界的多样性

与物质统一性"之"物质与意识的辩证关系"——主观能动性和客观规律性的辩证统一

【案例二十三】因循自然

故任一人之能,不足以治三亩之宅也。修道理之数,因天地之自然,则六合不足均也。是故禹之决渎也,因水以为师;神农之播谷也,因苗以为教。

——[西汉]刘安及其门客《淮南子·原道训》

【案例分析】

单凭一人之能力不足以治理深宅大院。遵循道的规律,顺应天地自然,那么天地四方也不够他治理。所以夏禹疏通江河,正是依据水往低处流的自然特性来学习疏浚河道的;神农氏播种五谷,正是遵循禾苗生长的自然规律来教民耕作的。

相传在四千多年前的尧舜时代,我国黄河流域连续发生特大洪水。大禹从其父亲鲧治水的失败中汲取教训,改变了单纯筑堤堵水的办法,采取了以疏导为主的科学方法。"禹凿龙门,辟伊阙,决江浚河,东注之海,因水之流也",正是依循水流动的客观规律,因势利导,疏浚排洪,大禹治水最终获得成功。然而,"禹决江疏河,以为天下兴利,而不能使水西流",虽然大禹取得了为天下万民兴利除害的旷世之功,但他却不能使江河西流。因此,无论是治水还是治国,《淮南子》认为人们都应该借鉴大禹的成功经验,遵循客观规律,因势而治。

遵循客观规律是正确发挥主观能动性的前提。人创造历史,不是随心所欲地创造,只有遵循历史的规律和进程,把握时代的脉搏和契机,人才能真正成为历史的主人。

【教材内容链接】《马克思主义基本原理》第一章第一节"世界的多样性与物质统一性"之"物质与意识的辩证关系"——主观能动性和客观规律性

的辩证统一

【案例二十四】规律默行

天不言而四时行,地不语而百物生。

——[唐]李白《上安州裴长史书》

【案例分析】

苍天闭口不言,却使四季不断运行;大地默默不语,却让万物蓬勃生长。说明天地之间万事万物都有其发展规律,它们各自按照其自身规律去运动,无法逆转,也无法阻止,人们要顺应自然的客观规律,按自然规律办事。

"天不言而四时行,地不语而百物生",乃唐朝李白《上安州裴长史书》中的名句。溯源先贤,《论语·阳货》记载孔子与子贡的对话:子曰:"予欲无言。"子贡曰:"子如不言,则小子何述焉?"子曰:"天何言哉?四时行焉,百物生焉,天何言哉?"《汉书·王吉传》:"凡南面之君何言哉?天不言,四时行焉,百物生焉。愿大王察之。"都是说为政不在多言,天地之间万事万物各有其自身的规律,各自按照自身规律去发展,体现了中国哲学尊重自然规律和善待自然万物的古典智慧。

2020年12月12日,国家主席习近平在气候雄心峰会上通过视频发表了题为《继往开来,开启全球应对气候变化新征程》的重要讲话,其中引用"天不言而四时行,地不语而百物生"这句话,旨在强调全球应对气候变化要遵循自然规律,人类要在实践中不断深化对气候变化内在规律性的认识,努力适应和应对气候变化,在变化的气候中寻求经济社会发展与生态环境的动态平衡。

【教材内容链接】《马克思主义基本原理》第一章第一节"世界的多样性与物质统一性"之"物质与意识的辩证关系"——主观能动性和客观规律性的辩证统一

【案例二十五】因应用之

大天而思之,孰与物畜而制之!从天而颂之,孰与制天命而用之!望时而待之,孰与应时而使之!因物而多之,孰与骋能而化之!思物而物之,孰与理物而勿失之也!愿于物之所以生,孰与有物之所以成!故错人而思天,则失万物之情。

——[战国]荀子《荀子·天论》

【案例分析】

与其一味地推崇天而思慕它,怎么比得上将天当作物质而加以控制呢?与其一味地顺从天而歌颂它,怎么比得上掌握它的规律而利用它呢?与其一味地盼望天时的调顺而静待丰收,怎么比得上配合时令的变化而使用它呢?与其一味地听任物类的自然生长而望其增多,怎么比得上发挥人类的智能来助它繁殖呢?与其一味地空想着天然的物资成为有用之物,怎么比得上开发物资而不让它埋没呢?与其一味地希望了解万物是怎样产生,怎么比得上帮助万物,使它茁长呢?所以放弃人为的努力,而寄望于天,那就不能理解万物的本性,也就不能利用它了。

荀子从"非天命"的观点出发,将人类对自然界的认识水平提升到了"制天命而用之"的境界。他认为,人应该"明于天、人之分",努力去认识自然、利用自然,发挥人的主观能动性,改造自然,为人类造福,而不能等待上天的恩赐,听任自然摆布而无所作为。这在当时是一种全新的哲学思想,也是中国历史上"人定胜天"的第一声呐喊,充分表达了人们改造自然的美好愿望。

承认规律是客观的,并不是说人在规律面前无能为力、无所作为。人能够通过自觉活动去认识规律,并按照客观规律去改造世界,以满足自身的需要。正确认识和利用客观规律,必须充分发挥人的主观能动性。尊重事物发展的客观规律性与发挥人的主观能动性是辩证统一的。

【教材内容链接】《马克思主义基本原理》第一章第一节"世界的多样性

与物质统一性"之"物质与意识的辩证关系"——主观能动性和客观规律性的辩证统一

【案例二十六】拔苗助长

宋人有闵其苗之不长而揠之者,芒芒然归,谓其人曰:"今日病矣!予助苗长矣!"其子趋而往视之,苗则槁矣。天下之不助苗长者寡矣。以为无益而舍之者,不耘苗者也;助之长者,揠苗者也,非徒无益,而又害之。

——[战国]孟子、其弟子及其再传弟子《孟子·公孙丑上》

【案例分析】

宋国有个人忧虑他的禾苗不长高,就拔高了禾苗,一天下来十分疲劳地回到家,然后对他的家里人说:"今天太累了!我帮助禾苗长高了!"他儿子快步去到田里查看禾苗的情况,禾苗都已经枯萎了。天下不希望自己禾苗长得快一些的人很少啊!以为禾苗长大没有用处而放弃的人,就像是不给禾苗锄草的懒汉。妄自帮助它生长的人,就像这个拔苗助长的人,不但没有好处,反而害了它。

王安石任宰相的时候力图变革,大力推行农田水利等新法。一天,一位官员上堂启奏说:"把八百里梁山泊的水统统放光,然后垦成桑田,其利益不可小看啊。"王甚为高兴,但沉思了一阵说:"可这八百里湖水放到哪儿去呢?"国子监老先生恰好坐在旁边,开玩笑说:"可以在旁边另外挖一个方圆八百里的大湖用来容水。"王听了忍不住哈哈大笑起来。

从实际出发是正确发挥人的主观能动性的前提。拔苗助长、凿湖容水故事中的主人公主观片面,不切实际。客观事物的发展有自身规律,只有良好的愿望和热情是不够的,很可能效果还会与主观愿望相反。主观能动性的发挥受客观因素的制约,要正确发挥主观能动性,就必须按客观规律办事,从客观实际条件出发。只有从实际出发、充分反映客观规律的认识,才是正确的认识;只有以正确的认识为指导,才能做出正确的行动。

【教材内容链接】《马克思主义基本原理》第一章第一节"世界的多样性与物质统一性"之"物质与意识的辩证关系"——主观能动性和客观规律性的辩证统一

【案例二十七】高阳应造屋

高阳应将为室家,匠对曰:"未可也,木尚生,加涂其上,必将挠。以生为室,今虽善,后将必败。"高阳应曰:"缘子之言,则室不败也——木益枯则劲,涂益干则轻,以益劲任益轻,则不败。"匠人无辞而对,受令而为之。室之始成也善,其后果败。

——[战国]吕不韦及其门客《吕氏春秋·别类》

【案例分析】

高阳应将要建造房屋,木匠对他说:"不可以,(现在)木料还没有干,把湿泥抹在木料上,那么木材必将弯曲。用没有干的木料来建造房屋,即使今天是好的,以后也一定会毁坏的。"高阳应回答说:"依据您的说法,那么房子就不会坏——木料越干就越坚固有力,而湿泥越干就越轻。用越坚固有力的木料去承受越轻的湿泥,这个房子就不会毁坏。"木匠无言以对,(只好)接受他的命令来造屋子。房子刚造好时是很好,(但)后来房屋果然坍塌了。

尽管高阳应善于诡辩,但是新屋还是按照事物发展的客观规律倒塌了。不尊重客观规律,光凭主观意志去做事情,十有八九要失败。尊重客观规律是发挥主观能动性的前提。人们只有在认识和掌握客观规律的基础上,才能正确地认识世界,有效地改造世界。否则,就不能实现正确地认识世界和有效地改造世界的目的。

做什么事都要事先观察规律,寻找规律,总结规律。万事万物都有自己的规律,规律搞清楚了,办法就出来了。尊重客观规律和发挥主观能动性是一个辩证统一的过程,只有尊重客观规律,才能正确发挥主观能动性;只有充分发挥主观能动性,才能更好地遵循客观规律。

【教材内容链接】《马克思主义基本原理》第一章第一节"世界的多样性与物质统一性"之"物质与意识的辩证关系"——主观能动性和客观规律性的辩证统一

【案例二十八】巧妇难为无米之炊

晏景初尚书,请僧住院,僧辞以穷陋不可为。景初曰:"高才固易耳。"僧曰:"巧妇安能作无面汤饼乎?"景初曰:"有面则拙妇亦办矣。"僧惭而退。

——[南宋]陆游《老学庵笔记》

【案例分析】

尚书晏景初请一位和尚住持禅院,和尚以禅院太穷没法管推辞。晏景初说:"有本领的话本应是容易管的。"和尚说:"巧妇没面粉怎能做汤饼?"景初说:"有面粉的话那么笨妇也会做。"和尚惭愧地退下了。

"巧妇安能作无面汤饼乎"直到当代文学著作中才基本定型为"巧妇难为无米之炊",出自秦牧《〈艺海拾贝〉跋》:"缺乏生活知识,任何有艺术技巧的人也都'巧妇难为无米之炊',什么形象、概括虚构、想象,都只好'停工待料'。"①意思是即使是聪明能干的妇女,没米也做不出饭来。常常用来形容做一件事假如连最基本的条件都不具备,即便是有天大的本事也是枉然。

正确发挥人的主观能动性,还要依赖于一定的物质条件和物质手段。"巧妇难为无米之炊","米"是想法实施的物质基础,没有"米",没有现实的原材料,人的意识再"巧"也创造不出任何物质的东西来。

在生活上或者学习上,人们总会受到某些客观条件的制约,会遭受各种

---

① 中国汉语大词典编辑委员会、汉语大词典编纂处编纂:《汉语大词典》(第2卷),汉语大词典出版社,1986年,第969页。

各样的阻碍和困难,使"我"无法按条件完成要求,就像"巧妇"在没有米的情况下也煮不成饭。但是,在遇到这种情况的时候,人们不应该退却,不应该向困难低头,而是要充分发挥自己的聪明才智,利用一切可行的条件来克服困难。

【教材内容链接】《马克思主义基本原理》第一章第一节"世界的多样性与物质统一性"之"物质与意识的辩证关系"——主观能动性和客观规律性的辩证统一

【案例二十九】老鼠装死

苏子夜坐,有鼠方啮。拊床而止之,既止复作。使童子烛之,有橐中空。嘐嘐聱聱,声在橐中。曰:"嘻!此鼠之见闭而不得去者也。"发而视之,寂无所有,举烛而索,中有死鼠。童子惊曰:"是方啮也,而遽死也?向为何声,岂其鬼耶?"覆而出之,堕地乃走,虽有敏者,莫措其手。

苏子叹曰:"异哉,是鼠之黠也!闭于橐中,橐坚而不可穴也。故不啮而啮,以声致人;不死而死,以形求脱也。吾闻有生,莫智于人。扰龙伐蛟,登龟狩麟,役万物而君之,卒见使于一鼠,堕此虫之计中,惊脱兔于处女,乌在其为智也?"

坐而假寐,私念其故。若有告余者,曰:"汝为多学而识之,望道而未见也,不一于汝而二于物,故一鼠之啮而为之变也。人能碎千金之璧而不能无失声于破釜,能搏猛虎不能无变色于蜂虿,此不一之患也。言出于汝而忘之耶!"余俛而笑,仰而觉。使童子执笔,记余之作。

——[北宋]苏轼《黠鼠赋》

【案例分析】

苏子在夜里坐着,有只老鼠在咬东西。苏子拍击床板,声音就停止了,停止后又会再响起。苏子命令童子拿蜡烛照床下,有一个空的袋子,老鼠咬东西的声音从里面发出。童子说:"啊,这只老鼠被关住就不能离开了。"童子打开袋子来看里面,里面静悄悄的什么声音也没有。童子举起蜡烛来搜索,发现袋子中有一只死老鼠,童子惊讶地说:"老鼠刚才是在叫的,怎么会突然死了呢?那刚才是什么声音,难道是鬼吗?"童子把袋子翻过来倒出老鼠,老鼠一落地就逃走了,就是再敏捷的人也措手不及。

苏子叹了口气说:"真是奇怪啊,这只老鼠太狡猾了!老鼠被关在袋子里,袋子很坚固、老鼠不能够咬破。所以老鼠是在不能够咬破袋子的时候,用假装咬袋子的声音来招致人来;在没有死的时候装死,凭借装死的外表求得逃脱。我听说生物中没有比人更有智慧的了。人能驯服神龙、刺杀蛟龙、捉取神龟、狩猎麒麟,役使世界上所有的东西然后主宰他们,最终却被一只老鼠利用,陷入这只老鼠的计谋中,我对老鼠突然从极静到极动的变化感到惊讶,人的智慧在哪里呢?"

我坐下来,闭眼打盹,自己在心里想这件事的原因。好像有人对我说:"你只是多学而记住一点知识,但还是离'道'很远。你自己心里不专心,又受了外界事物的干扰、左右,所以一只老鼠发出的叫声就能招引你受它支配,帮它改变困境。人能够在打破价值千金的碧玉时不动声色,而在打破一口锅时失声尖叫;人能够搏取猛虎,可见到蜂蝎时不免变色,这是不专一的结果。这是你早说过的话,忘记了吗?"我俯下身子笑了,仰起身子又醒悟了。我于是命令童子拿着笔,记下了我的文章。

一只老鼠,其体能和智能远不是人类的对手,但是这不等于说人类与一个弱小的对手相比,没有自己的短处。书童因为只看到了人类具有思维能力的长处,而忽视了老鼠求生的智慧和逃生的敏捷,所以被弱小的对手所捉弄。

人工智能是人的意识能动性的一种特殊表现,是人的本质力量的对象化、现实化。人工智能的出现表明,人类意识已经发展到能够把意识活动部分地从人脑中分离出来,物化为机器的物理运动从而延伸意识器官功能的新阶段。任何事物都有优点和缺点。即使是计算能力最强大、最先进的智能机器,也不能达到人类智能的层级,不能真正具有人的意识,不能取代或超越人类。但人工智能可以模拟和扩展人脑的某些活动,甚至在计算速度和准确度、程序化任务的执行能力等方面的表现超出人类所能。

当前,人工智能还在发展中,可以预见它在未来会得到更大的发展。我们要以开放、客观的态度观察、思考和把握人工智能的未来发展及其对社会的影响。在充分利用人工智能带来的便利的同时,还需要加强对人工智能不当应用风险的研判和防范,引导和规范人工智能走向更有利于人类生存和发展的方向。

【教材内容链接】《马克思主义基本原理》第一章第一节"世界的多样性与物质统一性"之"物质与意识的辩证关系"——意识与人工智能

【案例三十】学而无用

朱泙漫学屠龙于支离益,殚千金之家,三年技成,而无所用其巧。

——[战国]庄子及其后学《庄子·杂篇·列御寇》

【案例分析】

相传古代有一个叫朱泙漫的人,到支离益那里去学习屠宰龙(杀龙)的本领,花尽了千金的家资,耗费了整整三年的功夫,技术终于学成了,但是由于无龙可杀,没有地方可以用得着那种绝技,他的那套本领毫无用处。后以"屠龙之技"指不为世所用的技能,比喻技艺高超,但没有任何实用价值,不切实际。

有意识地利用自然物和改造自然物,向自然索取,是人类生存和发展的需要,是人的本质能力的体现。人类是自然界长期演化发展的产物,依存于自然界,并通过实践活动改造着自然界。但人们要利用自然、改造自然,首先要有自然物的客观存在。也就是说,要杀龙,就首先要有龙的存在。这正是这则寓言告诉我们的道理,承认自然界的客观实在性是人类有意识地处理人与自然关系的基本前提。因此,无论做什么事情,都要坚持从实际出发,讲求实效。如果脱离了实际,那么再大的本领也没有用。

【教材内容链接】《马克思主义基本原理》第一章第一节"世界的多样性与物质统一性"之"世界的物质统一性"——自然界是物质的

【案例三十一】鲍子难客

齐田氏祖于庭,食客千人,中坐有献鱼雁者,田氏视之,乃叹曰:"天之于民厚矣,殖五谷,生鱼鸟,以为之用。"众客和之。鲍氏之子年十二,亦在坐,进曰:"不如君言。天地万物,与我并生,类也。类无贵贱,徒以小大智力而相制,迭相食,非相为而生之。人取可食者而食之,岂天本为人生之!且蚊蚋(ruì)噆(zǎn)肤,虎狼食肉,非天本为蚊蚋生人、虎狼生肉者哉!"

——[战国]列子《列子·说符》

【案例分析】

齐国的贵族田氏在大堂上祭祀祖先,前来赴宴的客人有上千人。宴席上有敬献鱼和大雁的,田氏看了,于是感叹道:"老天对民众很厚道啊!生长五谷,孕育鱼和鸟,供人用来享用。"所有食客高声附和。一个年龄十二岁姓鲍的小孩也参加了宴会,进言道:"不是您说的那样。天地万物和我们人类并存,只是种类不同而已。种类没有什么贵贱之分,只是因为大小、智力不同而互相制约,互相成为食物,并不是为了给谁吃而生存的。人类获取可以吃的东西吃,难道是天为了让人吃而孕育它们吗?况且蚊虫叮咬(人的)皮肤,虎狼吃肉,岂不是为了蚊虫而孕育出人、为了虎狼而孕育有肉的生物了吗?"

唯心主义和有神论者总是把世界上的一切都看成是神或上帝的"杰作",否认人类社会的客观物质性。而唯物主义者认为,人类社会是物质世界发展到一定阶段的产物,是物质世界的一部分,是物质存在的一种特定形态。鲍家小孩的话,有力地说明了这一点。社会中虽然也包含精神现象,但从根本上讲人类社会是一种物质性的存在,具有不以人的意志为转移的客观规律性。人类社会的自然基础是物质的,人类获取生活资料的生产活动是物质的,特别是物质资料的生产方式构成了人类社会存在和发展的基础,集中体现着人类社会的物质性。

【教材内容链接】《马克思主义基本原理》第一章第一节"世界的多样性与物质统一性"之"世界的物质统一性"——人类社会本质上是生产实践基础上形成的物质体系

第二节 事物的普遍联系和变化发展

世界上的一切事物都不是孤立存在的,而是处在普遍联系和变化发展之中。联系的观点和发展的观点是唯物辩证法的总观点,集中体现了唯物辩证法的总特征。唯物辩证法是关于自然、社会和思维联系与发展的一般规律的科学。为我们正确认识世界和改造世界提供了科学的世界观和方法论。

本节共精选59个中华优秀传统文化案例,用以阐释和印证联系和发展的普遍性;对立统一规律是事物发展的根本规律;量变质变规律和否定之否定规律;联系和发展的基本环节四个问题。

【案例一】天人合一

有人,天也;有天,亦天也。

——[战国]庄子及其后学《庄子·外篇·山木》

第一章 世界的物质性及发展规律

天地者,万物之父母也。

——[战国]庄子及其后学《庄子·外篇·达生》

立天道曰阴阳,立地道曰柔刚,立人道曰仁义。

——[远古至秦汉]《易经》

【案例分析】

人类的出现是因为自然;自然的出现也是因为自然。

天地是万物的父母。

创立了表示上天的方法叫作阴和阳;创立了表示大地的方法叫作柔和刚;创立了表示如何做人的方法叫作仁和义。

这三句话阐述了我国古代"天人合一"的哲学思想。人是自然的一部分,如庄子所说,天人本是合一的,在自然界中,天、地、人三者是相应的。《易经》中强调三才之道,将天、地、人并立起来,并将人放在中心地位,说明人的地位很重要。天、地、人三者虽各有其道,但又是相互对应、相互联系的。这不仅是一种"同与应"的关系,而且是一种内在的生成关系和实现原则。天地之道是生成原则,人之道是实现原则,二者缺一不可。

"天人合一"思想把自然界与人类社会置于相互联系和相互影响的整体中考察;它既是一种宇宙论,又是一种方法论,同时也是一种极为重要的哲学思想。

"天人合一"的哲学思想体现了事物的普遍联系与永恒发展的整体思维。"天人合一"思想是中国哲学的基本精神,认为社会是一个有序的整体系统,强调天、地、人、物,人与社会、个体与整体之间是协调互助、契合无间、整体为一的。人与天地万物和谐的整体观揭示了世界的丰富多样性、联系性以及事物整体与各系统的密切联系和相互依存,事物不断运动发展,人类的思维也应顺应时代、与时俱进。

【教材内容链接】《马克思主义基本原理》第一章第二节"事物的普遍联

系和变化发展"之"联系和发展的普遍性"——唯物辩证法的总特征

【案例二】围魏救赵

其后魏伐赵,赵急,请救于齐。齐威王欲将孙膑,膑辞谢曰:"刑余之人不可。"于是乃以田忌为将军,而孙子为师,居辎车中,坐为计谋。田忌欲引兵之赵,孙子曰:"夫解杂乱纷纠者不控卷,救斗者不搏撠,批亢捣虚,形格势禁,则自为解耳。今梁赵相攻,轻兵锐卒必竭于外,老弱罢于内。君不若引兵疾走大梁,据其街路,冲其方虚,彼必释赵而自救。是我一举解赵之围而收弊于魏也。"田忌从之。魏果去邯郸,与齐战于桂陵,大破梁军。

——[西汉]司马迁《史记·孙子吴起列传》

【案例分析】

魏国攻打赵国,赵国危急,向齐国请求救援。齐威王想任命孙膑为将,孙膑婉言推辞说:"一个受过刑的人不能为将。"于是任命田忌为大将,任命孙膑做军师,让他在有帷幕的车上坐着出谋划策。田忌想要带领军队到赵国去解围,孙膑说:"解乱丝不能整团地抓住了去硬拉,劝解打架的人不能在双方相持很紧的地方去搏击,只要击中要害,冲击对方空虚之处,争斗者因形势限制就不得不自行解开了。现在魏国和赵国打仗,魏国轻装精锐的士兵必定全部集中在国外,老弱疲敝的士兵留在国内。您不如率领部队迅速奔赴魏国都城大梁,占领它的要道,攻击它正当空虚之处,他们一定会放弃围赵而回兵解救自己。这样我们既可解除赵国被围的局面,又可收到使魏国疲惫的效果。"田忌听从了孙膑这一建议。魏国的军队果然丢下赵国的都城邯郸,撤兵回国,和齐军在桂陵交战,魏军大败。

为什么齐军攻打魏国首都大梁,而赵国邯郸之围即解呢?因为赵、魏、齐三国之间存在着相互制约、相互影响的关系。恩格斯在谈到事物普遍联系的"辩证图景"时指出,"当我们通过思维来考察自然界或人类历史或我们自己的精神活动的时候,首先呈现在我们眼前的,是一幅由种种联系和相互作用无穷无尽地交织起来的画面"①。联系是指事物内部各要素之间和事物之间相互影响、相互制约、相互作用的关系。世界上的万事万物既作为个体事物存在,又作为联系中的事物存在。要学会从客观事物固有的联系出发去认识事物,切忌主观随意性,且注意分析和把握事物存在发展的各种条件,做到一切以时间地点条件为转移。

【教材内容链接】《马克思主义基本原理》第一章第二节"事物的普遍联系和变化发展"之"联系和发展的普遍性"——事物的普遍联系

【案例三】郑人买履

郑人有欲买履者,先自度其足,而置之其坐。至之市,而忘操之。已得履,乃曰:"吾忘持度!"反归取之。及反,市罢,遂不得履。人曰:"何不试之以足?"曰:"宁信度,无自信也。"

——[战国]韩非子《韩非子·外储说左上》

【案例分析】

有个想要买鞋子的郑国人,先用尺子度量好自己脚的尺码,然后把尺码放在他的座位上,等到其前往集市,却忘了携带量好的尺码。已经拿到鞋子,却说:"我忘记带量好的尺码了。"放下鞋子,返回家去取量好的尺码。等到他返回集市的时候,集市已经散了,最后郑国人没能买到鞋子。有人问他说:"为什么你不用自己的脚去试一试呢?"他说:"我宁可相信量好的尺码,也不相信自己的脚。"

这是先秦时代的一则寓言故事。它既是一个成语,也是一个典故,更是一则寓言。这个郑国人只相信量脚得到的尺码,而不相信自己的脚,不仅闹

---

① 《马克思恩格斯选集》(第三卷),人民出版社,2012年,第790页。

出了大笑话,而且连鞋子也没买到,成了笑柄。揭示了郑人拘泥于教条心理,依赖数据的习惯。这则寓言讽刺那些墨守成规的教条主义者,说明因循守旧,不思变通,终将一事无成。而在现实生活中类似这样的人,的确是有的,而且并不少。有的人说话、办事、想问题,不从实际出发,不去观察事物之间是否具有联系性。如此,思想就会僵化,行动就容易碰壁。

买鞋的尺码是根据脚的大小量出来的,郑国人看不到他的脚和尺码之间的联系,孤立地看问题,最终没有买到鞋子。这则寓言故事告诉我们,事物之间是相互联系、不可分割的,看问题、办事情必须坚持联系的观点。任何事物都不能孤立存在,都与其他事物处于一定的联系之中。

【教材内容链接】《马克思主义基本原理》第一章第二节"事物的普遍联系和变化发展"之"联系和发展的普遍性"——事物的普遍联系

【案例四】腌鸭生腌蛋

甲乙两人偶吃腌蛋,甲讶曰:"我每常吃蛋甚淡,此蛋因何独咸?"乙曰:"我是极明白的人,亏你问着我,这咸蛋就是腌鸭子生出来的。"

——[清]石天基《笑得好》

【案例分析】

甲乙两人有一次吃到腌鸭蛋。甲惊讶地说:"奇怪,我每次吃蛋都是淡的,为什么这种蛋却是咸的?"乙回答说:"我倒是个极明白的人,亏你问着我。告诉你,这咸鸭蛋,就是腌鸭子生出来的。"

唯物辩证法认为,世界上的万事万物都处于普遍联系之中,世界上没有孤立存在的事物,每一种事物都是在与其他事物的联系之中存在的。但事物之间的联系不是主观臆想的,不是人们从外部强加于事物的,也不是人的主观意识赋予事物的,更不是上帝创造的。事物的联系是事物本身所固有的、不以人的意志为转移的,联系具有客观性。"腌鸭生腌蛋"中腌鸭与腌蛋之间并不存在这种联系,而是这个人的主观想象,否认了联系的客观性,是唯心主义的观点。我们要从客观事物本身固有的联系出发去认识事物。坚持联系的客观性,就是在联系的观点上坚持了唯物论。

【教材内容链接】《马克思主义基本原理》第一章第二节"事物的普遍联系和变化发展"之"联系和发展的普遍性"——联系的客观性

【案例五】鲁婴泣卫

鲁监门之女婴,相从绩,中夜而泣涕。其偶曰:"何谓而泣也?"婴曰:"吾闻卫世子不肖,所以泣也。"其偶曰:"卫世子不肖,诸侯之忧也。子曷为泣也?"婴曰:"吾闻之,异乎子之言也。昔者宋之桓司马得罪于宋君,出于鲁,其马佚而驣吾园,而食吾园之葵。是岁,吾闻园人亡利之半。越王勾践起兵而攻吴,诸侯畏其威,鲁往献女,吾姊与焉。兄往视之,道畏而死。越兵威者吴也,兄死者,我也。由是观之,祸与福相及也。今卫世子甚不肖,好兵,吾男弟三人,能无忧乎?"

——[西汉]韩婴《韩诗外传》

【案例分析】

鲁国监门人的女儿婴,和同伴一起缉麻线,半夜里哭泣。她的同伴问:"为什么哭呢?"婴说:"我听说卫国的世子不肖,所以哭泣。"她的同伴说:"卫国的世子不肖,是诸侯君王所忧虑的事,您怎么为这件事哭泣呢?"婴说:"我听说的,和您说的不一样。从前宋国的桓司马得罪了宋国的国君,出逃到鲁国,他的马奔逃到我的菜园里,在园子里打滚,还吃我园子里的冬葵。这年,我听说管园子的人损失了一半的收成。越王勾践起兵攻打吴国,各诸侯国畏惧他的威势,鲁国去献美女,我的姐姐就在其中。我的哥哥前去看她,在路上因害怕而死了。越国军队欺凌的是吴国,而死去哥哥的,是我啊。由此看来,祸和福是互相关联的。现今卫国的世子很不肖,好战,我有三个弟弟,能不担忧吗？"

任何事物都不能孤立地存在，都与周围其他事物处于一定的联系中，联系具有普遍性。恩格斯在谈到事物普遍联系时指出："当我们通过思维来考察自然界或人类历史或我们自己的精神活动的时候，首先呈现在我们眼前的，是一幅由种种联系和相互作用无穷无尽地交织起来的画面。"①

所以，智者就应该像婴一样见微知著，善于分析把握事物的发展走向，时刻保持警惕之心，才能防患于未然。

【教材内容链接】《马克思主义基本原理》第一章第二节"事物的普遍联系和变化发展"之"联系和发展的普遍性"——事物的普遍联系

【案例六】头疼医头，脚疼医脚

今学者亦多来求病根，某向他说头痛灸头，脚痛灸脚，病在这上，只治这上便了，更别求甚病根也。

——［南宋］·朱熹《朱子语类·朱子十一》

【案例分析】

有个做学问的人，向某人求教怎么能知道生病的原因，某人对他说头痛医头，脚痛医脚，哪里疼就治哪里，不用追究病根。比喻处理问题不能从根本上着眼，只是就事论事，缺乏全面考虑。

联系是事物之间以及事物内部诸要素之间的相互影响、相互制约及相互作用的关系。事物内部诸要素相互联系构成统一的整体。

有这样一则寓言故事：有一个人嘴上长了一些小疙瘩，后来愈渐严重，满口糜烂。有位颇有名望的老中医给他开了几味药，让他研制成粉，用醋调敷在脚心上。这样敷了几次，病就全好了。这人感到很奇怪，要老中医解释一

---

① 《马克思恩格斯选集》(第三卷)，人民出版社，2012年，第790页。

下用药的奥妙,老中医向他讲了这样一个道理:人体是一个有机的整体,由于经络的作用,各部分之间都密切相连,在病变上也是互相影响、互相制约的。有时病本在下,病状表现在上;有时病本在上,病状表现在下。你这口糜与心脾积热有关,根据"治病必求其本"的原则,采取上病下取,用药敷脚心,通过经络引心脾之火下行,因而取得药到病除的疗效。

联系具有普遍性。任何事物内部的不同部分和要素之间都是相互联系的,也就是说,任何事物都具有内在的结构性。

【教材内容链接】《马克思主义基本原理》第一章第二节"事物的普遍联系和变化发展"之"联系和发展的普遍性"——事物的普遍联系

【案例七】鱼害于火

楚国亡猿,祸延林木;城门失火,殃及池鱼。

——[北齐]杜弼《檄梁文》

【案例分析】

楚国人逃走了一只猴子,由于捉猴子,破坏了整片森林;城门失火,周围的人都用护城河的河水去救火,弄得水涸鱼死。

南北朝时,北方的东魏有一员大将,叫侯景,坐镇河南,拥有十万军队。因为与大丞相高欢之子高澄不和,在东魏武定五年(公元547年)背叛东魏,投靠西魏。高澄指派韩轨讨伐侯景,侯景担心与西魏的联系被切断,又转身向南方的梁朝投靠。梁朝许多大臣认为侯景反复无常,不能接受他的投靠,而损害了与东魏的友好关系。但是垂垂老矣的梁武帝却认为这是统一国家的征兆,便不顾群臣反对,接受了侯景的投靠,还封他为河南王。同年八月,梁武帝派萧渊明率领军队讨伐东魏。九月,萧渊明的军队逼近彭城。十一月,高澄指派高岳和慕容绍宗率军救援彭城,派杜弼担任救援大军的军司。慕容绍宗用诱敌之计,引诱萧渊明深入追击,然后以伏兵夹击,活捉萧渊明,梁军伤亡逃走的有数万人。大胜之后,军司杜弼写了一篇给梁朝的檄文。文中说:"东魏皇帝和大丞相有心平息战争,所以多年和南朝通好。如今逆臣侯景生了背叛之心,先投靠西魏,后又说尽好话投靠梁朝,企图容身。而梁朝君臣竟然幸灾乐祸,忘了道义,连结奸人,断绝了与邻邦的友好关系。侯景这样的卑鄙小人,一有机会还会兴风作浪。怕只怕楚国的猴子逃亡,灾祸延及林中树木,宋国城门失火,连累池中鱼儿遭殃,将来会无辜地使长江淮河流域、荆州扬州一带的官员百姓遭受战争之苦……"后来,正如杜弼文中所说,公元548年,侯景发动叛乱,由此导致梁朝多年政局动荡,人民饱受战乱之苦。

联系具有客观性,世界上没有孤立存在的事物。联系又具有多样性,事物的联系是多种多样的,有直接联系和间接联系。我们考察事物时,不仅要看到直接联系,还要看到间接联系,从整体上把握事物之间的联系。

【教材内容链接】《马克思主义基本原理》第一章第二节"事物的普遍联系和变化发展"之"联系和发展的普遍性"——事物的普遍联系

【案例八】唇亡齿寒

晋侯复假道于虞以伐虢。宫之奇谏曰:"虢,虞之表也。虢亡,虞必从之。晋不可启,寇不可翫。一之谓甚,其可再乎?谚所谓'辅车相依,唇亡齿寒'者,其虞、虢之谓也。"

公曰:"晋,吾宗也,岂害我哉?"

对曰:"大伯、虞仲,大王之昭也。大伯不从,是以不嗣。虢仲、虢叔,王季之穆也,为文王卿士,勋在王室,藏于盟府。将虢是灭,何爱于虞!且虞能亲于桓、庄乎?其爱之也,桓、庄之族何罪?而以为戮,不唯逼乎?亲以宠逼,犹尚害之,况以国乎?"

公曰:"吾享祀丰絜,神必据我。"

对曰:"臣闻之,鬼神非人实亲,惟德是依。故周书曰:'皇天无亲,惟德是

第一章 世界的物质性及发展规律

辅。'又曰:'黍稷非馨,明德惟馨。'又曰:'民不易物,惟德繄物。'如是,则非德民不和,神不享矣。神所冯依,将在德矣。若晋取虞,而明德以荐馨香,神其吐之乎?"

弗听,许晋使。宫之奇以其族行,曰:"虞不腊矣。在此行也,晋不更举矣。"八月甲午,晋侯围上阳,问于卜偃曰:"吾其济乎?"

对曰:"克之。"公曰:"何时?"对曰:"童谣曰:'丙之晨,龙尾伏辰,均服振振,取虢之旂。鹑之贲贲,天策炖炖,火中成军,虢公其奔。'其九月、十月之交乎!丙子旦,日在尾,月在策,鹑火中,必是时也。"

冬,十二月丙子朔,晋灭虢,虢公丑奔京师。师还,馆于虞,遂袭虞,灭之,执虞公及其大夫井伯,从媵秦穆姬。而修虞祀,且归其职贡于王,故书曰:"晋人执虞公。"罪虞公,言易也。

——[春秋]左丘明《左传·僖公五年》

【案例分析】

晋侯又向虞国借路去攻打虢国。宫之奇劝阻虞公说:"虢国,是虞国的外围,虢国灭亡了,虞国也一定跟着灭亡。晋国的这种贪心不能让它开个头。这支侵略别人的军队不可轻视。一次借路已经过分了,怎么可以有第二次呢?俗话说'面颊和牙床骨互相依着,嘴唇没了,牙齿就会寒冷',就如同虞、虢两国互相依存的关系啊。"

虞公说:"晋国,与我国同宗,难道会加害我们吗?"

宫之奇回答说:"泰伯、虞仲是大王的长子和次子,泰伯不听从父命,因此不让他继承王位。虢仲、虢叔都是王季的第二代,是文王的执掌国政的大臣,在王室中有功劳,因功受封的典策还在主持盟会之官的手中,现在都要灭掉虢国,对虞国还爱什么呢?再说晋献公爱虞,能比桓庄之族更亲密吗?桓、庄这两个家族有什么罪过?可晋献公把他们杀害了,还不是因为近亲对自己有威胁,才这样做的吗?近亲的势力威胁到自己,还要加害于他们,更何况对一个国家呢？"

虞公说："我的祭品丰盛清洁，神必然保佑我。"

宫之奇回答说："我听说，鬼神不是随便亲近某人的，而是依从有德行的人。所以《周书》里说：'上天对于人没有亲疏不同，只是有德的人上天才保佑他。'又说：'黍稷不算芳香，只有美德才芳香。'又说：'人们拿来祭祀的东西都是相同的，但是只有有德行的人的祭品，才是真正的祭品。'如此看来，没有德行，百姓就不和，神灵也就不享用了。神灵所凭依的，就在于德行。如果晋国消灭虞国，崇尚德行，以芳香的祭品奉献给神灵，神灵难道会吐出来吗？"

虞公不听从宫之奇的劝阻，答应了晋国使者借路的要求。宫之奇带着全族的人离开了虞国。他说："虞国的灭亡，不会等到岁终祭祀的时候了。晋国只需这一次行动，不必再出兵了。"

冬天十二月初一那天，晋灭掉虢国，虢公丑逃到东周的都城。晋军回师途中安营驻扎在虞国，乘机突然发动进攻，灭掉了虞国，捉住了虞公和他的大夫井伯，把井伯作为秦穆姬的陪嫁随从。然而仍继续祭祀虞国的祖先，并且把虞国的贡物仍归于周天子。

所以《春秋》中记载说"晋国人捉住了虞公"，这是归罪于虞公，并且说事情进行得很容易。

　这就是"唇亡齿寒"成语的来历。"嘴唇没有了，牙齿就会觉得冷"，比喻双方关系密切，利害相关。"唇亡齿寒"既指出了唇与齿之间的内部联系，又表明了唇齿与气温之间的外部联系。

1949年10月1日，中华人民共和国成立。当新中国刚刚从废墟中站起来，百业待兴之时，1950年6月25日朝鲜战争爆发，战火迅速烧到了鸭绿江边，我国安全受到了严重威胁。10月8日，朝鲜政府请求中国派出军队帮助朝鲜。刚刚经历了抗日战争和解放战争的中国，万里河山千疮百孔。虽然条件无比困难，但是毛主席十分清楚"唇亡齿寒"的道理，他艰难地作出了"抗美援朝、保家卫国"的战略抉择,迅速组成了中国人民志愿军入朝参战。"唇亡齿寒"这个成语说明,事物之间都是普遍联系的,不能孤立地看问题,要用联系的观点看问题。

【教材内容链接】《马克思主义基本原理》第一章第二节"事物的普遍联系和变化发展"之"联系和发展的普遍性"——事物的普遍联系

【案例九】以偶为常

有人以钉铰为业者,道逢驾幸郊外,平天冠偶坏,召令修补讫,厚加赏赉。归至山中,遇一虎卧地呻吟,见人举爪示之,乃一大竹刺,其人为拔去。虎衔一鹿以报,至家语妇曰:"吾有二技可立至富矣。"乃大署其门曰:"专修补平天冠兼拔虎刺。"

——[明]谢肇淛《五杂俎》

【案例分析】

有个人以修补为业。有一天外出,正赶上皇帝出行郊外,戴的皇冠偶然坏了,下诏命令他修补。修完之后,给了他很多赏赐。这人拿了赏赐回家去,路经山中,遇见一只老虎,躺在地上呻吟,见有人来,便举起一只爪子示意。原来虎爪子上扎了一根大竹刺。这个人为它拔去了刺,老虎叼来一只鹿,作为报答。他回到家后,对妻子说:"我有两样技术,可以马上致富!"便在门上用大字写道:"专修皇冠,兼拔虎刺。"

作为事物发展规律的联系,指的是事物的必然联系,而不是偶然联系。故事中的主人公把偶然联系当成了必然联系,把希望寄托在了偶然事件上,结果肯定是一无所获。

这个寓言与《守株待兔》有异曲同工之妙。给皇帝修帽子,千载难逢;替老虎拔刺,万年罕遇。这比起下田捡着撞死在树上的兔子,还要难得。不幸的是他们竟想从此改行,专门等着做这样的买卖:一个死守在树下,要做捡死兔子的专家；一个挂起招牌，做"专修皇冠，兼拔虎刺"的专业户。结局不言自明，倘若执迷不悟，只有饿死。他们的巧遇都是偶然性事情，把偶然当作普遍的必然规律，就犯了僵化、片面的错误。由于台风的关系，天上有时会掉下鱼来（龙卷风正好刮着鱼群时会造成这种情况），但台风与掉下鱼却没有必然联系。不弄清偶然与必然的关系，难免在工作中弄出错误来。正如毛泽东所言："我们必须时刻记得列宁的话：对于具体的事物作具体的分析。"①

【教材内容链接】《马克思主义基本原理》第一章第二节"事物的普遍联系和变化发展"之"联系和发展的普遍性"——事物的普遍联系

【案例十】孟母三迁

邹孟轲之母也。号孟母。其舍近墓。孟子之少也，嬉游为墓间之事，踊跃筑埋。孟母曰："此非吾所以居处子也。"乃去舍市傍。其嬉戏为贾人炫卖之事。孟母又曰："此非吾所以居处子也。"复徙舍学宫之傍。其嬉游乃设俎豆揖让进退。孟母曰："真可以居吾子矣。"遂居。及孟子长，学六艺，卒成大儒之名。君子谓孟母善以渐化。诗云："彼姝者子，何以予之？"此之谓也。孟子之少也，既学而归，孟母方绩，问曰："学何所至矣？"

——［西汉］刘向《烈女传·卷一·母仪》

【案例分析】

鲁国邹邑人孟轲的母亲，人称孟母。当初她的家靠近一片墓地，因此孟子小时候游戏玩耍的都是下葬哭丧一类的事，特爱学造墓埋坟。孟母见了说到："这里不该是我带着孩子住的地方啊！"于是领着孟子离开了这里，迁住在了一处集市的近旁。孟子又学起了奸猾商人夸口买卖那一类的事。孟母又说："这里也不是我应该带着孩子住的地方啊！"就再次把家迁到了一个公学

---

① 《毛泽东选集》(第一卷)，人民出版社，1991年，第317页。

学校的旁边。这时小孟子所学的,才是祭祀礼仪、作揖逊让、进退法度这类仪礼方面的学问了。孟母说道:"这里才真正是可以让我带着儿子居住的地方啊!"于是,长久把家安在了这里。等孟子长大成人,便很顺利地学精了《书》《诗》《礼》《乐》《易》《春秋》的学问,最终成就了儒家大师的大名。后来的君子贤人都说孟母很善于利用环境渐染教化孩子。

"孟母三迁"的故事广泛流传,引用典故就是"昔孟母,择邻处,子不学,断机杼"。故事告诉我们,周围的人和物会对我们产生或好或坏的影响。人总是要往好的方面发展的,近朱则赤,近墨则黑,所以应尽量避免不利的环境。

联系具有条件性。条件对事物发展和人的活动具有支持或制约作用。有利条件支持和促进事物的发展和人的活动,不利条件制约和阻碍事物的发展和人的活动。对条件要唯物辩证地去看待。要积极改变不利环境,将不利条件转变为有利条件,推动事物的发展。

【教材内容链接】《马克思主义基本原理》第一章第二节"事物的普遍联系和变化发展"之"联系和发展的普遍性"——事物的普遍联系

【案例十一】善哉瞿所

汉武游上林,见一好树,问东方朔。朔曰:"名善哉。"帝阴使人落其树。后数岁,复问朔,朔曰:"名为瞿所。"帝曰:"朔欺久矣,名与前不同,何也?"朔曰:"夫大为马,小为驹;长为鸡,小为雏;大为牛,小为犊;人生为儿,长为老。且昔为善哉,今为瞿所。长少死生,万物败成,岂有定哉?"帝乃大笑。

——[北宋]李昉《太平广记》

【案例分析】

汉武帝在上林苑游玩,看见一棵很好看的树。问东方朔:这是什么树?东方朔说:"这棵树叫做'善哉'。"汉武帝暗中派人削掉它的枝干。过了几年,又问东方朔:这是什么树?东方朔说:"叫做'瞿所'。"武帝说:"你骗我好久了,为什么这次树的名字,跟前次说的不一样呢?"东方朔说:"大的马叫马,小的马叫驹;大的鸡叫鸡,小的鸡叫雏;大的牛叫牛,小的牛叫犊;人初生时叫小儿,老了叫耆老;往日名叫善哉,现在改叫瞿所。世上人的老小、生死,万物的衰败、成长,哪有一成不变的呢?"武帝听了大笑(汉武帝觉得东方朔的话很有哲理,不再责备他)。

世界上的各种事物不仅是普遍联系的,而且是变化发展的。流水不腐,户枢不蠹。恩格斯指出:"世界不是既成事物的集合体,而是过程的集合体,其中各个似乎稳定的事物同它们在我们头脑中的思想映象即概念一样都处在生成和灭亡的不断变化中,在这种变化中,尽管有种种表面的偶然性,尽管有种种暂时的倒退,前进的发展终究会实现。"[①]物质世界处于永恒的运动之中,而物质世界的运动中内在地包含着事物的变化和发展。

【教材内容链接】《马克思主义基本原理》第一章第二节"事物的普遍联系和变化发展"之"联系和发展的普遍性"——事物的变化发展

【案例十二】幼女配老翁

虞任者,艾子之故人也,有女生二周,艾子为其子求聘。任曰:"贤嗣年几何?"答曰:"四岁。"任艴然曰:"公欲配吾女于老翁邪?"艾子不谕其旨,曰:"何哉"任曰:"贤嗣四岁,吾女二岁,是长一半年纪;日若吾女二十而嫁,贤嗣年四十;又不幸二十五而嫁,则贤嗣五十矣。非嫁一老翁邪?"

——[明]陆灼《艾子后语》

【案例分析】

艾子有个老朋友名叫虞任,他的女儿刚满两周岁。艾子见了十分喜欢,便想为自己的儿子订婚。虞任也很高兴,问:"你的儿子几岁了?"艾子回答:

---

① 《马克思恩格斯选集》(第四卷),人民出版社,2012年,第250页。

"四岁。"虞任沉下脸来:"你要我的女儿嫁给一个老头子吗?"艾子不明他的意思:"为什么呢?"虞任说:"你儿子四岁,我女儿两岁,你儿子比我女儿年纪大一倍。倘若我女儿二十岁出嫁,你儿子不就已经四十岁了吗?要是不幸我女儿二十五岁出嫁,你儿子不是已经五十岁了吗?你不是想叫我女儿去嫁一个老头儿吗?"

"幼女配老翁"的故事揭示了虞任思想僵化,不能以发展的眼光看问题,更不能把事物看成一个变化发展的过程,从而引出大笑话。世界上的一切事物都是运动、变化和发展的,世界是过程的集合体。所谓过程,是指每一事物都有它的发生、发展和灭亡的历史。虞任之所以得出"幼女配老翁"的结论,是因为他没有把小孩的成长如实地看成一个过程,而是看成了几个点:女儿两岁时,艾儿四岁,相差一倍;女儿二十岁时,艾儿应该是四十岁。实际上女儿从两岁到二十岁,是一个过程,这个过程中她长了十八岁,同样艾儿也长了十八岁,应该是二十二岁,而不是四十岁。恩格斯说:"世界不是既成的事物的集合体,而是过程的集合体。"在现实生活中,我们要用发展的观点看问题,把事物如实地看成是一个变化发展的过程。

【教材内容链接】《马克思主义基本原理》第一章第二节"事物的普遍联系和变化发展"之"联系和发展的普遍性"——事物的变化发展

【案例十三】士别三日刮目相待

初,权谓吕蒙曰:"卿今当涂掌事,不可不学!"蒙辞以军中多务。权曰:"孤岂欲卿治经为博士邪!但当涉猎,见往事耳。卿言多务,孰若孤?孤常读书,自以为大有所益。"蒙乃始就学。及鲁肃过寻阳,与蒙论议,大惊曰:"卿今者才略,非复吴下阿蒙!"蒙曰:"士别三日,即更刮目相待,大兄何见事之晚乎!"肃遂拜蒙母,结友而别。

——[北宋]司马光《资治通鉴·孙权劝学》

【案例分析】

当初,孙权对吕蒙说:"你现在当权掌管事务,不可以不学习!"吕蒙用军中事务繁多来推脱。孙权说:"我难道想要你研究儒家经典,成为学官吗!我只是让你粗略地阅读,了解历史罢了。你说军务繁多,谁像我?我经常读书,自己觉得获益很多。"吕蒙于是开始学习。当鲁肃到寻阳的时候,和吕蒙一起谈论议事,鲁肃十分吃惊地说:"你现在的(军事方面和政治方面的)才干和谋略,不再是原来那个吴县的(没有学识的)阿蒙了!"吕蒙说:"读书人(君子)分别几天,就重新另眼看待了,长兄你认清事物怎么这么晚呢?"鲁肃于是拜见吕蒙的母亲,和吕蒙结为朋友后分别了。

这个故事告诉我们,不要以一成不变的态度看待他人,要以开放的眼光看待事物。世界上的事物总是在不断地发生变化。物质世界处于永恒的运动之中,人应该随着事物的变化而变化,不能用老眼光、老观点看待事物。用静止的观点看问题,必会闹出笑话。

【教材内容链接】《马克思主义基本原理》第一章第二节"事物的普遍联系和变化发展"之"联系和发展的普遍性"——事物的变化发展

【案例十四】新陈代谢

新故相推,日生不滞。

——[明清]王夫之《尚书引义·太甲》

【案例分析】

新,即为新生事物,与旧相对。日生,指太阳升起。滞,停滞不前。其大致意思是:新旧事物交替变更,每天都在不停地变化。

物质世界的发展,特别是人类社会的发展,其实质是新事物的产生和旧事物的灭亡。"新故相推,日生不滞。"仅仅八个字就把事物发展的总趋势表述得透彻清晰,并且强调只有"以时不我待、只争朝夕的精神",才能激发"新故相推"的激情，达到"日生不滞"的境界，最终实现我们既定的奋斗目标。

在2017年新年贺词中，习近平主席指出："'新故相推，日生不滞。'即将到来的2017年，中国共产党将召开第十九次全国代表大会，全面建成小康社会、全面深化改革、全面依法治国、全面从严治党要继续发力。天上不会掉馅饼，努力奋斗才能梦想成真。"①治理国家也要坚持用发展的眼光看待问题，在权衡利弊中作出最有利的战略抉择。"不谋万世者，不足谋一时；不谋全局者，不足谋一域。"只有用全面、辩证、长远的眼光看待我国发展、分析当前经济形势，才能得出正确论断，指导我们的行动。

【教材内容链接】《马克思主义基本原理》第一章第二节"事物的普遍联系和变化发展"之"联系和发展的普遍性"——事物的变化发展

【案例十五】世事变迁

巴山楚水凄凉地，二十三年弃置身。怀旧空吟闻笛赋，到乡翻似烂柯人。沉舟侧畔千帆过，病树前头万木春。今日听君歌一曲，暂凭杯酒长精神。

——[唐]刘禹锡《酬乐天扬州初逢席上见赠》

【案例分析】

被贬谪到巴山楚水这荒凉的地区，度过了二十三年沦落的光阴。怀念故去旧友徒然吟诵闻笛小赋，久谪归来感到已非旧时光景。翻覆的船只旁仍有千千万万的帆船经过；枯萎树木的前面也有万千林木欣欣向荣。今天听了你为我吟诵的诗篇，暂且借这一杯美酒振奋精神。

唐敬宗宝历二年（826年），被贬外地的刘禹锡应召回京，与同样被贬的白居易在扬州相遇。白居易在筵席上写了一首《醉赠刘二十八使君》相赠："为我引杯添酒饮，与君把箸击盘歌。诗称国手徒为尔，命压人头不奈何。举

---

① 《国家主席习近平发表二〇一七年新年贺词》，《人民日报》，2017年1月1日。

眼风光长寂寞,满朝官职独蹉跎。亦知合被才名折,二十三年折太多。"刘禹锡便写了此诗作答。

"巴山楚水凄凉地,二十三年弃置身。"刘禹锡的这首酬答诗便从白居易诗的末两句开始。白居易在诗的末尾说到二十三年,刘禹锡因参加王叔文领导的政治革新运动而遭受迫害,被贬谪到朗州、连州、夔州这些荒凉的巴楚之地。二十三年过去了,同辈人都纷纷升迁,只有他被弃置异地虚度年华。接着,刘禹锡很自然地发出感慨道:"怀旧空吟闻笛赋,到乡翻似烂柯人。"说自己在外二十三年,如今回来,许多老朋友都已去世,只能徒然地吟诵"闻笛赋"表示悼念而已。此番回来恍如隔世,觉得人事全非,不再是旧日的光景了。后一句用"王质烂柯"的典故,既暗示了自己贬谪时间的长久,又表现了世态的变迁,以及回归之后生疏而怅惘的心情,含义十分丰富。

白居易的赠诗中有"举眼风光长寂寞,满朝官职独蹉跎",意思是说同辈的人都升迁了,只有你在荒凉的地方寂寞地虚度了年华,颇为刘禹锡抱不平。对此,刘禹锡在诗中写道:"沉舟侧畔千帆过,病树前头万木春。"沉船旁边有千帆驶过,病树前头正万木争春。刘禹锡把自己比作"沉舟"和"病树",意思是自己虽屡遭贬谪,新人辈出却也令人欣慰,表现出豁达的襟怀。正像他在另外的诗里所写的:"莫道桑榆晚,为霞犹满天。"

此诗深刻地反映了事物的变化发展规律,任何事物的发展都是曲折性和前进性的统一,新事物必将取代旧事物。物质世界的发展,特别是人类社会的发展,其实质是新事物的产生和旧事物的灭亡。"沉舟""病树"代表旧事物的消亡,而"千帆过""万木春"代表新事物的勃发,世界就是在这种新旧交替中不断向前发展。我们要看到前进道路上的挫折,更要看到前途的光明。

【教材内容链接】《马克思主义基本原理》第一章第二节"事物的普遍联系和变化发展"之"联系和发展的普遍性"——事物的变化发展

第一章 世界的物质性及发展规律

【案例十六】恶名退友

康衢长者,字僮曰"善搏",字犬曰"善噬"。宾客不过其门者三年。长者怪而问之,乃实对。于是改之,宾客复往。

——[战国]尹文《尹文子·大道下》

【案例分析】

康衢长者,住在大路旁的一位老先生,给他的僮(仆人)取名叫"善搏"(擅长打人、搏斗),给他的狗取名叫做"善噬"(擅长咬人、撕咬)。为此,在这以后的整整三年的时间里,吓得他的朋友们都不敢进他家的门。老先生平日喜欢交朋友,之前家里总是宾客盈门,络绎不绝,这么长时间都没有宾客再来他家做客,家里冷冷清清。老先生感到很奇怪,就去询问他们,宾客们才如实回答,以实相告。于是,他赶紧把家仆和看门狗的名字改了,这样一来宾客才敢重新登门来访,他与他的朋友们又往来如初了。

物质世界的发展,特别是人类社会的发展,其实质是新事物的产生、旧事物的灭亡,新事物代替旧事物。要把握发展的概念,就必须明确区分新旧事物的根本标准。新事物是指合乎历史前进方向、具有远大前途的东西,旧事物是指丧失历史必然性、日趋灭亡的东西。判断一个事物是新事物还是旧事物不能根据它在时间上出现的先后,也不能根据它的形式是否新奇。但有的人总喜欢从事物的名称、旗号等表面形式判断新旧事物,常常难以得出正确的结论,以至受骗上当。其实名字和实质并不等同,故事中老汉的朋友太看重名字了,以名取人实属可笑。

【教材内容链接】《马克思主义基本原理》第一章第二节"事物的普遍联系和变化发展"之"联系和发展的普遍性"——事物的变化发展

【案例十七】姜从树生

楚人有生而不识姜者,曰:"此从树上结成。"或曰:"从土里生成。"其人固执己见,曰:"请与子以十人为质,以所乘驴为赌。"已而遍问十人,皆曰:"土里出也。"其人哑然失色,曰:"驴则付汝,姜还树生。"

——[明]江盈科《雪涛小说》

【案例分析】

楚国有一个生来就不认识生姜的人,(对别人)说:"这个东西一定是在树上结出来的。"有人告诉他:"这个是从土里长成的。"这个楚国人坚持自己的看法,说:"我和你找十个人来询问,用乘坐的毛驴作为赌注。"随后问遍了十个人,都说:"姜是从土里长成的。"楚国人哑口无言,面色苍白,说:"毛驴就给你了,姜还是从树上结出来的。"

在社会历史领域,新事物是社会上先进的、富有创造力的人们创造性活动的产物,从根本上符合绝大多数人民群众的利益,必然会得到广大人民群众的拥护和支持,必然战胜旧事物。但人民群众对新事物的认识、理解和接受,需要有一个或长或短的历史过程。这个楚国人的固执也说明了这一点。但是,不管经历怎样的艰难和曲折,新事物最终会战胜并取代旧事物,这是事物发展的基本趋势。

【教材内容链接】《马克思主义基本原理》第一章第二节"事物的普遍联系和变化发展"之"联系和发展的普遍性"——事物的变化发展

【案例十八】阴阳法则

阴阳者,天地之道也,万物之纲纪,变化之父母,生杀之本始,神明之府也。治病必求于本。

——[先秦至汉]《黄帝内经·素问》

【案例分析】

阴阳是自然界事物运动变化的基本规律和普遍法则,是认识万物之纲领,是事物发生、发展和衰退、消亡的根本。疾病作为万事万物运动变化的现象之一，自然也遵循阴阳对立统一的法则。因此医生在认识人体、诊治疾病时，就必须寻求阴阳变化之本。

阴阳学说是中国古代的辩证法。阴阳学说指出，阴阳二气存在于天地中，气候变化和农作物生长就是由阴阳二气的流转决定的。阴阳二气是对立统一，是事物的基本属性和事物发展的根源所在。

中国古代的阴阳学说与马克思主义的对立统一规律有着不谋而合之处。对立统一规律是唯物辩证法的实质和核心。它认为，矛盾贯穿于所有事物发展的全过程，事物内部矛盾的对立统一导致事物的发展变化。矛盾双方固有的两种属性就在于对立面之间的统一和斗争。由于对立面双方的统一，矛盾双方得以相互依存，事物得以保持统一的状态，从而获得向前发展的机会。这种相互依存和统一性，促使矛盾双方得以吸收、借鉴和利用有利于自身发展的因素，不断向前发展并为解决双方的斗争奠定基础。反之，由于对立面双方的斗争，矛盾双方必然相互否定和排斥，促使事物发生变化，最终导致自身统一状态的破裂。这种斗争性，促使矛盾双方的力量对比不断发生改变，当其达到一定限度的时候，就促成了新矛盾体的形成和旧矛盾体的破裂。新事物战胜旧事物的决定性力量就是对立之间的相互斗争。

将阴阳学说与对立统一规律相结合，有利于使大学生更好地学习利用矛盾分析方法解决问题，坚持和正确运用对立统一规律认识世界和改造世界。

【教材内容链接】《马克思主义基本原理》第一章第二节"事物的普遍联系和变化发展"之"对立统一规律是事物发展的根本规律"——对立统一规律是唯物辩证法的实质和核心

【案例十九】阴阳之道

一阴一阳之谓道,继之者善也,成之者性也。

——[远古至秦汉]《易经·系辞上》

【案例分析】

一阴一阳的相反相生,运转不息,为宇宙万事万物盛衰存亡的根本,这就是道。继续阴阳之道而产生宇宙万事万物的就是善,成就万事万物的是天命之性,亦即道德之义。

《易经》认为事物都有阴阳两个方面、两种力量,相辅相成,相互推移,不可偏废,构成事物的本性及其运动的法则。无论自然、人事,都表现为此道。南怀瑾《易经系传别讲》讲"一阴一阳之谓道"说:"现在《易经》上讲的这一句,是应用之道。宇宙之间任何东西,都是一阴一阳。譬如有个男的,一定有个女的,'之谓道'——这个道是个法则。有一个正面,就有反面。宇宙间万事万物不可能只有正面或只有反面的。"

古希腊哲学家赫拉克利特认为:"宇宙中各个部分都可以分为相互独立的两半:地分为高山和平原,水分为咸水和淡水。气候分为冬和夏、春和秋。没有那些非正义的事情,人们也就不知道正义的名字。"1956年11月15日,毛泽东在党的八届二中全会上讲到辩证法的两点论和形而上学的一点论的对立时曾经指出:"一点论是从古以来就有的,两点论也是从古以来就有的。这就是形而上学跟辩证法。中国古人讲,'一阴一阳之谓道'。不能只有阴没有阳,或者只有阳没有阴。这是古代的两点论。形而上学是一点论。"[①]

任何事物自身都包含着既对立又统一的两个方面,矛盾是反映事物内部和事物之间对立统一关系的哲学范畴。对立统一规律为人们认识世界和改造世界提供了根本方法——矛盾分析法。因此,在认识世界和改造世界的

---

① 中共中央党校编:《马列著作毛泽东著作选读(哲学部分)》,人民出版社,1978年,第437页。

过程中,自觉坚持和正确运用对立统一规律是十分重要的。

【教材内容链接】《马克思主义基本原理》第一章第二节"事物的普遍联系和变化发展"之"对立统一规律是事物发展的根本规律"——对立统一规律是唯物辩证法的实质和核心

【案例二十】孔子论弟子

子夏问于孔子曰:"颜回之为人奚若?"子曰:"回之信贤于丘。"曰:"子贡之为人奚若?"子曰:"赐之敏贤于丘。"曰:"子路之为人奚若?"子曰:"由之勇贤于丘。"曰:"子张之为人奚若?"子曰:"师之庄贤于丘。"子夏避席而问曰:"然则四子何为事先生?"子曰:"居,吾语汝,夫回能信而不能反,赐能辩而不能讷,由能勇而不能怯,师能庄而不能同。兼四子之有以易吾,吾弗许也。此其所以事吾而不贰也。"

——[战国]列子《列子·仲尼》

【案例分析】

子夏问孔子说:"颜回的为人怎样?"孔子说:"颜回的仁慈之心比我强。"又问:"子贡的为人怎样?"孔子说:"端木赐(端木赐,复姓端木,字子贡)的辩说能力比我强。"又问:"子路的为人怎样?"孔子说:"仲由(仲由,字子路,又字季路)的勇敢程度比我强。"又问:"子张的为人怎么样?"孔子说:"颛孙师(复姓颛孙、名师,字子张)的庄重严肃比我强。"子夏离开座位问道:"那么这四个人为什么要来做您的学生呢?"孔子说:"坐下,我告诉你。颜回能仁慈却不能狠心,端木赐能辩论却不能沉默,仲由能勇敢却不能怯弱,颛孙师能庄重却不能随和。把四人的长处合起来交换我的长处,我也是不会答应的。这就是他们拜我为师而不三心二意的原因。"

矛盾是反映事物内部和事物之间对立统一关系的哲学范畴。对立和统一分别体现了矛盾的两种基本属性。这段谈话说明人没有十全十美的,都有自己的优缺点。"颜回能仁慈却不能狠心,端木赐能辩论却不能沉默,仲由能勇敢却不能怯弱,颛孙师能庄重却不能随和。"每个人既有自己的优点,也有各自的缺点。正因为如此才需要向别人学习。天下没有完美的学生,如何激发潜能,使其优点长处得以发挥,并改掉缺点,弥补短处,才是教导者的责任。

【教材内容链接】《马克思主义基本原理》第一章第二节"事物的普遍联系和变化发展"之"对立统一规律是事物发展的根本规律"——矛盾的同一性和斗争性及其在事物发展中的作用

【案例二十一】相对而生

有无相生,难易相成,长短相形,高下相倾,音声相和,前后相随。

——[春秋]老子《道德经·第二章》

反者道之动;弱者道之用。天下万物生于有,有生于无。

——[春秋]老子《道德经·第四十章》

【案例分析】

有和无相互生成,难与易相互促成,长和短相互体现,高与下相对共存,音和声相互应和,前与后相互伴随。矛盾的双方相辅相成、相互依存、互为条件、互相转化。

循环往复的运动变化,是道的运动,道的作用是微妙、柔弱的。天下的万物产生于看得见的有形质,有形质又产生于不可见的无形质。事物对立的一方总要走向它的反面。

老子的哲学思想蕴含了朴素的辩证思想。他认为世上万物都是相对的,也是同一的,这便是他的"齐物论"思想。他倡导圣人治国为政必须处无为之事,行不言之教,不必有意倡导某事某物,于人于物应一视同仁,齐物等量,如同日月天地于物周普无偏一样,不定优劣,不分好坏,使之各得其所,各自融洽。

第一章 世界的物质性及发展规律

世间万物对立统一，矛盾是反映事物内部和事物之间对立统一关系的哲学范畴。对立和统一分别体现了矛盾的两种基本属性。矛盾的统一属性又称同一性，是指矛盾着的对立面相互依存、相互贯通的性质和趋势。矛盾着的对立面相互依存，互为存在的前提，并共处于一个统一体中；矛盾着的对立面相互贯通，在一定条件下可以相互转化，体现了矛盾的统一性。

【教材内容链接】《马克思主义基本原理》第一章第二节"事物的普遍联系和变化发展"之"对立统一规律是事物发展的根本规律"——矛盾的同一性和斗争性及其在事物发展中的作用（矛盾的同一性）

【案例二十二】孔子穷于陈蔡之间

孔子穷于陈蔡之间，七日不火食，藜羹不糁，颜色甚惫，而弦歌于室。颜回择菜，子路、子贡相与言曰："夫子再逐于鲁，削迹于卫；伐树于宋，穷于商周，围于陈蔡。杀夫子者无罪，藉夫子者无禁。弦歌鼓琴，未尝绝音，君子之无耻也若此乎？"颜回无以应，入告孔子。孔子推琴，喟然而叹曰："由与赐，细人也。召而来，吾语之。"子路、子贡入。子路曰："如此者，可谓穷矣！"孔子曰："是何言也！君子通于道之谓通，穷于道之谓穷。今丘抱仁义之道以遭乱世之患，其何穷之为，故内省而不穷于道，临难而不失其德，天寒既至，霜雪既降，吾是以知松柏之茂也。陈蔡之隘，于丘其幸乎！"孔子削然反琴而弦歌，子路扢然执干而舞。子贡曰："吾不知天之高也，地之下也。"古之得道者，穷亦乐，通亦乐，所乐非穷通也，道德于此，则穷通为寒暑风雨之序矣。故许由娱于颖阳，而共伯得乎共首。

——[战国]庄子及其后学《庄子·让王》

【案例分析】

孔子被困于陈国蔡国之间，七天没有烧火煮饭，喝不加米粒的灰菜汤，面色疲惫不堪，然而还在室中弹琴唱歌。颜回择菜，子路和子贡互相议论说：

"先生一再被驱逐于鲁国,不让居留在卫国,砍伐讲学大树于宋国,穷困于商、周,围困于陈、蔡之间。要杀先生的没有罪过,凌辱先生的不受禁止。他还在唱歌弹琴,乐声不能断绝,君子的没有羞耻之心也似这样的吗?"颜回在旁没有应声,进屋告诉孔子。孔子推开琴,唉声叹气地说:"子由和子贡,都是见识浅的人。叫他们进来,我告诉他们。"子路、子贡进入。子路说:"像现在这样,可以说是穷困了!"孔子说:"这是什么话!君子能通达道理的叫做通,不通达道理的才叫做穷。现在我孔丘坚守仁义的道理而遭到乱世的祸患,怎能说是穷困呢!所以,自我反省不是穷困于道,而是面临灾难不失掉自己的德行。严寒来到,霜雪降落,我这才知道松柏树的茂盛。在陈蔡被围困的危险,对我孔丘来说正是自己的幸运啊!"孔子又安然地继续弹琴唱歌,子路威武兴奋地手拿盾牌跳起舞来。子贡说:"我不知天高,也不知道地深。"古时得道的人,穷困时快乐,通达也快乐,所欢乐的原因并不是穷困通达。明白了这种道理,那么穷困通达就变成为寒暑风雨的规律了。所以许由能自娱于颖水之上,而共伯可自得于共丘山之下。

孔子之所以能够在危难之中保持积极的心态,正是因为他知道穷达、盛衰的不断变化,乃人生常事。对于苦难没有必要去畏惧它,抱怨它,只需要牢牢坚持自己处世的原则,不放弃做人做事的大道理,所有的穷困通达就会如同不断循环的寒暑风雨一样,自然产生变化。苦难终会过去,光明终会到来。

矛盾双方在一定条件下可以相互转化。万事都有正反两方面,困境、苦难人人都厌恶,都极力避免,却不知道正是它们成就了无数伟大的人。正如太史公司马迁所说:"西伯拘而演《周易》;仲尼厄而作《春秋》;屈原放逐,乃赋《离骚》;左丘失明,厥有《国语》;孙子膑脚,《兵法》修列;不韦迁蜀,世传《吕览》;韩非囚秦,《说难》《孤愤》;《诗》三百篇,大底圣贤发愤之所为作也。"如果你将困境看成是不幸,那么你将永远生活在它的阴影之中;但如果你将它们看成是上天对你的考验,看成是对自己的磨炼,你会发现它们就是成功的阶梯,让你变得更加强大。所以,不要轻易在困境中低头,不要轻易向苦难屈服,勇敢地坚持下去,黑暗之后的光明很快就会到来。

【教材内容链接】《马克思主义基本原理》第一章第二节"事物的普遍联系和变化发展"之"对立统一规律是事物发展的根本规律"——矛盾的同一性和斗争性及其在事物发展中的作用(矛盾的同一性)

【案例二十三】盛衰轮回

衰为盛之终,盛为衰之始。

——[南朝·齐]张融《白日歌·序》

【案例分析】

衰弱是兴盛的结束,兴盛是衰弱的开始。

南朝齐诗人张融写了首《白日歌》:"白日白日,舒天昭辉。数穷则尽,盛满而衰。"白日即太阳。日中以后,太阳光由盛而衰,到落山时,由明而暗,直至黑夜;第二天早晨,太阳从东方慢慢升起,由暗而明,由弱而盛,到中天的时候,达到鼎盛。所以他在诗序中写道:"衰为盛之终,盛为衰之始。"

《史记·田叔列传》说:"夫月满则亏,物盛则衰,天地之常也。"太阳过了中午就会偏西,月亮圆了就会亏缺。事物到了极盛就会衰退,这是自然规律啊。

清朝彭端淑《为学》中记载:"天下事有难易乎?为之,则难者亦易矣;不为,则易者亦难矣。人之为学有难易乎?学之,则难者亦易矣;不学,则易者亦难矣。"意为天下的事情有困难和容易之分吗?做了,那么困难也变得容易。不做,那么容易也变得困难。人们做学问有困难与容易之分吗?去学,那么困难也变得容易;不学,那么容易也变得困难。

矛盾的同一性是指矛盾着的对立面相互依存、相互贯通的性质和趋势。矛盾着的对立面相互依存,互为存在的前提,并共处于一个统一体中。矛盾着的对立面相互贯通,在一定条件下可以相互转化。盛与衰、难与易是事物矛盾的两个方面,矛盾的双方在一定条件下必然互相转化。为学的难与易的关系并非一成不变,只要发挥人的主观能动性,经过后天努力,便可由难变易。

【教材内容链接】《马克思主义基本原理》第一章第二节"事物的普遍联系和变化发展"之"对立统一规律是事物发展的根本规律"——矛盾的同一性和斗争性及其在事物发展中的作用(矛盾的同一性)

【案例二十四】生亡相随

昔日之所无,今日有之不为过;昔日之所有,今日无之不为不足。

——[明]刘基《司马季主论卜》

【案例分析】

过去没有的,今天有了不为过;过去有过的,今天丧失了也很正常。

刘基认为,世间万物都在运动着、变化着,向着它的对立面转化。过去的显赫,很可能转化为今天的衰落;过去的贫穷,也很可能转变成今天的富有。他举例说:"是故碎瓦颓垣,昔日之歌楼舞馆也;荒榛断梗,昔日之琼蕤玉树也;露蚕风蝉,昔日之凤笙龙笛也;鬼磷萤火,昔日之金缸华烛也;秋荼春荠,昔日之象白驼峰也;丹枫白荻,昔日之蜀锦齐纨也。"意思是:你看那些碎瓦断墙,不就是过去的歌楼舞榭;那些荒树残枝,不就是过去盛开奇花异草的园林;那些蟋蟀和蝉儿鸣叫的地方,不就是过去龙笛凤箫演奏的场所;那些闪烁着鬼磷萤火的荒野,不就是过去金灯生辉、华烛碍月的大厦;那些吃苦菜、荠菜的人,不就是从前吃象白驼峰那种美味佳肴者的后代;那些长满了丹枫和白荻的寒郊,不就是过去生产华贵蜀锦和齐纨的闹市!这些互相转化的事实表明,事物向着自己的对立面转化是不可阻挡的客观规律,因而是不以人的意志为转移的。

所以,过去没有的,如今有了,这并不为过;过去有的,如今丧失了,那也不为不足。刘基由此推论,一个政权,由兴盛走向衰落,甚至被新生的力量取而代之,都是事物发展的客观规律,不必大惊小怪。刘基的这些观点是在为新兴的革命力量鸣锣开道,提供理论根据,因而是进步的、积极的。

【教材内容链接】《马克思主义基本原理》第一章第二节"事物的普遍联系和变化发展"之"对立统一规律是事物发展的根本规律"——矛盾的同一性和斗争性及其在事物发展中的作用(矛盾的同一性)

【案例二十五】塞翁失马　焉知非福

近塞上之人有善术者。马无故亡而入胡。人皆吊之,其父曰:"此何遽不为福乎?"居数月,其马将胡骏马而归。人皆贺之,其父曰:"此何遽不为祸乎?"家富良马,其子好骑,堕而折其髀。人皆吊之,其父曰:"此何遽不为福乎?"居一年,胡人大入塞,丁壮者引弦而战,近塞之人,死者十九,此独以跛之故,父子相保。故福之以祸,祸之为福,化不可极,深不可测也。

——[西汉]刘安及其门客《淮南子·人间训》

【案例分析】

在靠近边塞的人中,有一位精通术数的人。他家的马自己跑到胡人那里去了,大家都来慰问他。这人的父亲说:"为什么就知道不是福运呢?"过了几个月,他家的马带领着胡人的骏马回来了,大家都来祝贺他。这位父亲说:"为什么就知道不是祸端呢?"家里有许多骏马,他的儿子喜欢骑马,有一次从马上摔下来折断了大腿骨。大家都来慰问他,这位父亲说:"为什么就知道不是福运呢?"过了一年,胡人大举侵入边塞,男子健壮的都拿起弓箭参战,塞上参战的人,十个死了九个,不死的都是重伤。唯独他的儿子因为腿摔断了的缘故,得以保全性命。所以福可变为祸,祸可变为福。

"塞翁失马,焉知非福"比喻一时受到损失,也许反而因此能得到好处。也指坏事在一定条件下可变为好事。这正是唯物辩证法思想"矛盾着的对立面相互贯通,在一定条件下可以相互转化"的体现。任何事情都有好的一面和不好的一面,所以我们一定要乐观向上,不好的一面有可能向好的一面进行转化;也要居安思危,好的一面也有可能向不好的一面转化。

【教材内容链接】《马克思主义基本原理》第一章第二节"事物的普遍联系和变化发展"之"对立统一规律是事物发展的根本规律"——矛盾的同一性和斗争性及其在事物发展中的作用(矛盾的同一性)

【案例二十六】以愚困智妙计

"三徐"名著江左,皆以博洽闻中朝,而骑省铉尤最。会江左使铉来修贡,例差官押伴。朝臣皆以词令不及为惮,宰相亦艰其选,请于艺祖。艺祖曰:"姑退,朕自择之。"有顷,左(王当)传宣殿前司,具殿侍中不识字者十人以名入。宸笔点其一,曰:"此人可!"在廷皆惊,中书不敢复请,趣使行。殿侍者莫知所以,弗获已,竟往。渡江,始铉词锋如云,旁观骇愕,其人不能答,徒唯唯,铉不测,强聒而与之言。居数日,既无酬复,铉亦倦且默矣。

——[明]冯梦龙《智囊》

【案例分析】

北宋初年,南唐还没有纳入宋的版图,但此时南唐后主李煜已经向北宋称臣,每年要向北宋纳贡。徐锴、徐铉两兄弟和江宁人徐熙,号称"三徐",在江南很是出名,且他们皆以博才多学而闻名于朝廷上下,其中又以徐铉的名望最高。有一次,恰逢江南派徐铉前来进贡,按照惯例,需派官员监督陪伴,朝中大臣都以自己的口才不如徐铉而胆怯。就连宰相也很难有一个合适人选去对付徐铉,于是他便向宋太祖请示。宋太祖听后说道:"你暂且退下,我自己来选一个合适的人。"一会儿后,宦官宣传殿前司听旨,要他报上十名不识字的殿前侍者的名单,太祖看后,御笔点中其中一个,说:"此人即可。"朝中上下都惊诧不已。宰相也不敢再请示,就催促被点之人立刻动身。被御笔点中的殿侍者不知何故派他作使臣,又得不到任何解释,只好渡江前往。起初,徐铉词锋如云,旁观者惊愕不已,殿侍者更是无以应付,只好不停地点头,徐铉不知他的深浅,硬撑着与侍者交谈。他们一起住了几天,侍者还是不与徐铉酬答,徐铉此时已精疲力竭,再也不吭声了。

同一性和斗争性是矛盾的两种基本属性,二者相互联结、相辅相成。"愚"与"智"本是对立的,但宋太祖正确地处理了"愚"和"智"这一矛盾关系,以"愚钝"的殿侍者去应对智者徐铉,反而使智者被愚者困住了,置南唐使者徐铉于英雄无用武之地,实现了"愚"与"智"立场的转化,从而在外交上取得了胜利。

【教材内容链接】《马克思主义基本原理》第一章第二节"事物的普遍联系和变化发展"之"对立统一规律是事物发展的根本规律"——矛盾的同一性和斗争性及其在事物发展中的作用(矛盾的同一性)

【案例二十七】自相矛盾

楚人有鬻盾与矛者,誉之曰:"吾盾之坚,物莫能陷也。"又誉其矛曰:"吾矛之利,于物无不陷也。"或曰:"以子之矛陷子之盾,何如?"其人弗能应也。夫不可陷之盾与无不陷之矛,不可同世而立。

——[战国]韩非子《韩非子·难一》

【案例分析】

楚国有个卖矛和盾的人,称赞他的盾的坚固:"任何锋利的东西都穿不透它。"一会儿又赞美自己的矛,说:"我的矛锋利极了,什么坚固的东西都能刺穿。"有人问他:"用你的矛来刺你的盾,结果会怎么样呢?"那人便答不上话来了。刺不破的盾和什么都刺得破的矛,这是不可能同时存在的,这就是自相矛盾。

从前有个富翁担心自己的财产被盗,便请人做了许多藤箱、木柜、竹笼,把所有的金银细软都装在里头,又把每一只箱笼柜盒都用坚固的铁锁锁得紧紧的,用结实的麻绳捆得死死的。乡里人都觉得这个老头聪明。然而有一天,一群小偷溜进了富翁的房间,把箱笼柜盒背的背、挑的挑,席卷而去,决无漏物之虞。富翁的聪明之举,实为强盗偷窃带来了方便。富翁为了防止财产被盗,做了锁箱捆笼的工作,但同时也为小偷偷窃带来了方便。

自相矛盾和锁箱捆笼的故事体现了矛盾的普遍性原理。矛盾是普遍存在的,矛盾的普遍性是指矛盾存在于一切事物中,存在于一切事物发展过程的始终,旧的矛盾解决了,又产生新的矛盾,事物始终在矛盾中运动。矛盾无处不在,无时不有。我们认识事物要坚持矛盾分析的方法,从矛盾的两个方面看问题,坚持两点论,要全面地看问题,防止片面地看问题。

【教材内容链接】《马克思主义基本原理》第一章第二节"事物的普遍联系和变化发展"之"对立统一规律是事物发展的根本规律"——矛盾的普遍性和特殊性及其相互关系(矛盾的普遍性)

【案例二十八】量体裁衣

昔有人持匹帛命成衣者裁剪。遂询主人之性情、年纪、状貌并何年得科第,而独不言尺寸。其人怪之。成衣者曰:"少年科第者,其性傲,胸必挺,需前长而后短;老年科第者,其心慵,背必伛,需前短而后长。肥者其腰宽,瘦者其身仄。性之急者宜衣短,性之缓者宜衣长。至于尺寸,成法也,何必问耶!"

余谓斯匠可与言成衣矣。今之成衣者,辄以旧衣定尺寸,以新样为时尚,不知短长之理,先蓄觊觎之心。不论男女衣裳,要如杜少陵诗所谓"稳称身"者,实难其人焉。裁缝这行当各地都有,而宁波人尤其多。现在京城内外做衣服的,都是宁波人。

——[清]钱泳《履园丛话》

【案例分析】

从前有个佣人拿一匹丝绸让裁缝裁剪。裁缝于是问主人的性情、年纪、长相，而且问哪年参加科举考试以及等级等，却单单不提衣服的尺寸。佣人感到很奇怪。这个裁缝说："青年科考中举的人，他的性情傲慢，一定挺着胸，衣服需前身长而后身短；老年科考中举的人，他的心情一定疲懒，背一定弯曲，衣服需前身短而后身长；胖人他的腰宽，瘦人他的身子窄；性子急的人适合穿短衣服，性子慢的人适合穿长衣服。至于尺寸，自有一套程式，何必问呢！"

依我（指作者）看，可与这个裁缝谈论做衣服的道理了。现在一般的裁缝，总是比照旧衣服定尺寸，拿新样式当时髦，不懂得衣服长短的道理，倒先存着贪污布料的非分之想。不论男女衣服，要都做到像杜甫诗里所说的"稳称身"那么妥贴合身，实在太难为现在的裁缝了。

矛盾具有特殊性，解决矛盾的方法也不可能千篇一律。不同质的矛盾，只有用不同质的方法才能解决。只有对具体情况进行具体分析，把握事物矛盾的特殊性，才能找到解决矛盾的正确方法。这位裁缝之所以名响京城，与他能出色地做到具体问题具体分析、一切从实际出发是分不开的。

无论学习和生活，还是做事、想问题，我们都要根据事情的不同情况采取不同措施，根据实际情况采取相应的方法，这样才能取得最好的效果。

【教材内容链接】《马克思主义基本原理》第一章第二节"事物的普遍联系和变化发展"之"对立统一规律是事物发展的根本规律"——矛盾的普遍性和特殊性及其相互关系（矛盾的特殊性）

【案例二十九】同病异药

府吏倪寻、李延共止，俱头痛身热，所苦正同。陀曰："寻当下之，延当发汗。"或难其异，陀曰："寻外实，延内实，故治之宜殊。"即各与药，明旦并起。

——［西晋］陈寿《华佗传》

【案例分析】

东汉末年,有个州官叫倪寻的,有一次和李延一起到名医华佗那儿看病。他们两个人都是头痛发热,所受的痛苦也完全一样。华佗看了两个人的病后说:"倪寻要用泻药,李延则要吃发汗的药。"他们听了觉得奇怪,就问:"病情一样,用药为什么不同呢?"华佗答道:"倪寻的身体外部很壮实,没什么毛病,只是内部有问题,而李延的体内没问题,病是由外部风寒引起的。所以,病情并不一样,治疗办法当然应该不同。"华佗随即分别给了不同的药,服后第二天,他们的病都好了。

这个故事给我们的启示是:事物的本质可能是不同的,我们不能按部就班,要灵活运用。矛盾具有特殊性,即各个具体事物的矛盾、每一个矛盾的各个方面在发展的不同阶段上各有其特点。矛盾的特殊性决定了事物的不同性质。

如果不分析矛盾的特殊性,用一种方法解决不同事物的矛盾就无法做到具体情况具体分析。比如华佗如果不分析两人的病因,用一种药方来治两人的病,必然不能治好,反而有可能加重病情,甚至危害人的生命。

【教材内容链接】《马克思主义基本原理》第一章第二节"事物的普遍联系和变化发展"之"对立统一规律是事物发展的根本规律"——矛盾的普遍性和特殊性及其相互关系(矛盾的特殊性)

【案例三十】梧鼠学技

梧鼠五技而穷,五技谓:能飞不能上屋,能缘不能穷木,能游不能渡谷,能穴不能掩身,能走不能先人。

——[战国]荀子《荀子·劝学》

【案例分析】

梧鼠虽有五样技能,结果还是生存不下去,被大自然灭绝了。五样技能是:会飞,飞不到屋顶上;会爬树,但爬不到树顶;会游泳,连一条小河也渡不过去;会掘土打洞,不能把自己的身体掩盖起来;走,还不如人走得快。

这个故事告诉我们:浅尝辄止地涉猎不如专心致志地钻研,俗话说:"一招鲜,吃遍天。"人的精力是有限的,就算学的知识广博,也只能在有限的领域里施展,反而不如心无旁骛地钻研一个领域。倘若东也要抓,西也要抓,结果必然一事无成。

事物是由多种矛盾构成的:主要矛盾是矛盾体系中处于支配地位、对事物发展起决定作用的矛盾,次要矛盾是矛盾体系中处于从属地位、对事物发展起次要作用的矛盾。梧鼠虽有五技,但没有一项能在生存中发挥到极致,起决定性作用。主要矛盾和次要矛盾辩证关系的原理,运用到实际工作中,就是要坚持"两点论"和"重点论"的统一。"两点论"是指在分析事物的矛盾时,不仅要看到矛盾双方的对立,而且要看到矛盾双方的统一;不仅要看到矛盾体系中存在着主要矛盾、矛盾的主要方面,而且要看到次要矛盾、矛盾的次要方面。"重点论"是指要着重把握主要矛盾、矛盾的主要方面,并以此作为解决问题的出发点。"两点论"和"重点论"的统一要求我们,看问题既要全面,又要看主流、大势、发展趋势。我们在学习和工作中既要学会统筹兼顾,更要明确主攻方向,把握中心和关键,防止不分主次,"眉毛胡子一把抓"。不能像梧鼠那样,想样样都会,结果是一样都不会。

【教材内容链接】《马克思主义基本原理》第一章第二节"事物的普遍联系和变化发展"之"对立统一规律是事物发展的根本规律"——矛盾的普遍性和特殊性及其相互关系(矛盾的普遍性)

【案例三十一】牵牛要牵牛鼻子

挽弓当挽强,用箭当用长。

射人先射马,擒贼先擒王。

杀人亦有限,列国自有疆。

苟能制侵陵,岂在多杀伤?

——[唐]杜甫《前出塞九首·其六》

【案例分析】

拉弓要拉最坚硬的,射箭要射最长的。射人先要射马,擒贼先要擒住他们的首领。杀人要有限制,各个国家都有边界。只要能够制止敌人的侵犯就可以了,难道打仗就是为了多杀人吗?

还有这样一个故事:有个汉子赶着牛车经过岔路口,老牛只顾朝前走。汉子连忙跳下车子,想要叫牛后退几步。本来他只要一手牵住牛鼻子上的缰绳,一手晃动鞭子,牛就会乖乖地向后退。可他很生牛的气,只管用双手扳住车子向后拖。而牛却拼命地朝前走。于是,一个向后拖,一个向前走,就在路上僵持起来。这个汉子这样蛮干,结果免不了要闯祸。

主要矛盾是矛盾体系中处于支配地位、对事物发展起决定作用的矛盾。次要矛盾是矛盾体系中处于从属地位、对事物发展起次要作用的矛盾。不仅如此,在每一对矛盾中,处于支配地位、起着主导作用的一方,是矛盾的主要方面;处于被支配地位、不起主导作用的一方,则是矛盾的次要方面。事物的性质是由主要矛盾的主要方面所决定的。主次矛盾相互关系原理要求我们要善于抓住重点,集中力量解决主要矛盾,即"擒贼先擒王""牵牛要牵牛鼻子"。

【教材内容链接】《马克思主义基本原理》第一章第二节"事物的普遍联系和变化发展"之"对立统一规律是事物发展的根本规律"——矛盾的普遍性和特殊性及其相互关系(坚持"两点论"与"重点论"的统一)

【案例三十二】画龙点睛

武帝崇饰佛寺,多命僧繇画之……金陵安乐寺四白龙不点眼睛,每云:

"点睛即飞去。"人以为妄诞,固请点之。须臾,雷电破壁,两龙乘云腾去上天,二龙未点眼者皆在。

——[唐]张彦远《历代名画记》

【案例分析】

南北朝时期,梁武帝乐此不疲地一心向佛,他在装饰寺院的时候,请来赫赫有名的画家张僧繇作壁画。一天,梁武帝要张僧繇在寺庙的墙上画四条飞龙。张僧繇用三天的时间就画好了,并且画得活灵活现,非常逼真。大家听说后,都去观看,发出阵阵赞叹。可是,当人们走近一看,却发现每条龙都没有眼睛。张僧繇解释说:"若点上眼睛,龙就会腾空飞去。"有人认为这是荒唐的妄想,就请他给龙点眼睛。张僧繇点了两条龙的眼睛后,不多会儿,电闪雷鸣,击穿墙壁,这两条龙穿壁驾云飞上天去。未点眼睛的那两条龙还在墙上。

画龙点睛的寓意是在关键地方简明扼要地点明要旨,使内容生动传神。也比喻在整体中突出重点。画龙点睛告诉我们:在处理、解决问题的时候,要学会抓住问题的关键,抓住主要矛盾才能解决问题。因为主要矛盾在事物的发展过程中处于支配地位、对事物发展起决定性的作用。

大学生活缤纷多彩,不仅有日常的课程学习,还有各种学生活动、个人交际等。在这些各种各样的事情中会存在一些矛盾冲突,其中又分为主要矛盾和次要矛盾,这时候必须做好选择。在学习中还会出现各种问题,专业课和公共课学习上的矛盾,学习与学生工作的矛盾,大学生活中同学之间的矛盾等,这时一定要厘清和抓住学习中的主要矛盾,因为主要矛盾的存在和发展规定或影响着其他矛盾的存在和发展。因此,大学生要学会找准主要矛盾并集中力量解决,促进自身全面发展。

【教材内容链接】《马克思主义基本原理》第一章第二节"事物的普遍联系和变化发展"之"对立统一规律是事物发展的根本规律"——矛盾的普遍性和特殊性及其相互关系(坚持"两点论"与"重点论"的统一)

【案例三十三】匠石斫垩

庄子送葬,过惠子之墓,顾谓从者曰:"郢人垩慢其鼻端若蝇翼,使匠人斫之。匠石运斤成风,听而斫之,尽垩而鼻不伤,郢人立不失容。宋元君闻之,召匠石曰:'尝试为寡人为之。'匠石曰:'臣则尝能斫之。虽然,臣之质死久矣!'自夫子之死也,吾无以为质矣,吾无与言之矣!"

——[战国]庄子及其后学《庄子·杂篇·徐无鬼》

【案例分析】

庄子送葬,经过惠子的墓地,回头对跟随的人说:"郢地有个人将白垩土涂抹他的鼻尖像苍蝇翅膀大小,让匠石用斧子削掉这个白点。匠石挥动斧头呼呼生风,由着斧头砍下去,鼻尖上的垩土尽皆削除而鼻子却一点也没伤着,郢人站在那里面不改色。宋元君知道了这件事,召见匠石说:'你为寡人也试着做做。'匠石说:'臣确实曾经能砍掉鼻尖上的垩土。虽说是这样,但可以与臣搭档的伙伴已经死去很久了。'自从惠子死后,也没有与我搭档的伙伴了,我没有可与之争辩的人了啊!"

牡丹花虽然好看,但还得靠绿叶在周围衬托着才更美丽。一个人的才能再突出,做事也得靠周围人的协助才能成功。分析事物的矛盾时,不仅要看到矛盾体系中存在着主要矛盾、矛盾的主要方面,而且要看到次要矛盾、矛盾的次要方面,把事物或过程的主要矛盾和非主要矛盾作为一个有机的体系予以统筹兼顾,发挥它们之间相互促进、相互制约的作用,以推动事物的发展。

【教材内容链接】《马克思主义基本原理》第一章第二节"事物的普遍联系和变化发展"之"对立统一规律是事物发展的根本规律"——矛盾的普遍性和特殊性及其相互关系(坚持"两点论"与"重点论"的统一)

【案例三十四】买椟还珠

楚人有卖某珠于郑者。为木兰之柜,熏以桂椒,缀以珠玉,饰以玫瑰,缉以翡翠。郑人买其椟而还其珠。此可谓善买椟矣,未可谓善鬻珠也。

——[战国]韩非子《韩非子·外储说左上》

【案例分析】

有个楚国商人在郑国出售珍珠。他用名贵木料木兰做小盒子,用香料把盒子熏香,还用珠宝、玫瑰、翡翠来加以装饰。一个郑国人买走了这个盒子,却把珍珠还给了他。这可以说是善于卖盒子,不能说是善于卖珍珠啊。

这则故事同时写了卖方与买方。从卖方说,卖掉珍珠是他的目的,装饰珍珠盒只是手段;但是,由于珍珠盒被装饰得异常华美富丽,相比之下,珍珠反而显得不那么突出,结果使得买方的注意力集中到珍珠盒上去了,盒子卖了,珍珠却卖不出去。所以,韩非子讽刺说:"此可谓善卖椟矣,未可谓善鬻珠也。"这就告诉我们,做事不应该忘记自己的根本目的,手段背离了目的,主次发生了颠倒,就会事与愿违。

从买方说,他本是来买珠的,但由于珍珠盒眩惑了他的眼睛,竟然把盒子的价值看得比珍珠还贵重,做出了买椟还珠的蠢事。他没有把矛盾的主次方面地位摆正,过分突出了次要的一面,颠倒了事物的主次关系,造成处理问题的不当。有些人对于事物,只看重形式,却忽视内容;对于人,只看重言词,却忽视实际;对于文章,只看重辞藻,却忘记义理。如此等等,都是没有眼光、取舍不当的现象,不都是和那郑国人一样吗?可见,做什么事情都要分清主次,否则就会像这位"买椟还珠"的郑国人一样做出舍本逐末、取舍不当的傻事来。

矛盾主次方面相互关系原理要求我们看问题时既要全面,又要善于分清主流和支流。

【教材内容链接】《马克思主义基本原理》第一章第二节"事物的普遍联

系和变化发展"之"对立统一规律是事物发展的根本规律"——矛盾的普遍性和特殊性及其相互关系(坚持"两点论"与"重点论"的统一)

【案例三十五】失之东隅,收之桑榆

玺书劳异曰:"赤眉破平,士吏劳苦,始虽垂翅回溪,终能奋翼黾池,可谓'失之东隅,收之桑榆'。方论功赏,以答大勋。"

——[南朝]范晔《后汉书·冯异传》

【案例分析】

光武帝刘秀派大将冯异与邓禹去围剿赤眉农民起义军,交战后不幸损兵折将,冯异命令部队加强防御,收拢溃散的散兵,并派人伪装成赤眉军打入其内部,结果大获全胜。汉光武帝刘秀奖励冯异时说:"你们打败赤眉,将士都很劳苦,虽然开始在回溪吃了败仗,但是最终在渑池一战取胜,可以说'失之东隅,收之桑榆',有失有得,应论功行赏。"

从这则故事中,我们可以看出:客观事物内部的矛盾双方有主次之分,事物的性质主要是由取得支配地位的矛盾的主要方面所规定的,矛盾的次要方面对事物的性质也有一定的影响。在一定条件下,矛盾的主次方面可以相互转化,矛盾的主次方面转化了,事物的性质也就改变了。

"失之东隅,收之桑榆"讲的是事物在特定条件下相互转换的辩证关系,对于指导人们的思想和行动大有裨益。这句古语与"塞翁失马,焉知非福"有异曲同工之妙,讲的都是不要因为失去一些东西而灰心泄气,而应当审时度势,因势利导,变不利为有利。世界上的万事万物总是不断运动变化的,打仗没有常胜将军,做买卖也不能保证只盈利不亏损,做事都难以总是心想事成,一帆风顺。因此,青年大学生既要有拥抱欢乐和胜利的思想准备,也要有败走麦城、重整旗鼓、东山再起的精气神。要树立起正确的人生观、得失观,不因一时的良好成绩而飘飘然,也不因一时工作上的失利而垂头丧气。须知,退是为了进,失也同时孕育着得。人的一生就是在阳光与风雨的交替中度过,工作和事业也是在得失交替的循环中不断前行。有了这样的信念,有了这样的精神准备,艰难困苦不足惧,笑迎胜利向未来。

【教材内容链接】《马克思主义基本原理》第一章第二节"事物的普遍联系和变化发展"之"对立统一规律是事物发展的根本规律"——矛盾的普遍性和特殊性及其相互关系(坚持"两点论"与"重点论"的统一)

【案例三十六】兵马未动,粮草先行

> 自古道:"'三军未动,粮草先行。'兵精粮足,战无不胜。"
> ——[明]诸圣邻《大唐秦王词话》

【案例分析】

自古以来都是这样:在行动之前,必须先确粮食和物资的充足,只有兵强马壮、粮食充足,才能保证战斗的胜利。比喻在做某件事情之前,要提前做好准备工作。要学会统筹兼顾,恰当地处理次要矛盾。

唯物辩证法认为,事物发展过程中存在诸多矛盾,而且有主次之分,由于主要矛盾居于支配地位,对事物的发展起决定作用,所以我们在观察和处理问题时,首先要抓住主要矛盾,这样才能有利于解决其他矛盾。但是,在事物发展过程中,主要矛盾并不是孤立的,主、次矛盾相互影响,并在一定条件下相互转化。次要矛盾解决得好坏,对主要矛盾的解决也会产生影响。次要矛盾处理好了,可以为主要矛盾的解决扫清障碍、铺平道路,有助于主要矛盾的最终解决。"兵马未动,粮草先行"说的就是这个道理,为了解决好主要矛盾必须恰当处理次要矛盾。

【教材内容链接】《马克思主义基本原理》第一章第二节"事物的普遍联系和变化发展"之"对立统一规律是事物发展的根本规律"——矛盾的普遍性和特殊性及其相互关系(坚持"两点论"与"重点论"的统一)

【案例三十七】兼听则明、偏信则暗

上问魏徵曰："人主何为而明,何为而暗?"对曰:"兼听则明,偏信则暗。昔尧清问下民,故有苗之恶得以上闻;舜明四目,达四聪,故共、鲧、驩兜不能蔽也。秦二世偏信赵高,以成望夷之祸;梁武帝偏信朱异,以取台城之辱;隋炀帝偏信虞世基,以致彭城阁之变。是故人君兼听广纳,则贵臣不得拥蔽,而下情得以上通也。"上曰:"善哉。"

——[北宋]司马光《资治通鉴·唐太宗贞观二年》

【案例分析】

唐太宗问魏徵:"君主怎样能够明辨是非,怎样叫昏庸糊涂?"魏徵答:"广泛地听取意见就能明辨是非,偏信某个人就会昏庸糊涂。从前尧帝明晰地向下面民众了解情况,所以有苗作恶之事及时掌握;舜帝耳听四面,眼观八方,故共、鲧、驩兜都不能蒙蔽他。秦二世偏信赵高,在望夷宫被赵高所杀;梁武帝偏信朱异,在台城因受贿被下臣侮辱;隋炀帝偏信虞世基,死于扬州的彭城阁兵变。所以人君广泛听取意见,则宦官不敢蒙蔽,下面的情况得以反映上来。"唐太宗说:"好啊!"从此,唐太宗很注意听取下面的谏言,鼓励大臣直言进谏。魏徵去世后,李世民大哭,对侍臣说;"人用铜做镜子,可以正衣冠;用历史做镜子,可以见兴替;用人做镜子,可以知得失。魏征没了,我失去了一面镜子。"

成语"兼听则明,偏信则暗"就是从魏徵劝太宗的话演变而来。意思是广泛地听取多方面的意见,就能明白事情的真相,作出正确的判断,只听信一方面的意见就有可能受到蒙蔽,得出错误的结论,告诫人们办事要广泛听取意见,不要听信于一人,才能把事情办好。

"矛盾无处不在,无时不有"。任何现实存在的事物的矛盾都是共性和个性的有机统一,共性寓于个性之中,没有离开个性的共性,也没有离开共性的个性。李世民广泛听取群臣意见,便是在个性中寻找共性,正确地处理好共性与个性的关系,从而形成对事物的正确判断。

【教材内容链接】《马克思主义基本原理》第一章第二节"事物的普遍联系和变化发展"之"对立统一规律是事物发展的根本规律"——矛盾的普遍性和特殊性及其相互关系(矛盾的普遍性和特殊性是辩证统一的关系)

【案例三十八】何不炳烛

晋平公问于师旷曰:"吾年七十,欲学,恐已暮矣。"师旷曰:"何不炳烛乎?"平公曰:"安有为人臣而戏其君乎?"师旷曰:"盲臣安敢戏其君?臣闻之:少而好学,如日出之阳;壮而好学,如日中之光;老而好学,如炳烛之明,孰与昧行乎?"平公曰:"善哉!"

——[西汉]刘向《说苑·师旷论学》

【案例分析】

晋平公问师旷:"我年近七十想要学习,恐怕已经晚了!"师旷说:"为什么不点燃蜡烛学习呢?"平公说:"哪有做臣子的却戏弄他的君王呢?"师旷说:"我怎敢戏弄我的君主呢?我听说,年少时喜欢学习,就像日出时的阳光;壮年时喜欢学习,就像是正午时的光芒;老年时喜欢学习,就像是点燃蜡烛照明一样。点燃蜡烛照明和摸黑走路比哪个更好呢?"晋平公说:"说得真好啊!"

古人说:"人生七十古来稀。"年已七十还想学习,其精神实在可嘉,而平公自以为"恐已暮矣"也是符合人之常情的。人到老年,精力和记忆力都大大衰减,脑筋也不怎么动得起来,加上体衰多病,还要抗御疾病的侵袭,这就要付出更为艰辛的努力。如此再腾出精力来学习,困难确实是很大的。但是师旷还是鼓励平公去实现自己的愿望,认为年纪虽大,学习还是受益的,此正如蜡烛光虽弱,总要比在黑暗中摸索好得多。自己又有学习的愿望,何不去学习呢。知识也在不断更新,新知识不断出现,对未知世界的探索也迫使人们要不断以新的知识充实自己,照亮人生的行程。

师旷的分析告诉我们，人在不同的时期，对学习的状态是有所不同的，这体现了矛盾的特殊性——同一事物的矛盾在不同发展阶段各有不同的特点。但他的分析同样告诉我们，不管怎么样，学习对人总是有好处的，这就是矛盾的普遍性。矛盾的普遍性和特殊性是相互联结的，世界上的任何事物不仅包含了矛盾的特殊性，而且包含了矛盾的普遍性，普遍性存在于特殊性之中，特殊性与普遍性相互联结，不可分割。

【教材内容链接】《马克思主义基本原理》第一章第二节"事物的普遍联系和变化发展"之"对立统一规律是事物发展的根本规律"——矛盾的普遍性和特殊性及其相互关系（矛盾的普遍性和特殊性是辩证统一的关系）

【案例三十九】咏菊

西风昨夜过园林，
吹落黄花满地金。
秋花不比春花落，
说与诗人仔细吟。

——［明］冯梦龙《警世通言》

【案例分析】

此诗前两句"西风昨夜过园林，吹落黄花遍地金"是王安石写的。后两句"秋花不比春花落，说与诗人仔细吟"则是苏东坡写的。

有一天，苏轼到王安石那里拜会，恰好他不在，苏轼在王安石的书桌上看到了王安石一首还未完成的诗："西风昨夜过园林，吹落黄花满地金。"苏东坡看后，不以为然，心想，秋花敢与秋霜鏖战，至死焦干枯烂，并不落瓣，诗中说："吹落黄花满地金"，岂不是"乱道"！于是他依韵续诗两句："秋花不比春花落，说与诗人仔细吟。"王安石见到续诗，心中不快，但又想到苏东坡不晓得黄州菊花落瓣，也怪他不得，于是密报皇帝，调他到黄州当了个团练副使。苏东坡为官一年,一日重九之后,到后花园赏花,不禁大吃一惊,只见菊花棚下满地铺金,枝上全无一朵。至此才明白同为菊花,竟也有落瓣与不落瓣之分。苏轼方才明白被贬黄州的意义。

苏东坡囿于见闻,只知道菊花不落瓣的共性,却不知道这个共同属性没有包括每一种菊花的所有属性。从哲学上讲,一般只是若干个事物的共同本质,个别比一般要丰富得多。正如列宁所说:"任何一般只是大致地包括一切个别事物。任何个别都不能完全地包括在一般之中。"①

矛盾的普遍性与特殊性是相互区别的。共性只是包括了个别事物的共同的、本质的东西,而没有包括个别事物的全部内容和特点。一般比个别更普遍、更深刻,个别比一般更丰富、更具体。

【教材内容链接】《马克思主义基本原理》第一章第二节"事物的普遍联系和变化发展"之"对立统一规律是事物发展的根本规律"——矛盾的普遍性和特殊性及其相互关系(矛盾的普遍性和特殊性是辩证统一的关系)

【案例四十】白马非马

"白马非马",可乎?

曰:可。

曰:何哉?

曰:马者,所以命形也;白者,所以命色也。命色者非命形也。故曰:白马非马。

——[战国]公孙龙《公孙龙子·白马论》

【案例分析】

问:"白马不是马,这一命题可以成立吗?"

---

① 《列宁全集》(第五十五卷),人民出版社,2017年,第307页。

答:"可以成立。"

问:"为什么能成立?"

答:"因为'马'这个词是用来指称特定的形体,而'白'这个词则是用以指称颜色,指称颜色的词不指称形体,所以说白马非马。"

有一天公孙龙骑着一匹白马要进城,该城门的看守官说,依照规定马不可以进城。于是公孙龙就开始了他的论证——白马非马,最后他说服了守城官,于是就骑着他的(不是马的)白马进城去了。他的论证大概是这样的:"马"指的是马的形态,"白马"指的是马的颜色,而形态不等于颜色,所以白马不是马。

"白马非马论",从根本上说是割裂了一般和个别、共性和个性的关系,是主观任意地混淆和玩弄概念的结果。"白马"和"马"这两个概念是有区别的,其区别就是"马"这一概念与"白马"这一概念内涵不同,它们的外延也不一样,"马"的外延比"白马"广,它包含了"白马"在内的所有的马。这两个概念在逻辑上说是类属关系即蕴含关系,在哲学上也是一般和个别、共性和个性的关系。从个别和共性上来说,"白马"与"马"又是相互联系的,一般的"马"只能通过具体个别的马而存在,离开了具体个别的马是找不到一个抽象的"马"的;具体个别的马又都属于一类,有其共有的一般性质,不存在不表现共性的具体颜色的马。公孙龙在哲学上看到了"马"和"白马"的区别,就这一点说,他的命题具有合理的因素。但他割裂了个别与一般的关系,因而是一个诡辩命题。

唯物辩证法认为,任何现实存在的事物的矛盾都是共性和个性的有机统一,共性寓于个性之中,没有离开个性的共性,也没有离开共性的个性。

【教材内容链接】《马克思主义基本原理》第一章第二节"事物的普遍联系和变化发展"之"对立统一规律是事物发展的根本规律"——矛盾的普遍性和特殊性及其相互关系(矛盾的普遍性和特殊性是辩证统一的关系)

第一章　世界的物质性及发展规律

【案例四十一】田忌赛马

齐使者如梁,孙膑以刑徒阴见,说齐使。齐使以为奇,窃载与之齐。齐将田忌善而客待之。忌数与齐诸公子驰逐重射。孙子见其马足不甚相远,马有上、中、下辈。于是孙子谓田忌曰:"君弟重射,臣能令君胜。"田忌信然之,与王及诸公子逐射千金。及临质,孙子曰:"今以君之下驷与彼上驷,取君上驷与彼中驷,取君中驷与彼下驷。"既驰三辈毕,而田忌一不胜而再胜,卒得王千金。于是忌进孙子于威王。威王问兵法,遂以为师。

——[西汉]司马迁《史记·卷六十五·孙子吴起列传》

【案例分析】

齐国使者到魏国都城大梁来,孙膑以一个受过刑的罪犯的身份暗中会见了齐使,用言辞打动齐国使者,齐国使者觉得孙膑的才能奇异,就偷偷地用车把他载到齐国。齐国的将军田忌欣赏孙膑而以客礼待之。田忌多次与齐国的诸公子赛马,下很大的赌注。孙膑注意到他们的马奔跑能力不相上下,并且分上、中、下三等。因此孙膑对田忌说:"您只管下大注,臣下必能使您获胜。"田忌相信并答应了他,与齐王和诸公子用千金来赌胜,到了临比赛时,孙膑说:"请用您的下等马对付他们的上等马,请用您的上等马对付他们的中等马,请用您的中等马对付他们的下等马。"三等马全部比赛完毕,结果田忌一场不胜而两场胜,终于得到王的千金之赏。所以田忌把孙膑推荐给齐威王。齐威王向他请教兵法,任他为军师。

田忌与齐威王赛马,根据马的优劣分为上中下三等。田忌知道齐威王会以上中下顺序出马,所以他在孙膑的计谋下就选择了下上中顺序,最终赢得比赛。

田忌赛马的故事告诉我们,其结合变化了,事物的质也会发生变化。在事物发展变化过程中,构成事物的成分在排列次序上发生变化也会引起事物的质变。事物的质变不但可以通过量的增减而引起,而且可以在量不变的情况下,通过调整内部的排列组合而引起质变。

【教材内容链接】《马克思主义基本原理》第一章第二节"事物的普遍联系和变化发展"之"量变质变规律和否定之否定规律"——量变质变规律

【案例四十二】日积月累

臣闻大厦之成,非一木之材也,大海之润,非一流之归也。

——[明]冯梦龙《东周列国志·第十六回》

【案例分析】

臣听说大厦的建成,不能只靠一棵树的木材,大海的润泽,也不是仅凭一条河流的归聚。

俗话说,万丈高楼平地起。再宏伟的楼宇,也是一砖一瓦建起来的;再广阔的海洋,也是涓滴不息汇成的。大厦需众材,海阔需百川,事成集众谋,学成采百家。所以,北宋慧南禅师说:"圣贤之学,非造次可成,须在积累。"量变是质变的必要准备。任何事物的变化都有一个量变的积累过程,没有量变的积累,质变就不会发生。当事物的发展处在量变阶段时,要踏踏实实做好日常工作,为未来重大改变作准备。

放眼今日之中国,无论是全面深化改革,还是改善社会民生,抑或是建设法治国家,都有一个遵循规律、循序渐进的过程,等不得也急不得。千里之行,始于足下,我们既要有只争朝夕的干劲,也要有功成不必在我的历史耐心,一心一意谋发展,咬定青山不放松。爬坡迈坎、攻坚克难,最是考验决心与耐性。一个问题一个问题地解决,一个脚印一个脚印地前进,防止毕其功于一役的浮躁、只求短平快的功利、大干快上的盲目,下一番苦功,成绩才会有新突破。积跬步至千里,积小胜为大胜,蹄疾步稳、行稳致远,则大事可为、大业可成。

【教材内容链接】《马克思主义基本原理》第一章第二节"事物的普遍联

系和变化发展"之"量变质变规律和否定之否定规律"——量变质变规律

【案例四十三】慎终如始

合抱之木,生于毫末;九层之台,起于累土;千里之行,始于足下。

——[春秋]老子《道德经·第六十四章》

千丈之堤,以蝼蚁之穴溃;百尺之室,以突隙之炽焚。

——[战国]韩非子《韩非子·喻老》

【案例分析】

  合抱的大树,都是从细小的萌芽一点一点长起来的;九层的高台,也是一层一层的土积累起来的;想要走千里的路,就要从脚下一步一步走起。

  千里长的大堤,因蝼蚁的洞而溃决;百尺高的房屋,因烟囱裂缝中迸出的火苗而焚毁。任何事物的变化都有一个量变的积累过程,没有量变的积累,质变不会发生,单纯的量变不会永远持续下去,量变达到一定程度必然引起质变。所以我们要踏踏实实做好日常工作,为未来重大改变作准备。

  在印度尼西亚的演讲中,习近平主席用"合抱之木,生于毫末;九层之台,起于累土"这句话表明,国家间的和睦友好,"必须夯实双方关系的社会土壤";在法国的演讲中,习近平主席用这句话阐释中法友谊是"两国人民辛勤耕耘的结果";在宣传思想工作会议上,习近平总书记用这句话来说明基层工作创新对于做好宣传思想工作的重要性。习近平总书记之所以钟爱这句话,正是因为其中充满了大与小、多与少、成与始的辩证思考。在阐明事物发展变化规律的同时,也告诫人们,无论做什么事情,都必须具有坚强的毅力,从小事做起,从点滴做起,才可能有大发展、成大事业。正如愚公移山的典故,一筐土一筐土地搬下去,"子子孙孙无穷尽",总有达到目的的那一天。同时也要及时发现并消除不利因素,防微杜渐,以免镂穴溃堤,突隙焚室。

  【教材内容链接】《马克思主义基本原理》第一章第二节"事物的普遍联

系和变化发展"之"量变质变规律和否定之否定规律"——量变质变规律

【案例四十四】陈蕃立志

蕃年十五,尝闲处一室,而庭宇芜秽。父友同郡薛勤来候之,谓蕃曰:"孺子何不洒扫以待宾客?"蕃曰:"大丈夫处世,当扫除天下,安事一室乎?"勤知其有清世志,甚奇之。

——[南朝]范晔《后汉书·陈蕃传》

【案例分析】

陈蕃十五岁时,悠闲地独自居住在一处,庭院房间内脏乱不堪。他父亲同城的朋友薛勤来拜访他,问陈蕃说:"孩子,你为什么不清扫庭院以迎接宾客呢?"陈蕃答道:"大丈夫处世,当以扫除天下的污垢为己任,怎么能只做打扫一厅一室的事呢?"薛勤知道他有使世道澄清的志向,认为他与众不同。

陈蕃15岁时就有志于"扫除天下",可谓年少志高。他生活在东汉,那时朝政腐败,朝廷长期被外戚、宦官窃据,官吏鱼肉百姓。陈蕃要扫除的就是这些污垢。他官至太尉,多次反对宦官专权,被称为"不畏强御"的人。后来他与人合谋诛杀宦官,结果计谋泄露,反而被害。陈蕃的志向虽然未能实现,但他"扫除天下"的豪气为后人所推崇。后人从上述材料引出不同的观点:一屋不扫,何以扫天下?意思是一个房间也不肯打扫干净的人,怎能去扫除天下的恶人坏事。因为要成大事的人必须从小事做起,只有雄心壮志而无脚踏实地的行动,大志往往成为一句空话。

小是大的基础,大是小的积累,一切从小事做起,才能成就大业。有一则箴言:"在溪水和岩石的斗争中,胜利的总是溪水,不是因为力量,而是因为坚持。""坚持就是胜利"我们要注重细节的积累,今天的一点变化,明天的一点努力,后天的一点学习,这样不断地日积月累,到了一定的程度,达到一个临界点,你的质就会发生变化,就会与其他的人拉开差距,这种差距,就是你经过努力达到一个临界点后所取得的成果。当细节积累到一定的临界点,就发生了突变,突变常常是在不知不觉中发生的,这个不知不觉就是量的积累。

其实,无论是学习还是以后的事业,我们都应该从小事做起,从"扫一屋"开始,将来才能有机会"扫天下"。

【教材内容链接】《马克思主义基本原理》第一章第二节"事物的普遍联系和变化发展"之"量变质变规律和否定之否定规律"——量变质变规律

【案例四十五】持之以恒

积土成山,风雨兴焉;积水成渊,蛟龙生焉;积善成德,而神明自得,圣心备焉。故不积跬步,无以至千里;不积小流,无以成江海。骐骥一跃,不能十步;驽马十驾,功在不舍。锲而舍之,朽木不折;锲而不舍,金石可镂。蚓无爪牙之利,筋骨之强,上食埃土,下饮黄泉,用心一也。蟹六跪而二螯,非蛇鳝之穴无可寄托者,用心躁也。

——[战国]荀子《荀子·劝学》

【案例分析】

堆积土石成为高山,风雨就从这里兴起;汇积水流成为深渊,蛟龙就从这里产生;积累善行养成高尚的品德,自然就会心智澄明,也就具有了圣人的精神境界。所以不一步一步地积累行程,就没有办法达到千里之远;不积累细小的溪流,就没有办法汇成江河大海。骏马跨跃一次,也超不过十步远;劣马拉车走十天(也能到达很远的地方),它的成绩在于走个不停。比如刻东西,如果刻几下就停了下来,那么腐烂的木头也是刻不断的;但如果不停地刻下去,那么金属、石头也能雕刻成功。蚯蚓没有锐利的爪子和牙齿,没有强健的筋骨,却能向上吃到泥土,向下喝到土壤里的水,这是由于它用心专一;螃蟹有六条腿,两个蟹钳,可如果没有蛇、鳝的洞穴它就无处存身,这是因为它用心浮躁啊。

　　这段话所要强调的是"积累"在学习中的重要性。在荀子看来,持之以恒的努力,远远比聪颖的天分重要得多。曾国藩无疑是成功者中的成功者,但其实他并不聪明。他从小就不是那种才气纵横的人,考了七次秀才,一直到二十三岁才以全县倒数第二的名次考中。有一则史料记载:曾国藩夜里读书,有一个贼到他家偷东西,藏在房梁上,准备等曾国藩入睡后就动手。曾国藩那天晚上背一篇文章,可是怎么都背不会,于是就一直没有睡。那个贼实在是等不了了,只好从房梁上下来,扬长而去,临走时还愤愤不平地指着曾国藩说:"你这么笨,还读什么书。"那么曾国藩是怎样以不突出的资质,最终成就了世上少有的功业呢？只有一条,那就是踏踏实实地努力,勤勤恳恳地付出。

　　道光二十二年(1842)十月初一,曾国藩立志自新,发誓要做圣贤,从此便开始对自己一丝不苟地改造。他的方法就是做"日课",每天以圣人的标准来对照自己,老老实实地对自己进行监督、反思,并写在日记中,然后改进。就这样,他以绳锯木断、水滴石穿的毅力,终于将自己的人生提到很高的境界。

　　【教材内容链接】《马克思主义基本原理》第一章第二节"事物的普遍联系和变化发展"之"量变质变规律和否定之否定规律"——量变质变规律

【案例四十六】由小变大

始乎谅,常卒乎鄙;其作始也简,其将毕也必巨。

——[战国]庄子及其后学《庄子·内篇·人间世》

【案例分析】

　　人们在一起做事开始的时候还能够相互包容体谅,但常常到后来就相互轻蔑鄙薄。做任何一件事情,开头的时候总是比较简单,而到事情快要结尾的阶段,想要完成原来预期的计划,达成预期目标,就演变成一项复杂而艰巨的任务了。

第一章　世界的物质性及发展规律

其寓意就是,事物的发展变化是一个由简到繁,由易到难的过程。后来,这句话也被人们引申到开创事业当中,任何前程远大的事业,尽管在最开始的时候微不足道,但是完成的时候一定会变得非常艰巨。

1945年4月21日,中共七大预备会议在延安举行。毛泽东在会上作报告,说明大会的方针,并简要地回忆了中共一大的情况:"所谓代表,哪有同志们现在这样高明,懂得这样,懂得那样。什么经济、文化、党务、整风等,一样也不晓得。当时我就是这样,其他人也差不多。当时陈独秀没有到会,他在广东当教育厅长。我们中国《庄子》上有句话说,'其作始也简,其将毕也必巨'。现在我们还没有'毕',已经很大。"①

1945年6月17日,在中国革命死难烈士追悼大会上,毛泽东发表演说,又一次引用了这句话,并解释说:"'作始'就是开头的时候,'简'就是很少,是简略的,'将毕'就是快结束的时候,'巨'就是巨大、伟大。这可以用来说明是有生命力的东西,有生命力的国家,有生命力的人民群众,有生命力的政党。"②一个政党、一个国家的发展,都要经历"其作始也简,其将毕也巨"的过程,也始终面临着"其兴也勃焉,其亡也忽焉"的考验。"其作始也简,其将毕也必巨",这句富有哲理的话正是中国共产党的真实写照。

量变到质变的过程不仅仅是数量的积累,还涉及事物内在结构和复杂性的变化。因此,理解量变质变规律对于我们认识和处理问题具有重要的方法论指导意义。要求我们在实践活动中既要注重量的积累,又要善于抓住时机实现突破,从而推动事物不断向前发展。

【教材内容链接】《马克思主义基本原理》第一章第二节"事物的普遍联系和变化发展"之"量变质变规律和否定之否定规律"——量变质变规律

---

① 毛泽东:《"七大"工作方针》,人民出版社,1981年,第7页。
② 《毛泽东文集》(第三卷),人民出版社,1996年,第435页。

【案例四十七】革故鼎新

革,去故也,鼎,取新也。

——[殷周至秦汉]《周易·杂卦》

【案例分析】

革卦,意味着革除旧事物。鼎卦,意味着创建新事物。

"革"与"鼎"是《周易》中的两卦。在《易传》的解释中,革卦下卦象征火,上卦象征泽。火与泽因对立冲突不能维持原有的平衡状态,必然发生变化。因此革卦意指变革某种不合的旧状态。鼎卦下卦象征木,上卦象征火。以木柴投入火中,是以鼎烹饪制作新的食物。因此鼎卦象征创造新事物。后人承《易传》之说,将二者合在一起,代表一种主张变化的世界观。

否定是事物发展的环节,是旧事物向新事物的转变,是从旧质到新质的飞跃。"革,去故也,鼎,取新也。"体现了只有经过否定,旧事物才能向新事物转变,从而实现事物的发展。

改革是发展的根本动力,创新是一个民族进步的灵魂,是一个国家兴旺发达的不竭动力。作为新时代青年,需要拥有改革创新的精神和勇气。

【教材内容链接】《马克思主义基本原理》第一章第二节"事物的普遍联系和变化发展"之"量变质变规律和否定之否定规律"——否定之否定规律

【案例四十八】继承与革新

天下之治,有因有革,期于趋时适治而已。

——[元]脱脱《宋史·卷三三四·徐禧传》

道有因有循,有革有化。因而循之,与道神之;革而化之,与时宜之。故因而能革,天道乃得;革而能因;天道乃驯。

——[西汉]扬雄《太玄·玄摛》

【案例分析】

"因"指事物的继承关系,"革"指事物的创新变革。治理天下的办法,有继承有变革,但都是为了能符合时代需要,达到治理的目的。

在事物的发展过程中,有继承有坚持,才能使过程连续不断;有变革有发展,才能使事物与时代相宜。"革"要合乎"时","因"要合乎"理",事物才可能顺利发展。扬雄"因循革化"的主张,揭示了社会传承、创新、发展的科学性。

事物发展达到一定限度,就会转向反面;没有达到那个限度,就不会发生转化。在转化过程中,事物的变化又表现为因、革交替。在扬雄看来,事物的转化过程是在继承过程中有创新,创新过程中又离不开继承。正如他所说:"物不因不生,不革不成。"

否定是事物发展的环节,是旧事物向新事物的转变。否定也是新旧事物联系的环节,新事物孕育产生于旧事物。新事物对旧事物的否定并不是全盘否定,而是有所保留的否定,既保留旧事物中某些积极的东西用于自身之中,又把它发展为新阶段。辩证否定的实质是扬弃,即新事物对旧事物既批判又继承,既克服其消极因素又保留其积极因素。

否定之否定规律有利于我们顺应时代发展要求,自觉主动地进行改革,促进事物的发展进步。

【教材内容链接】《马克思主义基本原理》第一章第二节"事物的普遍联系和变化发展"之"量变质变规律和否定之否定规律"——否定之否定规律

【案例四十九】诗喻树

诗者,根情,苗言,华声,实义。

——[唐]白居易《与元九书》

【案例分析】

诗这个东西,感情是它的根本,语言是它的苗叶,声音是它的花朵,思想是它的果实。

白居易用树来比喻诗中各要素的地位和作用,认识到诗歌所体现的感情和意义,犹如植物的根和果实。只有根深,才能叶茂,树叶茂了,才能开出鲜艳的花朵,结出丰硕的果实。

这个比喻十分形象地说明了诗歌内容与形式的关系,即内容情感是诗歌的根本,语言、声韵等外在形式必须为内容服务,与内容有机结合、完美统一,才能发挥它的作用。

任何事物都是内容与形式的统一。内容是事物存在的基础,对形式具有决定作用;形式对内容具有反作用,适合内容的形式,对内容的发展起积极的推动作用;不适合内容的形式,对内容的发展起消极的阻碍作用。

在我们的认识和实践中,既要注重事物的内容,反对忽视内容、夸大形式作用的形式主义;又要积极利用合适的形式去促进内容的发展,不能忽视形式对内容的能动促进作用。

【教材内容链接】《马克思主义基本原理》第一章第二节"事物的普遍联系和变化发展"之"联系和发展的基本环节"——内容与形式

【案例五十】县官画虎

从前有个县官,很喜欢画虎。可是水平不高,往往画虎成猫,没有一点儿虎味。一天,县官画了一只老虎,贴在墙上,叫一个衙役来,问道:"你看这是个啥?"衙役一看,直率地说:"是猫,老爷。"这一下可惹恼了县官。他破口大骂:"你有眼无珠,把虎看成猫,真是胆大包天!"他下令把这个衙役重责四十大板。县官又叫来另一个衙役来看,这个衙役一看,画上画的像猫,可他不敢说。县官问:"你说这是啥?"衙役答:"老爷,我不敢说。""你怕啥?""我怕老爷。"县官生气地问："那么我怕谁？""老爷怕皇帝！""皇帝怕谁？""皇帝怕老天！""老天怕什么？""老天只怕云！""云怕什么？""云最怕风！""风怕什么？""风最怕墙！""墙怕什么？""墙最怕老鼠！""老鼠怕什么？"这时，这个衙役指着墙上的画答道："老鼠什么都不怕，就怕老爷这张画。"县官两眼直盯着这个衙役，一句话也说不出来。

——https://www.jianshu.com/p/7d7cf3683072

【案例分析】

内容与形式是从构成要素和表现方式上反映事物的一对基本范畴。内容指构成事物的一切要素的总和，形式指把诸要素统一起来的结构或表现内容的方式。

任何事物都是内容与形式的统一。内容决定形式，形式对内容具有反作用。形式对内容的反作用表明，形式具有相对独立性，这种相对独立性使得在内容与形式的关系中，同一内容可以通过多种形式来体现。选择适合内容的形式，就会对内容的发展起积极的推动作用。

生活中，智者们善于使用幽默的语言使生活中激化的矛盾变得缓和，使难堪的场面得到化解，使紧张的节奏得到缓解。"老鼠什么都不怕，就怕老爷这张画。"和"画的是猫"表达的是同一内容。另一个衙役积极利用合适的语言形式去表达内容，从而使自己免于责罚，化解了自身尴尬的处境。在我们的认识和实践中，要根据内容决定形式的原理，注重事物的内容，反对忽视内容、夸大形式作用的形式主义，但是也要注意，同样的内容可以有不同的表达方法，我们可以根据需要，自行选择合适的形式去促进内容的发展。

【教材内容链接】《马克思主义基本原理》第一章第二节"事物的普遍联系和变化发展"之"联系和发展的基本环节"——内容与形式

【案例五十一】以羊易牛

王坐于堂上有牵牛而过堂下者。王见之曰:"牛何之?"对曰:"将以衅钟。"王曰:"舍之,吾不忍其觳觫若无罪而就死地。"对曰:"然则废衅钟与?"曰:"何可废也?以羊易之。"

——[战国]孟子、其弟子及其再传弟子《孟子·梁惠王上》

【案例分析】

齐宣王坐在堂上,有仆役牵着一头牛从堂下走过。齐宣王看见了,问:"把牛牵到哪里去?"仆役答:"今天是祭祀日,杀牛祭钟。"齐宣王说:"放了它,我不忍心看它那恐惧发抖的样子,没有罪而要它去送死。"仆役问道:"把牛放了,钟还要不要祭呢?"齐宣王说:"钟怎能不祭?这样吧,杀一头羊来祭吧。"

牛为生命,羊亦为生命,生命本无高下尊卑之分。齐宣王因为看到了牛临宰前的恐惧之状,便动了恻隐之心,欲放牛一条生路。看来,齐宣王是爱惜生命的。但当齐宣王最后以羊易牛时,他的所谓仁爱之心又到何处去了呢?羊何罪之有,却无辜地充当了牛的替死鬼,难道因为齐宣王没有看到羊临死前痛苦的惨状,就可以闭着眼睛,让一个生命悄悄地在屠刀下死亡吗?难道齐宣王不看到杀生,就能使仁心充塞于胸膺吗?"君子之于禽兽也,见其生,不忍见其死;闻其声,不忍食其肉。"假如齐宣王真的爱惜生命,那么只要"废衅钟",就可以保全天下生灵,又何必去"以羊易牛"呢?如果要衅钟,"则牛羊何择焉"。而齐宣王却要"以羊易牛",这样一来,非但见不到齐宣王的仁爱之心,反而从中暴露了他所谓"仁术"的虚伪性和欺骗性。

现象是事物的外部联系和表面特征,它是个别的、多变易逝的东西。本质是事物的根本性质,是同类现象中一般的东西,是事物相对稳定的内部联系。以羊换牛、以小易大,仅是事物的现象在变,但齐宣王要衅钟祭神的举动没有变,因而用一头牲畜做牺牲品的需要也没有变。因此,我们要透过现象把握本质。

【教材内容链接】《马克思主义基本原理》第一章第二节"事物的普遍联系和变化发展"之"联系和发展的基本环节"——本质与现象

【案例五十二】朝三暮四

宋有狙公者,爱狙,养之成群。能解狙之意,狙亦得公之心。损其家口,充狙之欲。俄而匮焉,将限其食。恐众狙之不驯于己也,先诳之曰:"与若芧,朝三而暮四,足乎?"众狙皆起而怒。俄而曰:"与若芧,朝四而暮三,足乎?"众狙皆伏而喜。

——[战国]庄子《庄子·内篇·齐物论》

【案例分析】

宋国有一个养猕猴的人,很喜欢猕猴,饲养猕猴已经成群。他能了解猴子的意思,猴子也能懂得他的心思。他减少家人的口粮,来满足猴子的欲望。过了不久家里就缺乏食物了,他想要限制猴子们食物的数量,又怕猴子们不听从自己,就先欺骗它们说:"给你们橡果,早上三升,晚上四升,够吗?"猕猴们都生气地跳起来。过了一会儿说:"给你们橡果,早上四升,晚上三升,这样够吗?"猴子们都高高兴兴变得服帖了。

"狙公赋芧"这则寓言故事最早出现在《庄子·齐物论》里,庄子意在以此阐明他的哲学思想。庄子认为,各种各样的学派和论争都是没有价值的。从事物本于一体的观点来看,是与非、正与误是不存在的,就像"狙公赋芧"一样,"朝三暮四"和"朝四暮三"没什么本质的区别。《列子·冲虚经》以庄子的故事为本体,加以扩充,增加了首尾,才真正成了完整的寓言故事。这一故事启示我们,对待事物要善于透过现象看清本质。

现象是多变易逝的,本质是相对稳定的。无论形式千变万化,其本质是不会变的。因此,对待事物要善于透过现象看清本质,不能只关注表面现象。

中华优秀传统文化融入《马克思主义基本原理》案例研究指南

【教材内容链接】《马克思主义基本原理》第一章第二节"事物的普遍联系和变化发展"之"联系和发展的基本环节"——本质与现象

【案例五十三】九方皋相马

秦穆公谓伯乐曰:"子之年长矣,子姓有可使求马者乎?"

伯乐对曰:"良马可形容筋骨相也。天下之马者,若灭若没,若亡若失,若此者绝尘弭辙。臣之子皆下才也,可告以良马,不可告以天下之马也。臣有所与共担缠纤薪菜者,有九方皋,此其于马,非臣之下也。请见之。"

穆公见之,使行求马。三月而反,报曰:"已得之矣,在沙丘。"穆公曰:"何马也?"对曰:"牝而黄。"使人往取之,牡而骊。穆公不说,召伯乐而谓之曰:"败矣,子所使求马者!色物、牝牡尚弗能知,又何马之能知也?"伯乐喟然太息曰:"一至于此乎!是乃其所以千万臣而无数者也。若皋之所观,天机也,得其精而忘其粗,在其内而忘其外;见其所见,不见其所不见;视其所视,而遗其所不视。若皋之相者,乃有贵乎马者也。"马至,果天下之马也。

——[战国]列子《列子·说符》

【案例分析】

秦穆公对伯乐说:"你的年纪大了,你的子孙中有可以派遣出去寻找千里马的人吗?"

伯乐说:"良马,可以从它的筋骨上看出。天下最好的马,若隐若现,若有若无。像这样的马奔驰起来,跑得既快,还不扬起尘土,不留下马蹄的痕迹。我的儿子都是普通人,可以把良马告诉你,但不能把千里马告诉你。我有个和我一起扛东西打柴草的朋友叫九方皋,这个人对于马的识别能力,不在我之下,请您召见他。"

穆公召见了九方皋,派他去寻找千里马。三个月以后九方皋返回,报告说:"已经找到了,在沙丘那个地方。"穆公问:"是什么样的马?"回答说:"是黄色的母马。"穆公派人去取马,却是纯黑色的公马。穆公很不高兴,召见伯乐,对他说:"失败啊,你推荐的寻求千里马的人,连马的颜色和雌雄都尚且不能识别,又怎么能识别千里马呢?"伯乐很感慨地叹了口气说:"九方皋相马竟达到了这种境界了啊!这就是千万个我加起来也无法及他的原因。九方皋所看见的是内在的素质,发现它的精髓而忽略其他方面,注意力在它的内在而忽略它的外表;关注他所应该关注的,不去注意他所不该注意的。像九方皋这样的相马方法,是比千里马还要珍贵的。"马到,果然是千里马。

毛色、性别并不是千里马跟普通马的本质区别,光凭这些找不到千里马。所以,看事情不能光注意表面的东西,只有深入把握事物的本质特点,才能作出准确的判断。故事里说九方皋弄错了马匹的毛色、性别,带有夸张的成分,目的是为了突出故事的主题。九方皋相马的故事告诉我们,在对待人、事、物的时候,要抓住本质特征而不能只注重表象。后来,人们就用"牝牡骊黄"来比喻事物的表象。

【教材内容链接】《马克思主义基本原理》第一章第二节"事物的普遍联系和变化发展"之"联系和发展的基本环节"——本质与现象

【案例五十四】道旁李树

王戎七岁,尝与诸小儿游。看道旁李树多子折枝,诸儿竞走取之,唯戎不动。人问之,答曰:"树在道旁而多子,此必苦李。"取之信然。

——[南朝]刘义庆《世说新语·雅量》

【案例分析】

王戎七岁的时候,曾经与小朋友们一同游玩。看见路边有李子树结了很多李子,枝条都被压断了。那些小孩都争先恐后地跑去摘,只有王戎没有去摘李子。有人问他为什么不去摘李子,王戎回答说:"这树长在路边上,还有这么多李子,这一定是苦李子。"摘过来,尝一尝,的确是这样。

王戎仅仅七岁,就能够根据环境来进行分析,可见王戎是一个善于思考、善于分析的人。从王戎的善于分析,我们也可以知道,本质与现象是相互依存的。本质决定现象,且总是通过一定的现象表现自己的存在;现象表现本质,现象的存在和变化归根到底依赖于本质。一个人如果能善于分析问题,善于思考,把握好现象与本质的关系,准确辨别真象与假象,透过现象把握本质,就能够深化对事物的正确认识。

日常生活的细节当中蕴藏着很多真相,我们要多动脑筋,在掌握大量现象的基础上,通过技术手段和理论分析去粗取精、去伪存真、由此及彼、由表及里,仔细观察,通过现象抓住事物的本质。这样才能不被假象所迷惑,不断深化对事物的认识。

【教材内容链接】《马克思主义基本原理》第一章第二节"事物的普遍联系和变化发展"之"联系和发展的基本环节"——本质与现象

【案例五十五】愚者惑于表象

白石如玉,愚者宝之;鱼目似珠,愚者取之。

——[三国]诸葛亮《诸葛亮集·察疑》

【案例分析】

白的像玉一样的石头,被愚蠢的人视为珍宝;鱼眼像珍珠一样,也被愚蠢的人收取在一起。

这段话的意思是说,许多东西非常相似,白石头像玉,鱼眼睛像珍珠,愚笨的人分不清真假,必然受骗上当。诸葛亮是在提醒为政者,要明辨是非,明察秋毫,不要被一些事物美丽的表象所迷惑。

真假一时难辨,但不意味着永不可辨,否则就要陷入"不可知论"和"无是非论"。白居易有两句诗:"草萤有耀终非火,荷露成团岂是珠。"萤非火,露非珠,真假终究可辨别,问题是要不断提高我们鉴别真伪的能力。

把真善美同假恶丑这些对立的东西作一番比较，是去伪存真的有效方法。鲁迅在一篇杂文中提道："比较是医治受骗的好方子。"比如有人常常把铜误认为金子，空口与他争辩是无济于事的。但是如果遇到一块真的金子，只要用手掂一掂轻重，比较一番，他就会明白了。

去伪存真，不仅要有正确的逻辑加工的方法，更重要的还是要用实践来检验真理。《水经注》作者郦道元认为，石钟山得名于"水石相搏，声如洪钟"；唐代李渤曾做实地调查，"得双石于潭上"，敲击它们即发出洪亮清越的声音，便"自以为得之矣"。苏轼在《石钟山记》中，先从对石钟山名的怀疑写起，依据日常逻辑，对两种说法均提出疑问，并于月明之夜，乘小舟前去山中，发现两山间"有大石当中流"，大石"空中而多窍，与风水相吞吐，有窾坎镗鞳之声，与向之噌吰者相应，如乐作焉"，终于把这个问题考察得一清二楚。

现象有真象和假象。我们要准确辨别真象和假象，去伪存真，透过现象把握本质，从而深化对事物的认识。一切结论产生于调查情况的末尾，而不是它的先头。要推翻前人的谬说，更需要有深入"虎穴"的勇气。

【教材内容链接】《马克思主义基本原理》第一章第二节"事物的普遍联系和变化发展"之"联系和发展的基本环节"——本质与现象

【案例五十六】哑巴献棒

包公坐厅，有公吏刘厚前来复称："门外有石哑子手持大棒来献。"包公令他入来，亲自问之，略不能应对。诸吏遂复包公道："这厮每遇官府上任，几度来献此棒，任官责打。爷台休要问他。"包公听罢思忖：这哑子必有冤枉的事，故忍吃此刑，特来献棒。不然，怎肯屡屡无罪吃棒？遂心生一计，将哑子用猪血遍涂在臀上，又以长枷枷于街上号令。暗差数个军人打探，若有人称屈者，引来见我。良久，街上纷然来看。有一老者嗟叹道："此人冤屈，今日反受此苦。"军人听得，便引老人至厅前见包公。包公详问因由，老人道："此人是村南石哑子,伊兄石全,家财巨万,此人自小来原不能言,被兄赶出,应有家财,并无分与他。每年告官,不能申冤,今日又被杖责,小老因此感叹。"包公闻其言,即差人去追唤石全到衙,问道:"这哑子是你同胞兄弟么?"石全答道:"他原是家中养猪的人,少年原在本家庄地居住,不是亲骨肉。"包公闻其言,遂将哑子开枷放了去,石全欢喜而回。

  包公见他回去,再唤过哑子教道:"你日后若撞见石全哥哥,去扭打他无妨。"哑子但点头而去。一日在东街外,忽遇石全来到,哑子怨忿,随即推倒石全,扯破头面,乱打一番,十分狼狈。石全受亏,不免具状投包公来告,言哑子不尊礼法,将亲兄殴打。包公遂问石全道:"哑子若是你亲弟,他罪过非小,断不轻恕;若是常人,只作斗殴论。"石全道:"他果是我同胞兄弟。"包公道:"这哑子既是亲兄弟,如何不将家财分与他?还是你欺心独占。"石全无言可对。包公即差人押二人去,将所有家财各分一半。众人闻之,无不称快。

——[明]安遇时《包公案·哑子棒》

【案例分析】

  一日包拯在衙门歇息,差人刘厚来报:"门外有个姓石的哑巴,手持大棒要献给你!"包拯让人把他带进来,问他话他也不回。官吏们说:"这个人每逢官府上任,都会来这里献棒,已经来了很多次了,任凭老爷责打,大人就不要管他了!"包拯觉得这个哑巴肯定有冤情,所以多次忍受责打来此献棒!于是心生一计,他让人把猪血涂在哑巴的身上,又用枷锁锁着他,叫衙役们带着他上街游行。并让人暗中观察,如果有说他冤枉的人,就把他带到衙门来。很快,许多人围着哑巴看,有一个老人叹了一口气说道:"老天不长眼啊!他明明有冤屈,反而受这等苦。"衙役听见了,就把这个老人带到包拯面前。包拯询问他原因。这个老人说:"这个哑巴本是一个富人家孩子,从小就不会说话。父母去世后,他哥哥石全为霸占家产,就把他赶出了家门,一分钱也没有给他。每次他告官都不能申冤,今天反而被打成这样,所以我叹了一口气。"

包拯听了,急忙让人把他哥哥石全带来,问他认不认识这个哑巴,是不是他的亲弟弟。他哥哥说:"这个人从小在我家养猪,是我家的雇工,不是我的亲弟弟。"包拯就放了哑巴,他哥哥开开心心地回去了。

见石全走远,包拯又把哑巴喊回来对他说:"你以后撞到你哥哥,你就去打他,不要有顾忌。"哑巴听了点点头离开了。一天,哑巴在大街上看到了他哥哥,就上前一把把他推倒,然后一阵猛打,直到他哥哥连连求饶才住手。石全吃了亏,立即去衙门告状,说哑巴不顾手足,殴打兄长。包拯对他说:"若哑巴是你亲弟弟,他的罪可不轻,决不轻饶;若是一个无关的人,只能按斗殴论处。"石全说:"他确实是我的亲弟弟,一母所生!"包拯说:"既然是你的亲弟弟,为什么你不把家产分给他?还是你要独吞?"石全无言以对。包拯当即差人押着两人回去,把家产一分为二。众人见了无不拍手称快。

本质与现象是揭示事物内在联系和外在表现的一对范畴。本质是事物的根本性质,是构成事物的诸要素之间的内在联系。现象是事物的外部联系和表面特征,是事物本质的外在表现。现象可以区分为真象和假象。真象从正面直接地表现本质,假象从反面歪曲地表现本质,不表现本质的纯粹现象是不存在的。

本质与现象的相互依存表明:不表现为现象的本质和不表现本质的现象都是不存在的。不要被表面的现象所迷惑,任何事物都有它的来龙去脉,只要认真观察,精心思索,就能把握问题的实质。

【教材内容链接】《马克思主义基本原理》第一章第二节"事物的普遍联系和变化发展"之"联系和发展的基本环节"——本质与现象

【案例五十七】杨布打狗

杨朱之弟曰布,衣素衣而出。天雨,解素衣,衣缁衣而反。其狗不知,迎而吠之。杨布怒,将扑之。杨朱曰:"子无扑矣,子亦犹是也。向者使汝狗白而往黑而来,岂能无怪哉?"

——[战国]列子《列子·说符》

【案例分析】

杨朱的弟弟叫杨布,他穿着件白色的衣服出门去了。天下起了雨,杨布便脱下白衣,穿着黑色的衣服回家。他家的狗没认出来是杨布,就迎上前冲他叫,杨布十分生气,准备打狗。这时杨朱说:"你不要打狗,如果换做是你,你也会像它这样做的。假如刚才你的狗离开前是白色的而回来变成了黑色的,你怎么能不感到奇怪呢?"这个故事告诉我们:有的事如果只看表面往往会出现错误。因此,要学会透过现象看本质。

本质与现象是相互区别的。本质是一般的、普遍的,现象是个别的、具体的;本质是相对稳定的,现象是多变易逝的;本质深藏于事物的内部,只有通过理性思维才能把握,而现象则是表面、外显的,可以直接为人的感官所感知。认识了事物的现象不等于把握了事物的本质,我们对事物的认识不能停留在表面现象上。如果对事物的认识停留在表面现象上,我们的认识就是肤浅的,甚至可能被一些假象所迷惑,产生错误的认识,导致行动的失败。毛泽东指出:"我们看事情必须要看它的实质,而把它的现象只看作入门的向导,一进了门就要抓住它的实质,这才是可靠的科学的分析方法。"①

【教材内容链接】《马克思主义基本原理》第一章第二节"事物的普遍联系和变化发展"之"联系和发展的基本环节"——本质与现象

【案例五十八】破罐不顾

客居太原,荷甑堕地,不顾而去。林宗见而问其意,对曰:"甑已破矣,视之何益。"

——[南朝]范晔《后汉书·郭泰传》

---

① 《毛泽东选集》(第一卷),人民出版社,1991年,第99页。

【案例分析】

孟敏客居在太原。有一次,他挑的甑掉在地上,孟敏看也不看就离去。郭林宗见到后向他询问原因,回答说:"甑已经破了,看它又有什么用。"

原因与结果是相互依存和相互转化的。在事物因果联系的长链中,任何原因都必然引起一定的结果,没有"无果之因";任何结果都是由一定的原因引起的,没有"无因之果"。正确把握因果联系,才能提高人们活动的自觉性和预见性。罐子破了,回头再看也不能复原,但可从中吸取教训,分析一下摔破的原因,避免以后发生类似的错误,从而提高活动的自觉性。

破罐而不泄气,仍然昂首前进,孟敏无疑是位智者。对人生而言,随时会有意外发生,有时远比破罐严重。人人都渴望成功,但成功并非唾手可得,它要经历许多挫折、失败。当你面对挫折、失败时,能否败而不馁,输不泄气,潇洒地挥挥手,告别昨天,就显得至关重要。在失败中总结经验教训,寻找失败的原因,才能谨防下一次问题的出现,从而保持高昂的姿态、必胜的信念,以退为进,以守为攻,在捕捉机遇中反败为胜,再现辉煌。常言道:失败是成功之母。正是在一次次失败中不断汲取教训,才能找到成功的方法和路径。

【教材内容链接】《马克思主义基本原理》第一章第二节"事物的普遍联系和变化发展"之"联系和发展的基本环节"——原因与结果

【案例五十九】扁鹊与牛黄

一日,扁鹊为邻居故阳文锻制了一块青礞石,准备研末做药治他的中风偏瘫。这时,门外传来一阵喧闹声,扁鹊问其究竟,原来是阳文家中养了十几年的黄牛不知何故,近两年来日渐消瘦,不能耕作。故阳文的儿子阳宝请人把牛宰杀了。在牛胆里发现一块石头,扁鹊对此颇感兴趣,嘱咐阳宝将石头留下。阳宝笑问道:"先生莫非想用它做药?"说着就把结石随手和桌上的青礞石放在一起。

正在这时,阳文的病又发作了。扁鹊赶来,见情况十分危急。叮嘱阳宝:"快,把我桌上那块青礞石拿来。"

阳宝气喘吁吁地拿来药,扁鹊也未细察,很快研为细末,取用五分给阳文灌下。不一会儿,病人停止了抽搐,气息平静,神志清楚。扁鹊回到屋里,发现青礞石仍在桌上,而那块结石不见了,忙问家人:"何人动了结石?"家人回道:"刚才阳宝回来取药,说是您吩咐的呀!"这个偶然的差错,使扁鹊深思:"难道牛的结石,也有豁痰定惊作用?"于是,第二天他有意将阳文药里的青礞石改换为结石。三天后,阳文病势奇迹般地好转,不但止住了抽搐,而且偏瘫的肌体也能动弹了。

由此,扁鹊始知牛胆囊中的结石"苦凉入心肝,能清心开窍,清热解毒",并将此结石取名为"牛黄"。

——https://baijiahao.baidu.com/s?id=1597802511873467582&wfr=spider&for=pc

【案例分析】

牛黄的药用价值是扁鹊在偶然中发现的,但是牛黄本身就具有豁痰定惊的作用。因此必然总是伴随着偶然出现,并通过偶然表现出来,偶然背后隐藏着必然。

必然与偶然是揭示事物产生、发展和衰亡过程中不同趋势的一对范畴。必然是指事物联系与发展中确定不移的趋势,在一定条件下具有不可避免性。偶然是指事物联系与发展中不确定的趋势。事物的发展既包含着必然的方面,也包含着偶然的方面。

必然与偶然相互依存,没有脱离偶然的必然。现实事物的发展,不通过偶然而只表现为纯粹必然的情况是不存在的。必然总是伴随着偶然,要通过偶然表现出来,并为自己开辟道路。

在我们的认识和实践中,必须重视事物发展的必然规律和发展趋势,并以此为依据制定我们的目标和计划,同时也要充分估计各种偶然因素的作用,善于敏锐地识别和把握机遇,在实践中达到预期的目标。

【教材内容链接】《马克思主义基本原理》第一章第二节"事物的普遍联系和变化发展"之"联系和发展的基本环节"——必然与偶然

第三节　唯物辩证法是认识世界和改造世界的根本方法

学习唯物辩证法,不仅要掌握其丰富的内容,而且要把握其本质和精神,特别是把握其认识功能和方法论的意义,不断增强我们运用唯物辩证法分析和解决问题的能力。

恩格斯指出:"马克思的整个世界观不是教义,而是方法。它提供的不是现成的教条,而是进一步研究的出发点和供这种研究使用的方法。"[1]在马克思主义世界观和方法论中,唯物辩证法是其核心内容,为人们认识世界和改造世界提供了根本方法。

本节共精选12个中华优秀传统文化案例,用以阐释和印证唯物辩证法的本质特征和认识功能;学习唯物辩证法,不断增强思维能力两个问题。

【案例一】阿留之才

阿留者,太仓周元素家僮也。性痴呆无状,而元素终蓄之。尝试执洒扫,终朝运帚,不能洁一庐。主人怒之,则帚掷地,曰:"汝善是,何烦我为?"元素或他出,使之应门;宾客虽稔熟者,不能举其名。问之,则曰:"短而肥者,瘦而髯者,美姿容者,龙钟而曳杖者。"后度悉不记,则阖门拒之。家蓄古尊、彝、

---

[1] 《马克思恩格斯选集》(第四卷),人民出版社,2012年,第664页。

鼎、敦数物,客至出陈之。留伺客退,窃叩之曰:"非铜乎?何黯黑若是也?"走取沙石,就水涤磨之。短榻缺一足,使留断木之歧生者为之;持斧、锯,历园中竟日。及其归,出二指状曰:"木枝皆上生,无下向者。"家人为之哄然。舍前植新柳数株,元素恐为邻儿所撼,使留守焉。留将入饭,则收而藏之。其可笑事,率类此。

元素工楷书,尤善绘事。一日,和粉墨,戏语曰:"汝能是乎?"曰:"何难乎是?"遂使为之,浓淡参亭,一若素能,屡试之,亦无不如意者。元素由是专任之,终其身不弃焉。

传者曰:樗栎不材,祈者不弃;沙石至恶,玉人赖焉;盖天地间无弃物也。矧灵于物者,独无可取乎?阿留痴呆无状,固弃材耳,而卒以一长见试,实元素之能容也。今天下正直静退之士,每不为造命者所知;迟钝疏阔者,又不为所喜。能知而且喜矣,用之不能当其材,则废弃随之。于戏!今之士胡不幸,而独留之幸者?

——[明]陆容《阿留传》

【案例分析】

阿留是太仓人周元素的家童,生性痴呆无规矩,但周元素一直收养他。他曾试着负责清扫,整个早晨挥舞扫帚,也没能使一间屋子干净。主人冲他发怒,他就将扫帚摔在地上,说:"你会做这事,为什么要麻烦我呢?"周元素有时到别处去,让他照看门户。来的宾客即使是熟悉的,他也不能说出名字。问他,就说:"又矮又胖的,瘦长有胡子的,长得好看的,老态龙钟拄着拐杖的。"后来的都记不住,就关起门拒不接待。周元素家里收藏有古尊、古彝、古鼎、古敦等多件古董,客人来了就拿出来陈列一番。阿留等客人走了,私下敲敲,说:"这不是铜吧?为什么这样深黑呢?"跑去拿来沙石,就着水洗磨起来。矮榻缺了一只脚,周元素让阿留砍树的一根分枝做榻脚,(阿留)拿着斧头锯子,在园子里走了一整天。等他回来了,他伸出二根手指比画着说:"树枝都向上生长,没有朝向下边的。"家人因此哄堂大笑。房子前新栽了几株柳树,周元素担心邻居小孩摇动它们,让阿留守护着。阿留将要进屋吃饭,就将柳树拔出来收藏。阿留可笑的事情,大概诸如此类。

周元素工于楷书,尤其擅长绘画。有一天,(他)和好颜料,开玩笑似地对阿留说:"你能干这个吗?"阿留说:"对于这事,有什么难的呢?"于是(周元素)就让他做起来,(只见他)色彩的浓淡,调和得参互均匀,完全像是一向就会,多次让他调色,也没有不如意的。周元素从此专门要他调色,终身用他,没有废弃。

写传者说:樗栎不成木材,找木材的人并不弃用;沙石非常难看,玉雕匠们需要它,大概天地间没有完全无用的东西。况且比其他生物灵巧的人,偏偏就没有可取之处吗?阿留痴呆无规矩,本来是可弃用的材料罢了,最终却因为一技之长被任用,实在是周元素能够收容他。如今天下正直清静退处的人士,常常不被当权者所了解;生性不聪敏、迂阔的人,又不被他们所喜欢。(当权者)能够了解并且喜欢的人,使用他们时又不能适合他们的才能,接着就弃用他们。唉!如今的士人为什么不幸,而只有阿留幸运呢?

想问题、办事情要具体问题具体分析。唯物辩证法告诉我们事物是由矛盾构成的,不同的事物,其内在矛盾不同,同一事物在不同的发展阶段,其矛盾也有差别。矛盾分析方法是对立统一规律在方法论上的体现,在唯物辩证法的方法论体系中居于核心地位,是我们认识事物的根本方法。我们在分析问题时,就是要研究事物的内在特点,善于分析矛盾的特殊性,对具体情况、具体问题作出具体分析,从中找出切实可行的解决办法,不同的矛盾要用不同的方法解决。每个人都有自己的长处和短处,在用人时要让其发挥长处,扬长避短,才是用人之道。

【教材内容链接】《马克思主义基本原理》第一章第三节"唯物辩证法是认识世界和改造世界的根本方法"之"唯物辩证法的本质特征和认识功能"——

中华优秀传统文化融入《马克思主义基本原理》案例研究指南

唯物辩证法是科学的认识方法

【案例二】因材施教

子路问:"闻斯行诸?"

子曰:"有父兄在,如之何其闻斯行之?"

冉有问:"闻斯行诸?"

子曰:"闻斯行之。"

公西华曰:"由也问,闻斯行诸?子曰'有父兄在';求也问闻斯行诸,子曰'闻斯行之'。赤也惑,敢问。"

子曰:"求也退,故进之;由也兼人,故退之。"

——[春秋]孔子、其弟子及其再传弟子《论语·先进篇》

【案例分析】

有一次,孔子讲完课,回到自己的书房,学生公西华给他端上一杯水。这时,子路匆匆走进来,大声向老师讨教:"先生,如果我听到一种正确的主张,可以立刻去做吗?"孔子看了子路一眼,慢条斯理地说:"总要问一下父亲和兄长吧,怎么能听到就去做呢?"子路刚出去,另一个学生冉有悄悄走到孔子面前,恭敬地问:"先生,我要是听到正确的主张应该立刻去做吗?"孔子马上回答:"对,应该立刻实行。"冉有走后,公西华奇怪地问:"先生,一样的问题,你的回答怎么相反呢?"孔子笑了笑说:"冉有性格谦逊,办事犹豫不决,所以我鼓励他临事果断。但子路逞强好胜,办事不周全,所以我就劝他遇事多听取别人意见,三思而行。"

以上可以看出孔子因材施教的教学理念,他根据子路和冉有两个人的不同性格,对两人问的同一问题作出了不同的回答。因此我们要坚持矛盾分析法,善于分析矛盾的特殊性,做到具体矛盾具体分析,对具体情况、具体问题作具体分析。这也是马克思主义最本质的内容,是马克思主义活的灵魂,是唯物辩证法最根本的要求。

【教材内容链接】《马克思主义基本原理》第一章第三节"唯物辩证法是认识世界和改造世界的根本方法"之"唯物辩证法的本质特征和认识功能"——唯物辩证法是科学的认识方法（具体问题具体分析）

【案例三】郑人乘凉

郑人有逃暑于孤林之下者，日流影移，而徙衽以从阴。及至暮，反席于树下。及月流影移，复徙衽以从阴，而患露之濡于身。其阴逾去，而其身逾湿，是巧于用昼而拙于用夕矣。

——[宋]李昉、李穆、徐铉等《太平御览·人事部》

【案例分析】

有个郑国人怕热，他跑到一棵树下去乘凉，太阳在空中移动，树影也在地上移动，他也挪动着自己的卧席随着树荫走。到了黄昏，他又把卧席放到大树底下。月亮在空中移动，树影也在地上移动，他又挪动着卧席随着树影走，因而受到了露水沾湿身子的伤害。树影越移越远了，他的身上也越沾越湿了。这个人白天乘凉的办法很巧妙，但晚上用同样办法乘凉就相当笨拙了。

这则寓言还告诉我们，外界条件是不断变化的，我们一定要随机应变，不要墨守成规，过于死板，要懂得变通。事物都是一分为二的，没有矛盾就没有世界。人们认识世界，就是认识事物的矛盾；人们改变世界，就是解决事物的矛盾。矛盾分析方法是人们认识和改造世界的根本方法。事物是千变万化的，任何矛盾都具有其特殊性。这就要求我们想问题、办事情，都必须坚持具体问题具体分析，防止和克服思想方法上的片面性和绝对化，这是正确认识事物的基础，也是正确解决矛盾的关键。郑国人将白天乘凉的方法沿用到晚上，没有看到太阳和月亮的区别，也没有注意到白天和夜晚的差异。事实上，晚上自有晚上的乘凉方法，郑国人生搬硬套白天的方法，仍然追着树荫乘凉,实在是笨拙可笑。

【教材内容链接】《马克思主义基本原理》第一章第三节"唯物辩证法是认识世界和改造世界的根本方法"之"唯物辩证法的本质特征和认识功能"——唯物辩证法是科学的认识方法(具体问题具体分析)

【案例四】处事以要

举网以纲,千目皆张;振裘持领,万毛自整。治大国者亦当如此。

——[东汉]桓谭《新论·离事》

【案例分析】

提起鱼网的纲绳,成千上万的网眼就都张开了;握着衣领抖动皮袄,所有的毛自然就整整齐齐了。治理国家也应该如此。

这句话告诉我们,看问题、办事情就要首先抓住重点,如果不分主次,抓不住中心和关键,就不可能把事情办好。主要矛盾在矛盾体系中处于支配地位,对事物发展起决定作用。我们在观察和处理任何事物的诸种矛盾时,必须善于以主要精力从多种矛盾中找出和抓住主要矛盾,提出主要任务,从而掌握工作的中心环节。当矛盾的主次地位发生了变化,事物的发展进入新的阶段时,就要善于找出新的主要矛盾,及时转移工作的重点。

1953年,毛泽东同中央农村工作部有关负责人有两次谈话。在谈话中,毛泽东明确指出:"有句古语,'纲举目张'。拿起纲,目才能张,纲就是主题。"[①]毛泽东当时讲这段话是有着很深的时代背景的。新中国成立后,百业待举,为了克服个体农业极端分散和经济力量薄弱的状况,广大农民纷纷自发组织实行生产互助,这是农民的创举,为此党中央召开了农业互助合作会议。在会议期间,毛泽东同中央农村工作部有关负责人讲了这段话:"社会主义

---

① 《毛泽东文集》(第六卷),人民出版社,1999年,第302页。

和资本主义的矛盾,并且逐步解决这个矛盾,这就是主题,就是纲。提起了这个纲,克服'五多'以及各项帮助农民的政治工作、经济工作,一切都有统属了。"①1953年底,党中央颁布了《关于发展农业生产合作社的决议》,农民生产互助的热情被极大地调动起来,农业合作化运动稳步前进。

习近平鲜明地指出:"问题是事物矛盾的表现形式,我们强调增强问题意识、坚持问题导向,就是承认矛盾的普遍性、客观性,就是要善于把认识和化解矛盾作为打开工作局面的突破口。"②运用唯物辩证法的矛盾分析方法研究问题和解决问题,要求我们不断强化问题意识,坚持具体问题具体分析,善于认识和化解矛盾,尤其是要把优先解决主要矛盾作为打开局面的突破口,以此带动其他矛盾的解决。

【教材内容链接】《马克思主义基本原理》第一章第三节"唯物辩证法是认识世界和改造世界的根本方法"之"唯物辩证法的本质特征和认识功能"——唯物辩证法是科学的认识方法(善于抓主要矛盾)

【案例五】 齐人有好猎者

齐人有好猎者,旷日持久而不得兽。入则羞其家室,出则愧对其知友。(唯)其所以不得之故,则狗恶也。欲得良狗,则家贫无以。人曰:"君宜致力于耕作。"猎者曰:"何为?"人不对。猎者自思,得无欲吾致力于耕作有获而后市良犬乎?于是退而疾耕。疾耕则家富,家富则市得良犬,于是猎兽之获,常过(逾)人矣。非独猎也,百事也尽然。

——[战国]吕不韦及其门客《吕氏春秋·贵当》

---

① 《毛泽东文集》(第六卷),人民出版社,1999年,第302页。
② 中共中央文献研究室编:《习近平关于协调推进"四个全面"战略布局论述摘编》,中央文献出版社,2015年,第86页。

中华优秀传统文化融入《马克思主义基本原理》案例研究指南

【案例分析】

齐国有个爱好打猎的人，花费了很长时间也没有猎到野兽。在家愧对自己的家人，在外愧对自己相识的朋友。他思考打不到猎物的原因，是狗不好。他想得到一条好狗，可是家里没钱。于是别人对他说："你应该努力耕田劳作。"猎人问："为什么？"别人不说。猎人自己思考，岂不是我努力耕作获得的钱就可以买好狗了吗？于是他就回家努力耕田，努力耕田家里就富了，家里富了就有钱来买好狗，有了好狗就屡屡打到野兽，打猎的收获，常常超过别人。不只是打猎如此，许多事情也都是这样。

办任何事情不要一味蛮干，要考虑事物之间的相互联系，找出关键所在，再想办法加以解决。关键问题解决了，事情就可以办好，如果只是孤立地看问题，不考虑问题的症结，就无法从根本上解决问题，事情也就无法解决好。

提高辩证思维能力，要求我们客观地而不是主观地，联系地而不是孤立地，发展地而不是静止地，全面地而不是片面地，系统地而不是零散地观察事物，把握事物的本质和发展规律，找到解决问题的方法和途径。尤其要以问题为导向，善于正确分析矛盾，在对立中把握统一，在统一中把握对立，克服极端化、片面化，善于运用辩证思维谋划事业发展。

【教材内容链接】《马克思主义基本原理》第一章第三节"唯物辩证法是认识世界和改造世界的根本方法"之"学习唯物辩证法，不断增强思维能力"——辩证思维能力

【案例六】以史为鉴

前事之不忘，后事之师也。

——［西汉］司马迁《史记·秦始皇本纪》

第一章 世界的物质性及发展规律

度之往事,验之来事,参之平素,可贵决之。

——[春秋]鬼谷子《鬼谷子·绝篇》

所贵乎史者,述往以为来者师也。为史者,记载徒繁,而经世之大略不著,后人欲得其得失之枢机以效法之无由也,则恶用史为?

——[明清]王夫之《读通鉴论·汉光武》

【案例分析】

吸取过去的经验教训,可以作为以后的借鉴。

用过去的经验作参照,对未来的趋势加以判断,并参考平常发生的事,经过这些过程如果没有发现问题就可以决断了。

人们之所以重视历史,在于历史记述的史实可以为后来人学习与借鉴。如果记述历史的人只是记载繁杂,而不记录治世的大政,无法让后人得到成败的关键来借鉴,怎么能够使用史实来有所作为?

历史思维能力,是指以史为鉴、知古鉴今,善于运用历史眼光认识发展规律、把握前进方向、指导现实工作的能力。

历史、现实、未来是相通的,历史是过去的现实,现实是未来的历史。历史思维能力的培养,能够使人正确理解和掌握历史知识,认识历史发展规律,进而对社会现实问题进行科学地观察与思考。培养并不断提高历史思维能力,是马克思主义科学世界观和方法论的内在要求。

提高历史思维能力,在鉴往知来中更好地走向未来,就要加强对党史、新中国史、改革开放史和社会主义发展史、中华民族发展史的系统学习,深刻总结历史经验,坚定中国特色社会主义方向,在对历史的深入思考中汲取砥砺前行的智慧与力量,不断提高我们的认识能力、精神境界和实践水平。提高历史思维能力,还要注重学习源远流长、博大精深的中华文明史,厚植文化自信的历史底蕴。

【教材内容链接】《马克思主义基本原理》第一章第三节"唯物辩证法是认

中华优秀传统文化融入《马克思主义基本原理》案例研究指南

识世界和改造世界的根本方法"之"学习唯物辩证法,不断增强思维能力"——历史思维能力

【案例七】以铜为镜

太宗后尝谓侍臣曰:"夫以铜为镜,可以正衣冠;以古为镜,可以知兴替;以人为镜,可以明得失。朕常保此三镜,以防己过。今魏徵殂逝,遂亡一镜矣!"

——[唐]吴兢《贞观政要·卷二·论任贤》

【案例分析】

太宗后来经常对身边的大臣们说:"用铜作镜子,可以端正衣冠;用古事作镜子,可以知道兴衰;用人作镜子,可以明白得失。我过去常常注意保持这三面镜子,来谨防自己犯错误。如今魏征去世,我失去了一面镜子啊!"

唐太宗的这番话,揭示出照镜子与修身治国的关系。对于唐太宗的"镜子论",白居易在《百炼镜》诗中赞曰:"太宗常以人为镜,鉴古鉴今不鉴容。四海安危居掌内,百王治乱悬心中。乃知天子别有镜,不是扬州百炼铜。"

以史为鉴,可以知兴替。在庆祝中国共产党成立一百周年大会上的讲话中,习近平总书记九次强调"以史为鉴、开创未来",指出"我们要用历史映照现实、远观未来,从中国共产党的百年奋斗史中看清楚过去我们为什么能够成功、弄明白未来我们怎样才能继续成功,从而在新的征程上更加坚定、更加自觉地牢记初心使命、开创美好未来"①。

党的十八大以来,习近平总书记高度重视以史为鉴,指出"历史是最好的教科书,也是最好的清醒剂"②。要求领导干部把学习党史、国史作为"必修

---

① 习近平:《在庆祝中国共产党成立100周年大会上的讲话》,《人民日报》,2021年7月2日。
② 《习近平谈治国理政》(第四卷),外文出版社,2022年,第287页。

课","这门功课不仅必修,而且必须修好"①。在庆祝中国共产党成立95周年大会上,习近平总书记一语道出了以历史为鉴的目的和意义:"'明镜所以照形,古事所以知今。'今天,我们回顾历史,不是为了从成功中寻求慰藉,更不是为了躺在功劳簿上、为回避今天面临的困难和问题寻找借口,而是为了总结历史经验、把握历史规律、增强开拓前进的勇气和力量。"②无论是照镜子、对照别人,还是对比历史,都会起到借鉴的作用,所以要借鉴优点、借鉴兴衰成败的经验和教训。各级领导干部要继承和发扬中国共产党善于学习的优良传统,在改革开放的伟大实践中重视历史经验的借鉴和运用,从中获取智慧、认识规律、把握方向。

【教材内容链接】《马克思主义基本原理》第一章第三节"唯物辩证法是认识世界和改造世界的根本方法"之"学习唯物辩证法,不断增强思维能力"——历史思维能力

【案例八】系统做事

子曰:"为命,裨谌草创之,世叔讨论之,行人子羽修饰之,东里子产润色之。"

——[春秋]孔子、其弟子及其再传弟子《论语·宪问》

【案例分析】

孔子说:"郑国发布的政令,都是由大夫裨谌起草,大夫世叔提出修改意见,外交官子羽加以修饰,最后由子产修改润色。"

孔子这段话是指外交辞令要非常的慎重。当时子产执政的时候,他对外交是多么的慎重,不能够说错一句话。你看一本外交的文书,经过四道手续,

---

① 习近平:《在党史学习教育动员大会上的讲话》,人民出版社,2021年,第3页。
② 习近平:《在庆祝中国共产党成立95周年大会上的讲话》,《人民日报》,2016年7月2日。

由四位大夫各尽所长,共同合作,才把它完成。一来看出子产慎重行事,对待外交工作非常的认真,一丝不苟。二来也看出他是知人善用,知道用谁来做什么工作,用人的专长,而不是自用、自己说了算,认为自己了不起了,不把别人放在眼里。要知道一个人的精力,毕竟是有限的,即使你想得再周全,一个人思考难免会有差漏的时候。所以,这句话是教我们如何用人,如何统筹安排工作,体现了系统思维。在子产执政时期,郑国比较安定,孔子通过总结郑国政通人和的政治局面出现的原因,表达了自己对分工合作、量才而用的政治模式的向往。

在一个人才众多的群体中,不仅要有个体的优势,更需要有最佳的群体结构。世界上没有全能全知的神,一个人可能走得很快,但是一群人走得会更远。集体的力量自古以来便被重视。

系统思维能力就是从事物相互联系的各个方面及其结构和功能进行系统思考的能力,就是全面系统地分析和处理问题的能力。提高系统思维能力,就是要坚持系统观念,用系统思维的方法分析和处理问题。

【教材内容链接】《马克思主义基本原理》第一章第三节"唯物辩证法是认识世界和改造世界的根本方法"之"学习唯物辩证法,不断增强思维能力"——系统思维能力

【案例九】片面遗害

有医者,自称善外科。以裨将阵回,中流矢,深入膜内,延使治,乃持剪剪去管,跪而请谢。裨将曰:"镞在膜内须亟治。"医曰:"此内科事,不意并责我。"

——[明]江盈科《外科医生》

【案例分析】

有个医生自称精通外科。有一位副将从战场下来,被流矢射中,深入皮

肉里,请这个医生来治疗。这医生手持并州剪,剪掉了箭杆,跪在地上请求奖赏。副将说:"箭头还在皮肉里,必须赶紧治疗。"医生说:"取肉内的箭头是内科的事,没想到也一起要求我来治疗。"

系统是由许多相互联系、相互作用的若干要素构成关系的具有稳定结构和特定功能的有机整体。系统思维以确认事物的普遍有机联系为前提,进而具体把握事物的系统存在、系统联系与系统规律,遵循以整体性、结构性、层次性、开放性和风险性等为基本内容的思维原则,目的是从整体上把握事物并实现事物结构与功能的优化。提高系统思维能力,要立足现实需要,加强全局性谋划、整体性推进。故事中的医生只管解决眼前的、局部的问题,而根本不管是否会妨碍长远的、全局的方面,是非常可笑的,也是非常有害的。

增强系统思维能力就是要求我们从整体出发,在互相联系、互相制约的各个要素中,综合地考察对象,立足整体,统筹全局,以求实现整体或系统的最优目标。

【教材内容链接】《马克思主义基本原理》第一章第三节"唯物辩证法是认识世界和改造世界的根本方法"之"学习唯物辩证法,不断增强思维能力"——系统思维能力

【案例十】全局思维

不谋万世者,不足谋一时;不谋全局者,不足谋一域。

——[清]陈澹然《迁都建藩议》

【案例分析】

不能为国家进行长远的谋划,一时的聪明也是短视的、微不足道的;不能从全局的角度去谋划的,即使治理好小片的区域也是片面的,微不足道的。

陈澹然的思想实质上是一种大局意识的思想,就是善于从全局高度、用

长远眼光观察形势,分析问题。考虑和处理问题,要从全局出发,当局部利益与全局利益发生冲突时,要以大局为重。斤斤计较于局部的利益,而使全局的利益受损,那么局部的利益也终难保全。能够把目光放得长远,能够把握好整体的利益和局部的利益关系,分清主要矛盾和次要矛盾,不因小失大,对待问题能做出快速的反应和正确的决策,使整体的利益最大化。

要做到全面、客观地认识事物,就必须具有全局思维、整体意识和大局观念。战略思维能力强调思维的整体性、全局性、长期性,是高瞻远瞩、统揽全局、善于把握事物发展总体趋势和方向的能力。

要树立大局意识,善于从大局看问题,放眼世界,放眼未来;善于观大势、谋大事,把握工作主动权;既有雷厉风行的作风,也有闲庭信步的定力。高度重视战略问题、善于从大局看问题,是我们党在复杂形势中赢得胜利的强大优势。习近平指出:"战略问题是一个政党、一个国家的根本性问题。战略上判断得准确,战略上谋划得科学,战略上赢得主动,党和人民事业就大有希望。"①党的十八大以来,从确立实现中华民族伟大复兴中国梦战略愿景,到开启全面建设社会主义现代化国家的新征程,党中央始终坚持战略思维,明确战略导向,作出战略擘画,为新时代党和国家事业发展指明了前进方向、提供了根本遵循。

不以小胜小负动心,统筹战略布局,关注整体形势、综合因素,而不是具体操作细节。当然,如果只关注大局,但是放弃细节操作也无法取得胜利,而是相对细节来说,更关注整体、长远、大局。这也是我们党提出牢固树立"四个意识"中大局意识的要求。大局意识强调的是认识高度,要求从大局出发看问题,把工作放到大局中去思考、定位、摆布,确保正确认识大局、自觉服从大局、坚决维护大局。

---

① 《习近平谈治国理政》(第二卷),外文出版社,2017年,第10页。

第一章 世界的物质性及发展规律

【教材内容链接】《马克思主义基本原理》第一章第三节"唯物辩证法是认识世界和改造世界的根本方法"之"学习唯物辩证法,不断增强思维能力"——战略思维能力

【案例十一】未雨绸缪

备豫不虞,为国常道。

——[唐]吴兢《贞观政要·纳谏》

其安易持,其未兆易谋;其脆易泮,其微易散。为之于未有,治之于未乱。

——[春秋]老子《道德经·第六十四章》

居安思危,思则有备,有备无患。

——[春秋]左丘明《左传·襄公十一年》

【案例分析】

"备豫不虞,为国常道"是魏徵劝谏唐太宗说的话。意思是说对于那些意料不到的事情事先做好防备,这是治理国家最常见的方法。

安定的局面容易持守,没有迹象的事物容易图谋;脆弱的东西容易分解,细微的东西容易散失,所以要在事情尚未发生之时,就预先处理好。要在祸乱产生之前就早做准备。老子论述了未雨绸缪、未兆易谋的道理,告诫人们要见微知著,在险情发生之前采取措施,防微杜渐。

处于安全环境时要考虑到可能出现的危险,考虑到危险就会有所准备,事先有了准备就可以避免祸患。

坚持底线思维,要做到居安思危,增强忧患意识。"不能安于现状、盲目乐观,不能固于眼前、轻视长远,不能掩盖矛盾、回避问题,不能贪图享受、攀比阔气。"[①]要做好应付最坏局面的思想准备,见微知著、未雨绸缪,增强前瞻

---

① 《习近平关于党风廉政建设和反腐败斗争论述摘编》,中央文献出版社、中国方正出版社,2015年,第9页。

意识。

面对波谲云诡的国际形势、复杂敏感的周边环境、艰巨繁重的改革发展稳定任务,既要有防范风险的先手,也要有应对和化解风险挑战的高招;既要打好防范和抵御风险的有准备之战,也要打好化险为夷、转危为机的战略主动战。

【教材内容链接】《马克思主义基本原理》第一章第三节"唯物辩证法是认识世界和改造世界的根本方法"之"学习唯物辩证法,不断增强思维能力"——底线思维能力

【案例十二】创新思维

文王在上,於昭于天。周虽旧邦,其命维新。

——[西周]《诗经·大雅·文王》

【案例分析】

周文王禀受天命,昭告于天。周虽然是一个古老的邦国,但是它禀受的天命却是新的,焕发出了新气象。后来人们又把这个意思进行了引申,就变成周虽然是一个古老的邦国,但是它的使命却在于创新,就把精神落在创新这儿了。

几千年前中华民族就用这种"维新"的精神开启了伟大的中华文明,并且不断地把它推向前进。这种不断进行自我超越的精神,也就成为我们现在不断革新的精神源泉。

2018年12月18日,在庆祝改革开放40周年大会上,习近平总书记发表重要讲话,回顾改革开放40年的光辉历程,总结改革开放的伟大成就和宝贵经验,宣示了改革开放只有进行时没有完成时、改革开放永远在路上的信心和决心。习近平总书记指出:"中国人民具有伟大梦想精神,中华民族充满变革和开放精神。几千年前,中华民族的先民们就秉持'周虽旧邦,其命维

新'的精神,开启了缔造中华文明的伟大实践。"①可以说,创新精神是中华民族最鲜明的禀赋。

创新思维能力是对常规思维的突破,是破除迷信、超越陈规,善于因时制宜、知难而进、开拓创新的能力。创新思维能力意味着不墨守成规,在求新、求变中创造性地提出问题和解决问题。当今世界,知识经济飞速发展,创新已经成为社会进步的主导力量与重要源泉,只有善于开发和运用创新思维能力,才能紧跟时代的步伐,更好地回应和解决时代发展所提出的问题。

【教材内容链接】《马克思主义基本原理》第一章第三节"唯物辩证法是认识世界和改造世界的根本方法"之"学习唯物辩证法,不断增强思维能力"——创新思维能力

---

① 习近平:《在庆祝改革开放40周年大会上的讲话》,《人民日报》,2018年12月19日。

第二章　实践与认识及其发展规律

实践性是马克思主义理论区别于其他理论的根本特征。实践的观点是马克思主义的基本观点。以实践为基础,从整体上把握人与世界的关系,是马克思主义世界观的重要内容。人与世界的关系主要包括两个方面:一是认识世界,二是改造世界。那么,人为什么要认识和改造世界?能否认识和改造世界?怎样认识和改造世界? 从哲学上讲,这就是实践与认识及其相互关系的问题,真理与价值及其相互关系的问题,就是马克思主义的实践观、认识论和价值论要解决的问题。

本章共精选 48 个中华优秀传统文化案例,用以阐释和印证实践与认识;真理与价值;认识世界和改造世界三个问题。

第一节　实践与认识

马克思、恩格斯以前的中外哲学都使用过实践的概念。但都没有真正理解人类实践的本质,没有看到实践在社会生活和认识活动中的决定意义。马克思科学阐明了人类实践的本质和作用,创立了科学的实践观,揭示了实践的本质、基本结构和表现形式,科学地揭示了认识的本质和发展规律。

本节共精选23个中华优秀传统文化案例,用以阐释和印证科学的实践观及其意义;实践的本质与基本结构;认识的本质与过程;实践与认识的辩证运动及其规律四个问题。

【案例一】深入实践

耳闻之不如目见之,目见之不如足践之,足践之不如手辨之。

——[西汉]刘向《说苑·政理》

【案例分析】

耳朵听到的不如眼睛看到的可靠,眼睛看到的不如用脚踏勘的可靠,用脚踏勘的不如用手辨别的可靠。这里说的是对事物认识的三个层次。强调要想获得真实情况,必须进行实地调查研究,重视实践。

司马迁的《史记》被鲁迅誉为史家之绝唱。司马迁把历史人物和历史事件写得如此有声有色,栩栩如生,很大程度上得益于他19岁时的一次全国大游历。游淮阴,他追踪韩信早年的足迹;访齐鲁,他瞻仰孔庙,观察儒风习俗;到彭城,他听取汉高祖刘邦的传说故事;达大梁,他凭吊信陵君窃符救赵故事中的著名的夷门;在写到魏国的历史时,听说秦为了灭掉魏国,曾引黄河水来淹魏都城大梁,为了弄清史实,他亲临大梁,到城墙上爬高走低,寻找当年的痕迹,又找当地老人耐心调查,终于掌握了大量资料,证实当年秦国确实水淹大梁,这才把这一史实记入《史记》。可以说司马迁因为青年时有了行万里路的亲身实践,才能著出不朽的史书。

马克思创立的科学的实践观,揭示了人类实践的本质和作用,他强调全部社会生活在本质上是实践的,提出了检验真理的实践标准,指出"人的思维是否具有客观的真理性,这不是一个理论的问题,而是一个实践的问题。

人应该在实践中证明自己思维的真理性,即自己思维的现实性和力量,自己思维的此岸性"①。

【教材内容链接】《马克思主义基本原理》第二章第一节"实践与认识"之"科学的实践观及其意义"——科学实践观的创立与发展

【案例二】愚公移山

北山愚公者,年且九十,面山而居。惩山北之塞,出入之迂也,聚室而谋曰:"吾与汝毕力平险,指通豫南,达于汉阴,可乎?"杂然相许。其妻献疑曰:"以君之力,曾不能损魁父之丘,如太行、王屋何?且焉置土石?"杂曰:"投诸渤海之尾,隐土之北。"遂率子孙荷担者三夫,叩石垦壤,箕畚运于渤海之尾。邻人京城氏之孀妻有遗男,始龀,跳往助之。寒暑易节,始一返焉。

河曲智叟笑而止之曰:"甚矣,汝之不惠!以残年余力,曾不能毁山之一毛,其如土石何?"北山愚公长息曰:"汝心之固,固不可彻,曾不若孀妻弱子。虽我之死,有子存焉;子又生孙,孙又生子;子又有子,子又有孙;子子孙孙无穷匮也,而山不加增,何苦而不平?"河曲智叟亡以应。

——[战国]列子《列子·汤问》

【案例分析】

北山下面有个名叫愚公的人,年纪快90岁了,在山的正对面居住。他苦于山区北部的阻塞,出来进去都要绕道,就召集全家人商量说:"我跟你们尽力挖平险峻的大山,(使道路)一直通到豫州南部,到达汉水南岸,可以吗?"家人纷纷表示赞同。他的妻子提出疑问说:"凭你的力气,连魁父这座小山都不能削平,能把太行、王屋怎么样呢?往哪儿搁挖下来的土和石头?"众人说:"把它扔到渤海的边上,隐土的北边。"于是愚公率领儿孙中能挑担子的三个

---

① 《马克思恩格斯选集》(第一卷),人民出版社,2012年,第134页。

人上了山,凿石挖土,用箕畚运到渤海边上。邻居京城氏的寡妇有个孤儿,刚七八岁,蹦蹦跳跳地去帮助他。冬夏换季,才能往返一次。

河湾上的智叟讥笑愚公,阻止他干这件事,说:"你太不聪明了,你简直太愚蠢了!就凭你残余的岁月、剩下的力气连山上的一棵草都动不了,又能把泥土石头怎么样呢?"北山愚公长叹说:"你的思想真顽固,顽固得没法开窍,连孤儿寡妇都比不上。即使我死了,还有儿子在呀;儿子又生孙子,孙子又生儿子;儿子又有儿子,儿子又有孙子;子子孙孙无穷无尽,可是山却不会增高加大,还怕挖不平吗?"河曲智叟无话可答。

这个故事的本意在于强调要发挥人的主观能动性,勇于面对挑战,克服困难。我们在为愚公的这种精神所感动的同时,也不免要问:"为什么一定要用锹挖、用肩挑,一年才往返一次,而不用现代化的机器和运输工具呢?"因为实践具有客观实在性,实践是客观的物质性的活动,其手段是客观的,构成实践手段的材料是物质性的东西。制造实践的手段不能随心所欲,使用实践的手段也不能随心所欲,它们都是由客观历史条件决定的。

【教材内容链接】《马克思主义基本原理》第二章第一节"实践与认识"之"实践的本质与基本结构"——实践的本质

【案例三】踊贵屦贱

初,景公欲更晏子之宅,曰:"子之宅近市,湫隘嚣尘,不可以居。请更诸爽垲者。"辞曰:"君之先臣容焉,于臣侈矣。且小人近市,朝夕得所求,小人之利也。敢烦里旅!"公笑曰:"子近市,识贵贱乎?"对曰:"既利之,敢不识乎?"公曰:"何贵何贱?"于是景公繁于刑,有鬻踊者,故对曰:"踊贵屦贱。"

——[春秋]左丘明《左传·昭公三年》

【案例分析】

起初,齐景公想更换晏子的住宅,说:"您的住宅靠近市场,低湿狭窄,喧闹多尘,不适合居住,请您换一所明亮高爽的房子。"晏子辞谢说:"君主的先臣我的祖父辈就住在这里,臣不足以继承先臣的业绩,这对臣已经过分了,况且小人靠近市场,早晚能得到自己所需要的东西,这是小人的利益。哪敢麻烦邻里迁居为我建房?"景公笑着说:"您靠近市场,了解物品的贵贱吗?"晏子回答说:"既然以它为利,岂敢不知道呢?"景公说:"什么贵?什么贱?"当时齐景公刑名繁多苛严,有出售踊的,所以晏子回答说:"踊贵,鞋子贱。"

人的主观能动性首先表现在人类能积极的能动的认识世界的能力和活动。人在实践基础上不仅能了解事物的外部现象,而且能通过抽象思维活动把握事物的本质和规律,在实践基础上形成的认识具有预见性和创造性、目的性和计划性。典故中晏子抓住了最能反映本质的现象:用"踊贵屦贱"这一事实揭示了齐国刑法残酷、荼毒人民的重大问题,不露声色地向齐景公劝谏,收到了良好的效果,达到了预期的目的。这正是人的主观能动性的表现。

【教材内容链接】《马克思主义基本原理》第二章第一节"实践与认识"之"实践的本质与基本结构"——实践的本质

【案例四】马价十倍

人有卖骏马者,比三旦立市,人莫之知。往见伯乐曰:"臣有骏马,欲卖之,比三旦立于市,人莫与言。愿子还而视之,去而顾之,臣请献一朝之贾。"伯乐乃还而视之,去而顾之,一旦而马价十倍。

——[西汉]刘向《战国策·燕策》

【案例分析】

有个卖骏马的人,在集市上连待了三天,却没有人知道他卖的马是骏马。他拜见(相马的专家)伯乐说:"我有匹骏马想要卖掉,连着三天站在集市上,没有人来问过马价。希望您能围着我的马查看它,离开的时候再回头来看它一眼,请让我奉送给您一天的报酬。"伯乐就走过去围着那匹马查看它,离开的时候又回头看了一眼,一天的时间里马价涨到了原来的十倍。

实践是主体能动地改造和探索客体的社会性的客观物质活动。实践是有意识的、有目的的、能动性的、社会历史性的活动。人的实践活动与动物的活动不同,动物没有自己的主观世界,它们的活动是本能的活动。作为实践主体的人是有自己的主观世界的,人的实践都是在一定意识、目的的指导下的活动。卖马人为什么要去求助于伯乐呢?目的很明确,就是要利用伯乐的活动来提高马的知名度,从而顺利地把马卖出去。这正是说明了实践是有意识有目的的能动性的活动。

【教材内容链接】《马克思主义基本原理》第二章第一节"实践与认识"之"实践的本质与基本结构"——实践的本质

【案例五】兄弟争雁

昔人有睹雁翔者,将援弓射之,曰:"获则烹。"其弟争曰:"舒雁烹宜,翔雁燔宜。"竟斗而讼于社伯。社伯请剖雁,烹燔半焉。已而索雁,则凌空远矣。

——[明]刘元卿《应谐录》

【案例分析】

从前有一对兄弟,哥哥看到天上的飞雁,一边准备拉长弓射击大雁,一边说:"射下来就煮着吃。"他的弟弟争辩说:"行动舒缓的雁煮着吃最好,善于飞翔的雁烤着吃最好。"二人争吵起来,而且同到社伯那里去评理。长者建议把雁剖成两半,用一半煮一半烤的吃法解决了他们的争吵。随后兄弟俩再去找天上的飞雁,飞雁早已又高又远地飞走了。

射雁和吃雁,自然是先射下来才能谈得上吃。兄弟俩应该先把大雁射下来,然后再谈论煮着吃还是烤着吃。寓言中两兄弟事情还没有做,就在那里争论如何吃雁了,而且争论得不可开交,竟到社伯那里打官司。等到社伯提出了两个人都能接受的烹燔各半的折中方案时,大雁早已飞得无影无踪了。

物质生产实践是人类最基本的实践活动,构成全部社会生活的基础。实践的形式可分为三种基本类型:一是物质生产实践,二是社会政治实践,三是科学文化实践。它们既各具不同的社会功能,又密切联系在一起。社会政治实践和科学文化实践在物质生产实践的基础上产生和发展,受物质生产实践的制约并对其产生能动的反作用。物质生产实践决定其他两种实践形式,也就是说先有物质生产实践才会有其他实践形式。《兄弟争雁》的寓言故事告诉我们:不要将时间花在无谓的争论上,应该多干实事。

【教材内容链接】《马克思主义基本原理》第二章第一节"实践与认识"之"实践的本质与基本结构"——"实践形式的多样性"

【案例六】学而致道

日与水居,则十五而得其道。生不识水,则虽壮,见舟而畏亡。

——[北宋]苏轼《日喻说》

【案例分析】

天天跟水打交道,十五岁就能掌握水性。生来没接触过水的人,即便到了壮年,看见船也害怕。比喻只有亲身参加实践,才能学到真正才能。

苏轼认为,"学"是"致道"的不二法门,这个"道",可以是"道理",也可以引申为"法则""规律",实际上是指儒家之道。为了掌握世事规律,精于儒家之道,苏轼特别强调刻苦学习的必要性和重要性。他所谓的"学",指的就是不断地实践,掌握实际的经验。

为了说明这个道理,苏轼以南方人和北方人学"没"(潜水)作比:南方人天天跟水打交道,到15岁时水性就很好了。北方人生来没接触过水,长到壮年,看到船照样害怕。学道也是这样,不下苦功夫是不能"致道"的:"凡不学而务求道,皆北方之学没者也。"苏轼强调,南方人之所以能潜水,是因为他们日与水居,熟悉水的特性和规律。北方人不习水性,是因为他们很少接触水,不了解水的特性和规律。所以,要想使自己在水中自由出没,光听人讲是远远不够的,必须亲自下水实践和体验,否则没有不失败的。

实践是认识的来源。要想学有所得,必须亲身实践,日积月累,水到渠成。如果没有或不肯下苦功,只是道听途说,拾人牙慧,或主观臆测,必然出偏差,闹笑话,甚至酿成不可弥补的损失。

【教材内容链接】《马克思主义基本原理》第二章第一节"实践与认识"之"实践的本质与基本结构"——实践对认识的决定作用(实践是认识的来源)

【案例七】临而知之

不登高山,不知天之高也;不临深溪,不知地之厚也。

——[战国]荀子《荀子·劝学》

【案例分析】

不去登高山,不知道天有多高;不去靠近深谷,不知道地有多深。

据记载,十六世纪,英国有位名叫俄罗达拉的公爵在南美洲旅游,很喜欢番茄这种观赏植物,于是如获至宝一般将之带回英国,作为爱情的礼物献给了情人伊丽莎白女王以表达爱意,从此,"爱情果""情人果"之名就广为流传了。但人们都把番茄种在庄园里,并作为爱情的象征赠送给爱人。经过一代又一代,仍没有人敢吃番茄。到了十七世纪,有一位法国画家曾多次描绘番茄,面对番茄这样美丽可爱而"有毒"的浆果,实在抵挡不住它的诱惑,于是产生了亲口尝一尝它是什么味道的念头。于是,他冒着生命危险吃了一个,觉得甜甜的、酸酸的,酸中又有甜。然后,他躺到床上等着死神的光临。但一天过去了,他还躺在床上,睁着眼睛对着天花板发愣。怎么他吃了一个像毒蘑菇一样鲜红的番茄居然没死!他咂巴咂巴嘴唇,回想起咀嚼番茄味道那好极了的感觉,满面春风地把"番茄无毒可以吃"的消息告诉了朋友们,他们都惊呆了。不久,番茄无毒的新闻震动了西方,并迅速传遍了世界。从那以后,上亿人均安心享受了这位"敢为天下先"的勇士冒死而带来的口福。

鲁迅先生曾经赞扬过第一次吃螃蟹的人,说他是值得佩服的勇士,因为螃蟹的样子颇叫人不舒服,没点勇气是不敢去吃的。他还断定有人吃过蜘蛛,要不怎么知道它不好吃呢?

实践是认识的来源。认识的内容是在实践活动的基础上产生和发展的。人们只有通过实践来改造和变革对象,才能准确把握对象的属性、本质和规律,形成正确的认识,并以这种认识指导人的实践活动。治理国家同样要重视实践,正如习近平总书记所指出的:"我们党现阶段提出和实施的理论和路线方针政策,之所以正确,就是因为它们都是以我国现时代的社会存在为基础的。"①

【教材内容链接】《马克思主义基本原理》第二章第一节"实践与认识"之"实践的本质与基本结构"——实践对认识的决定作用(实践是认识的来源)

【案例八】行而知之

物有甘苦,尝之者识;道有夷险,履之者知。

——[明]刘基《拟连珠》

【案例分析】

任何事物都有苦甘之分,只有尝过才会知道;天下道路都有平坦和崎岖之分,只有自己走过才会明白。

实践是改造客观世界的物质力量,古代唯物主义思想家普遍重视实践,正是这种经世致用、注重实践的精神传承。

毛泽东在《实践论》中,将马克思主义辩证唯物论的哲学精神与中国传统实践哲学有机结合在一起,在更高层次上归纳提出,"实践、认识、再实践、

---

① 中共中央文献研究室编:《习近平关于全面深化改革论述摘编》,中央文献出版社,2014年,第11页。

再认识,这种形式,循环往复以至无穷,而实践和认识之每一循环的内容,都比较地进到了高一级的程度。这就是辩证唯物论的全部认识论,这就是辩证唯物论的知行统一观"①。

刘基《拟连珠》的突出特点就是注重实学、实效、实功、实践的求实之风,正因如此,刘基才与诸葛亮一样以神机妙算、运筹帷幄著称于世。毛泽东吸取中国古代这些宝贵的思想,生动地说明了认识来源于实践的道理。离开实践的认识是不可能产生的,只有通过实践才能正确认识和把握对象的属性、本质和规律。你要有知识,你就得参加变革现实的实践。你要知道梨子的滋味,你就得变革梨子,亲口吃一吃;你要知道原子组织的性质,你就得实行物理学和化学的实验,变革原子的情况;你要知道革命的理论和方法,你就得参加革命。

【教材内容链接】《马克思主义基本原理》第二章第一节"实践与认识"之"实践的本质与基本结构"——实践对认识的决定作用(实践是认识的来源)

【案例九】经历知之

近水知鱼性,近山识鸟音。路遥知马力,日久见人心。

——[明]佚名《增广贤文》

【案例分析】

住在水边的人,接触鱼的机会多,所以了解鱼的习性;生活在山里的人,每天能听到鸟的叫声,时间长了,就能分辨是什么鸟的声音。走得远了才知道马儿脚力的好坏,时间长了就能看出一个人心地的好坏。

《增广贤文》教导我们,要近水去知鱼性,近山去识鸟音,其中隐藏的意思就是:纸上得来终觉浅,绝知此事要躬行。要从实践中去认识事物、了解事

---

① 《毛泽东选集》(第一卷),人民出版社,1991年,第296~297页。

物,得出正确的结论。

辩证唯物主义认为,在实践和认识之间,实践是认识的基础,实践在认识活动中起着决定性的作用。"实践的观点是辩证唯物论的认识论之第一的和基本的观点。"①实践是认识的来源,是认识发展的动力。2018年,习近平总书记在北京大学师生座谈会上讲道:"不论学习还是工作,都要面向实际、深入实践,实践出真知;都要严谨务实,一分耕耘一分收获,苦干实干,广大青年要努力成长为有理想、有学问、有才干的实干家,在新时代干出一番事业。我在长期工作中最深切的体会就是:社会主义是干出来的。"②

实践的需要推动认识的形成和发展,推动人类的科学发现和技术发明,推动人类的思想进步和理论创新。若想成就一番事业,需肯干、实干,投身于实践中去,要知鱼性便要近水,要识鸟音便要近山,要干出一番事业便要面向实际,埋头苦干,从实践中探索真知。

【教材内容链接】《马克思主义基本原理》第二章第一节"实践与认识"之"实践的本质与基本结构"——实践对认识的决定作用(实践是认识发展的动力)

【案例十】能行为知

世人读书者,但能言之,不能行之。忠孝无闻,仁义不足;加以断一条讼,不必得其理;宰千户县,不必理其民;问其造屋,不必知楣横而梲竖也;问其为田,不必知稷早而黍迟也。吟啸谈谑,讽咏辞赋,事既优闲,材增迂诞,军国经纶,略无施用,故为武人俗吏所共嗤诋,良由是乎。

——[南北朝]颜之推《颜氏家训·勉学篇》

---

① 《毛泽东选集》(第一卷),人民出版社,1991年,第284页。
② 习近平:《在北京大学师生座谈会上的讲话》,《人民日报》,2018年5月3日。

第二章　实践与认识及其发展规律

【案例分析】

世人读书的,往往只能说到,不能做到。(所以)他们的忠孝没有人听说,仁义不足道;(如果)让他审一件诉讼,不一定能弄清事理;(如果)治理千户小县,不一定能管好他的百姓;(如果)问他造屋的事情,不一定明白楣是横的梲是竖的;(如果)问他耕田的事情,不一定清楚稷黍哪个早而哪个晚。吟诗谈笑,诵读辞赋,这样的事情已经很悠闲,只能增加一些迂腐荒诞的才能,对于处理军国大事,没有一点用处。所以被武将、平俗的小吏们共同讥笑诋毁,确实是由于这个原因吧!此段话批评了那些只会纸上谈兵,不能学以致用的读书人。

实践是认识的目的。清初的颜元就曾指出,读书学习的目的是"务期实用"。他认为,读尽天下书而不能致用的人,还不如只精通一种具体知识而能致用的人。

在伦敦海格特公墓马克思墓碑上刻着一句著名的话:"哲学家们只是用不同的方式解释世界,而问题是改变世界。"毛泽东指出:"马克思主义的哲学认为十分重要的问题,不在于懂得了客观世界的规律性,因而能够解释世界,而在于拿了这种对于客观规律性的认识去能动地改造世界。"[1]

人们通过实践获得认识,不是"猎奇"或"雅兴",不是为认识而认识,其最终目的是为实践服务,指导实践,以满足人们生活和生产的需要。自然科学的不断创新,目的是推动技术的更大发展,创造更丰富的物质财富,给人类带来更多的福祉。人文社会科学的不断创新,目的正是认识社会,认识人类自身,改造社会,建设精神文明,创造精神财富,促进人的自由而全面的发展。

【教材内容链接】《马克思主义基本原理》第二章第一节"实践与认识"之"实践的本质与基本结构"——实践对认识的决定作用(实践是认识的目的)

---

[1] 《毛泽东选集》(第一卷),人民出版社,1991年,第292页。

【案例十一】河中石兽

沧州南一寺临河干,山门圮于河,二石兽并沉焉。阅十余岁,僧募金重修,求二石兽于水中,竟不可得,以为顺流下矣。棹数小舟,曳铁钯,寻十余里无迹。

一讲学家设帐寺中,闻之笑曰:"尔辈不能究物理。是非木柿,岂能为暴涨携之去?乃石性坚重,沙性松浮,湮于沙上,渐沉渐深耳。沿河求之,不亦颠乎?"众服为确论。

一老河兵闻之,又笑曰:"凡河中失石,当求之于上流。盖石性坚重,沙性松浮,水不能冲石,其反激之力,必于石下迎水处啮沙为坎穴,渐激渐深,至石之半,石必倒掷坎穴中。如是再啮,石又再转。转转不已,遂反溯流逆上矣。求之下流,固颠;求之地中,不更颠乎?"如其言,果得于数里外。然则天下之事,但知其一,不知其二者多矣,可据理臆断欤?

——[清]纪昀《阅微草堂笔记》

【案例分析】

沧州的南面有一座靠近河岸的寺庙,寺庙的大门倒塌在了河里,门前的两只石兽也一起沉没在此河中。过了十多年,僧人们募集金钱重修寺庙,在河中寻找两只石兽,到底还是没找到,僧人们认为石兽顺着水流沉到下游了。于是划着几只小船,拖着铁钯,向下游寻找了十多里,但仍没有找到石兽的踪迹。

一位讲学家在寺庙中教书,听说了这件事笑着说:"你们这些人不能推究事物的道理。这不是木片,怎么能被暴涨的洪水带走呢?石头的特点坚硬沉重,泥沙的特点松软浮动,石兽埋没在沙里,越沉越深罢了。顺着河流寻找石兽,不是颠倒了吗?"大家信服,认为这是正确的言论。

一位老河兵听说了讲学家的观点,又笑着说:"凡是落入河中的石头,都应当在河的上游寻找它。正因为石头的性质坚硬沉重,沙的性质松软轻浮,水流不能冲走石头,水流反冲的力量,一定在石头下面迎水的地方侵蚀沙子形成坑洞,越激越深,当坑洞延伸到石头底部的一半时,石头必定倾倒在坑洞中。像这样再冲刷,石头又会再次转动。像这样不停地转动,于是反而逆流朝相反方向到上游去了。到河的下游寻找石兽,本来就显得很荒唐;在石兽沉没的地方寻找它们,不是显得更荒唐了吗?"结果依照他的话去寻找,果然在上游的几里外寻到了石兽。既然这样,那么天下的事,只知道表面现象,不知道根本道理的情况有很多,难道可以根据某个道理就主观臆断吗?

实践是检验认识真理性的唯一标准。真理不是自封的。"判定认识或理论之是否真理,不是依主观上觉得如何而定,而是依客观上社会实践的结果如何而定。真理的标准只能是社会的实践。"[①]也就是说,认识是否具有真理性,既不能从认识本身得到证实,也不能从认识对象中得到回答,只有在实践中才能得到验证。文章结尾揭示了主旨:"然则天下之事,但知其一,不知其二者多矣,可凭主观猜测而下判断欤?"像和尚和道学家那样"但知其一,不知其二者"的情况是很多的,在日常生活中屡见不鲜。作者对此类一知半解而又自以为是的人进行了辛辣的嘲讽,又指明了认识事物的方法和途径:不能片面地理解,更不能主观臆断,而要全面深入地调查探究事物的特性,从实践中出真知。老河兵也正是根据其在实践中熟知河道情况,从而正确判定了石兽所在的位置。

【教材内容链接】《马克思主义基本原理》第二章第一节"实践与认识"之"实践的本质与基本结构"——实践对认识的决定作用(实践是检验认识真理性的唯一标准)

【案例十二】伤仲永

金溪民方仲永,世隶耕。仲永生五年,未尝识书具,忽啼求之。父异焉,借

---

① 《毛泽东选集》(第一卷),人民出版社,1991年,第284页。

旁近与之，即书诗四句，并自为其名。其诗以养父母、收族为意，传一乡秀才观之。自是指物作诗立就，其文理皆有可观者。邑人奇之，稍稍宾客其父，或以钱币乞之。父利其然也，日扳仲永环谒于邑人，不使学。

余闻之也久。明道中，从先人还家，于舅家见之，十二三矣。令作诗，不能称前时之闻。又七年，还自扬州，复到舅家问焉，曰"泯然众人矣。"

——[北宋]王安石《伤仲永》

【案例分析】

金溪有个叫方仲永的百姓，家中世代以耕田为业。仲永长到五岁时，不曾认识书写工具，忽然有一天仲永哭着索要这些东西。他的父亲对此感到诧异，就向邻居把那些东西借来给他，仲永立刻写下了四句诗，并题上自己的名字。这首诗以赡养父母、团结同宗族的人为主旨，给全乡的秀才观赏。从此，指定事物让他作诗，方仲永立刻就能完成，并且诗的文采和道理都有值得欣赏的地方。同县的人们对此都感到非常惊奇，渐渐地都以宾客之礼对待他的父亲，有的人花钱求取仲永的诗。方仲永父亲认为这样有利可图，就每天带领着仲永四处拜访同县的人，不让他学习。

我听到这件事很久了。明道年间，我跟随先父回到家乡，在舅舅家见到方仲永，他已经十二三岁了。我叫他作诗，写出来的诗已经不能与从前的名声相称。又过了七年，我从扬州回来，再次到舅舅家去，问起方仲永的情况，回答说："和普通人没有什么区别了。"

方仲永的天赋比一般有才能的人要优秀得多，最终却成为一个平凡的人，这是因为他没有受到正确的后天教育。

唯物主义认识路线坚持反映论的立场，认为认识是主体对客体的反映，人的一切知识都是从后天接触实际中得来的。我国古代唯物主义哲学家荀子就明确指出，没有什么生而知之，而是"求之而后得"，人的知识和才能都是后天学习积累而成的。

因此，要深刻而全面地理解和把握人的认识活动，必须厘清认识的本质。认识的本质是主体在实践基础上对客体的能动反映，这是辩证唯物主义认识论对认识本质的科学回答。

【教材内容链接】《马克思主义基本原理》第二章第一节"实践与认识"之"认识的本质与过程"——认识的本质

【案例十三】知行合一

非知之难，行之惟难；非行之难，终之斯难。

——[唐]魏徵《十渐不克终疏》

【案例分析】

知道一件事不难，难在实行；实行不难，难在始终如一地坚持。

《十渐不克终疏》是唐代的政治家魏徵写给唐太宗李世民的一封奏疏。唐太宗和魏徵，是中国历史上很完美的一次君臣际遇。唐太宗即位之初，曾召集群臣讨论国事，希望为未来的发展奠定一个基本的理念与方针。魏徵鼓励唐太宗建立一个仁政社会，唐太宗欣然采纳。君臣约定，一个做明君，一个做良臣，而此后他们也果然信守了这个约定，一个从谏如流，一个知无不言，成就了一段千古佳话，树立了万世的典范。贞观十三年（639），随着社会的安定和国家的日益富强，唐太宗开始自满，喜欢听一些阿谀奉承的言论，搞一些奢侈浮华的享受。魏徵怕太宗的德政不能善始善终，于是写下了这篇奏疏。

所谓"非知之难，行之惟难；非行之难，终之斯难"，讲的就是这个道理。魏徵详细地列举了唐太宗执政之初到当前不能善始善终的十个方面缺点，比如过去无为无欲，现在迷恋财物；过去"求贤若渴"，现在用人不当；过去损己以利物，现在纵欲劳人；过去为政勤勉，现在志在嬉游等，希望他能改正这些缺点，继续保持贞观之初的优良作风。奏疏上达天庭，受到了唐太宗的重视，太宗也吸纳了魏徵的意见，让自己的统治做到了善始善终。

"非知之难,行之惟难",也就是"知易行难",今天仍有着很高的认识论价值。认知与实践,是一个相互促进的过程,从实践中获得真知,用真知指导实践,而后在实践中获得对真知的进一步理解并获得更多的真知。实践既是真知的起点,又是真知的落脚点。并且"真知"是否称其为"真知",以及在何等范围、何种程度上称其为"真知",也依然离不开实践的检验和判断。二者相较,"行"无疑是更艰难,也是更加重要的。我们要做的,就是以热情和果决的行动突破惰性,"知行合一",为之付出真诚的努力。

【教材内容链接】《马克思主义基本原理》第二章第一节"实践与认识"之"认识的本质与过程"——认识的本质

【案例十四】两小儿辩日

孔子东游,见两小儿辩斗,问其故。

一儿曰:"我以日始出时去人近,而日中时远也。"

一儿曰:"我以日初出远,而日中时近也。"

一儿曰:"日初出大如车盖,及日中则如盘盂,此不为远者小而近者大乎?"

一儿曰:"日初出沧沧凉凉,及其日中如探汤,此不为近者热而远者凉乎?"

孔子不能决也。

两小儿笑曰:"孰为汝多知乎?"

——[战国]列子《列子·汤问》

【案例分析】

孔子到东方游历,见到两个小孩在争辩,便问是什么原因。

一个小孩说:"我认为太阳刚出来的时候离人近一些,而到中午的时候距离人远。"

另一个小孩却认为太阳刚出来的时候离人远些,而到中午的时候距离人近。

一个小孩说:"太阳刚出来的时候像车盖一样大,等到正午就小得像一个盘子,这不是远处的看着小而近处的看着大吗?"

另一个小孩说:"太阳刚出来的时候有清凉的感觉,等到中午的时候像手伸进热水里一样热,这不是近的时候感觉热而远的时候感觉凉吗?"

孔子不能判定谁对谁错。

两个小孩笑着说:"谁说您的知识渊博呢?"

两小儿辩日,双方各执一词,似乎很有道理。然而一个凭视觉来判断,一个凭感觉来判断,同属感性认识。要认识复杂的事物,应该是"不徒耳目,必开心意",把感性认识上升到理性认识,才能认识到事物的本质。

人们认识一定事物的过程,是一个从实践到认识,再从认识到实践的过程。认识的过程首先是从实践到认识的过程。这个过程主要表现为在实践基础上认识活动由感性认识能动地飞跃到理性认识。感性认识是认识的初级阶段,是对事物外部联系的认识,还不能达到对事物的本质和规律的认识,因而还不是完全的认识。感性认识有待于发展和深化为理性认识。坚持这一点,就是在认识论上坚持了辩证法。

【教材内容链接】《马克思主义基本原理》第二章第一节"实践与认识"之"认识的本质与过程"——从实践到认识(感性认识有待于发展和深化为理性认识)

【案例十五】先察后治

楚庄王莅政三年,无令发,无政为也。右司马御座,而与王隐,曰:"有鸟止南方之阜,三年不翅,不飞不鸣,默然无声,此为何名?"王曰:"三年不翅,将以长羽翼;不飞不鸣,将以观民则。虽无飞,飞必冲天;虽无鸣,鸣必惊人。

子释之，不谷知之矣。"处半年，乃自听政，所废者十，所起者九，诛大臣五，举处士六，而邦大治。举兵诛齐，败之徐州，胜晋于河雍，合诸侯于宋，遂霸天下。庄王不为小害善，故有大名；不蚤见示，故有大功。故曰："大器晚成，大音希声。"

——［战国］韩非子《韩非子·喻老》

【案例分析】

楚庄王临朝执政三年，没有发布命令，也没有执行什么政事。右司马侍候在旁而给楚庄王打了个谜语说："有只鸟栖息在南边的土丘上，三年不动翅膀，不飞翔也不鸣叫，沉默无声，这是什么名堂？"楚庄王说："三年不动翅膀，将因此长成羽毛；不飞翔也不鸣叫，将因此观察民众的行为准则。虽然没有飞翔，飞起来必然会直冲云霄；虽然没有鸣叫，但叫起来必然会惊动人世。先生你放心吧，我知道你的用意了。"就这样过了半年，庄王便开始亲自处理政事。所废弃的法令有十条，兴起的事情有九件，惩处大臣五人，提拔读书人六个，把邦国治理得很好。又起兵征讨齐国，在徐州打败了它，在河雍地区战胜晋国，在宋国联合了诸侯，于是称霸天下。庄王不去做小事而坏大事，所以有大的名声；不较早表现出自己的才能，所以有大的功劳。所以说："大的器物最后才能完成，大的声音很难听到。"

楚庄王莅政三年，没发布什么命令，也没什么政治改革，但并不是无所作为，而是注重调查研究，了解国情，体察民意，掌握了第一手资料，然后据此确定方针政策，一朝听政，效果惊人。

实现感性认识到理性认识的上升，需要获取十分丰富和合乎实际的感性材料，并运用理论思维和科学抽象，将丰富的感性材料加以去粗取精、去伪存真、由此及彼、由表及里的处理加工，形成概念和理论的系统。投身实践，深入调查，获取十分丰富和合乎实际的感性材料，这是实现由感性认识上升到理性认识的基础。

【教材内容链接】《马克思主义基本原理》第二章第一节"实践与认识"之"认识的本质与过程"——从实践到认识(从感性认识上升到理性认识的条件)

【案例十六】扣盘扪烛

生而眇者不识日,问之有目者。或告之曰:"日之状如铜盘。"扣盘而得其声,他日闻钟,以为日也。或告之曰:"日之光如烛。"扪烛而得其形,他日揣籥,以为日也。日之与钟、籥亦远矣,而眇者不知其异,以其未尝见而求之人也。

道之难见也甚于日,而人之未达也,无以异于眇。达者告之,虽有巧譬善导,亦无以过于盘与烛也。自盘而之钟,自烛而之籥,转而相之,岂有既乎?故世之言道者,或即其所见而名之,或莫之见而意之,皆求道之过也。

然则道卒不可求欤?苏子曰:"道可致而不可求。"何谓致?孙武曰:"善战者致人,不致于人。"子夏曰:"百工居肆,以成其事,君子学以致其道。"莫之求而自至,斯以为致也欤!

——[北宋]苏轼《日喻说》

【案例分析】

(一个)一出生就双目失明的人不认识太阳,向能看见的人问太阳是什么样子。有的人告诉他说:"太阳的样子像铜盘。"敲铜盘就听到了它的声音。有一天(他)听到了钟声,把发出声音的钟当作太阳。有的人告诉他说:"太阳的光像蜡烛。"用手摸蜡烛就晓得了它的形状。有一天,(他)揣摩一支形状像蜡烛的乐器籥,把它当作太阳。太阳和敲的钟、吹奏的籥差别也太远了,但是天生双眼失明的人却不知道它们之间有很大的差别,因为他不曾亲眼看见,而是向他人求得关于太阳的知识。

抽象的"道"(道理、规律等)比太阳更难认识,而人们不通晓"道"的情况和生来就不认识太阳的瞎子没有什么不同。通晓的人告诉他,即使有巧妙的比喻和很好的启发诱导,也无法使这些比喻或教法比用铜盘和用蜡烛来说明太阳的比喻或教法好。从用铜盘比喻太阳而到把铜钟当作太阳,从把蜡烛当作太阳而到把乐器龠当作太阳,像这样辗转连续地推导它,难道还有个完吗?所以人世上的大谈"道"的人,有的就用他自己的理解来阐明它,有的没有理解它却主观猜度它,这都是研求"道"的弊病。

既然如此,那么这个"道"最终不可能求得吗?苏先生说:"道能够通过自己的虚心学习,循序渐进使其自然来到,但不能不学而强求它(道)。"什么叫做"致"?孙武说:"会作战的将军能招致敌人,而不被敌人所招致(处于被动的境地)。"子夏说:"各行各业的手艺人坐在店铺作坊里,来完成他们制造和出售产品的业务;有才德的人刻苦学习,来使道自然到来。"不是强求它而使它自己到来!

毛泽东在《实践论》中指出:"要完全地反映整个的事物,反映事物的本质,反映事物的内部规律性,就必须经过思考作用,将丰富的感觉材料加以去粗取精、去伪存真、由此及彼、由表及里的改造制作工夫。"[①]投身实践,深入调查,获取十分丰富和合乎实际的感性材料,是实现由感性认识上升到理性认识的前提。但要实现这种上升,还必须发挥主观能动性,开动脑筋,运用科学的思维方法对感性材料进行加工制作。否则难免会闹出"扣盘扪烛"式的笑话。

【教材内容链接】《马克思主义基本原理》第二章第一节"实践与认识"之"认识的本质与过程"——从实践到认识(从感性认识上升到理性认识的条件)

---

① 《毛泽东选集》(第一卷),人民出版社,1991年,第291页。

【案例十七】邹忌反思

邹忌修八尺有余,而形貌昳丽。朝服衣冠,窥镜,谓其妻曰:"我孰与城北徐公美?"其妻曰:"君美甚,徐公何能及君也?"城北徐公,齐国之美丽者也。忌不自信,而复问其妾,曰:"吾孰与徐公美?"妾曰:"徐公何能及君也!"旦日,客从外来,与坐谈,问之:"吾与徐公孰美?"客曰:"徐公不若君之美也。"明日,徐公来,孰视之,自以为不如;窥镜而自视,又弗如远甚。暮寝而思之,曰:"吾妻之美我者,私我也;妾之美我者,畏我也;客之美我者,欲有求于我也。"

——[西汉]刘向《战国策·齐策一》

【案例分析】

邹忌身高八尺多,而且身材魁梧,容貌美丽。(有一天)早晨(他)穿好衣服戴好帽子,照镜子,问他的妻子说:"我与城北徐公相比,哪一个美?"他的妻子说:"您美极了,徐公哪里能比得上您呢?"城北的徐公,是齐国的美男子。邹忌不相信自己(会比徐公美),于是又问他的妾说:"我与徐公相比谁更美?"妾说:"徐公哪里能比得上您呢!"第二天,一位客人从外面来(拜访),邹忌与他坐着闲谈。(邹忌)问客人说:"我和徐公谁更美?"客人说:"徐公不如您美啊。"第二天,徐公来了,邹忌仔细地端详他,自己认为不如(徐公美);再照镜子看看自己,又觉得远不如人家。晚上,(他)躺在床上想这件事,说:"我的妻子认为我美的原因,是偏爱我;妾认为我美的原因,是惧怕我;客人认为我美的原因,是有事情想要求于我。"

从感性认识上升到理性认识,需要在思考的基础上对感性材料去伪存真。所谓去伪存真,就是识别并剔除那些虚假的,不足为据的东西,抓住那些真实可靠的、可作根据的材料。本来,城北的徐公是齐国著名的美男子,邹忌体型容貌虽美,但与徐公相比,则相形见绌。妻子、小妾和客人说他比徐公美,他们三人之所以要用假话来赞美邹忌,又各有其真正的原因。说穿了,妻子对他偏心,妾是对他害怕,客人是想走他的"后门"。这种分析,便是去伪存真了。

【教材内容链接】《马克思主义基本原理》第二章第一节"实践与认识"之"认识的本质与过程"——从实践到认识(从感性认识上升到理性认识的条件)

【案例十八】以事推理

有道之士,贵以近知远,以今知古,以所见知所不见。故审堂下之阴,而知日月之行、阴阳之变。见瓶水之冰,而知天下之寒、鱼鳖之藏也。尝食肉,而知一碗之味、一鼎之调。

——[战国]吕不韦及其门客《吕氏春秋·察今》

【案例分析】

明白事理的人,可贵的地方就在于他能够根据近的推知远的,根据现在的推知古代的,根据看到的推知未见到的。所以观察房屋下面的光影,就知道太阳、月亮的运行,早晚和寒暑季节的变化;看到瓶子里水结的冰,就知道天下已经寒冷,鱼鳖已经潜伏了。尝一块肉,就知道一碗里的味道,全鼎中调味的好坏。

人们对世界的认识,有一个由近而远、由今知古的渐进过程,而且可以用看得见的东西,去推断看不见的领域。例如,"审堂下之阴,而知日月之行",即是说,观察太阳和月亮下大堂的影子,就可以知道太阳和月亮的运行规律。又如,"见瓶水之冰而知天下之寒、鱼鳖之藏也;尝一脔肉而知一镬之味、一鼎之调",即是说,看到瓶子中的水变成冰,就可以推测天下寒冷、鱼鳖匿藏的情况;品尝大锅中的一块肉,就可以知道一锅肉的味道。这种推断、认知事物的方法,是符合认识规律的。也就是我们常说的能够举一反三,触类旁通,或者通常说的,"一叶知秋""一燕知春""从爪知狮"。这种努力寻找事物之间的联系,把他们连贯起来加以思考,运用理论思维和科学抽象,将丰富的感性材料加以去粗取精、去伪存真、由此及彼、由表及里的处理加工,形成概念和理论的系统过程,便是由感性认识上升到理性认识的过程。

【教材内容链接】《马克思主义基本原理》第二章第一节"实践与认识"之"认识的本质与过程"——从实践到认识(从感性认识上升到理性认识的条件)

【案例十九】博深增识

人目不见青黄曰盲,耳不闻宫商曰聋,鼻不知香臭曰痈。痈、聋与盲,不成人者也。人不博览者,不闻古今,不见事类,不知然否,犹目盲、耳聋、鼻痈者也。儒生不览,犹为闭暗,况庸人无篇章之业,不知是非,其为闭暗甚矣!此则土木之人,耳目俱足,无闻见也。涉浅水者见虾,其颇深者察鱼鳖,其尤甚者观蛟龙。足行迹殊,故所见之物异也。入道浅深,其犹此也。浅者则见传记谐文;深者入圣室观秘书,故入道弥深,所见弥大。

——[东汉]王充《论衡·别通》

【案例分析】

人的眼睛看不见颜色叫盲,耳朵听不到声音叫聋,鼻子不知道香臭叫痈。有痈、聋和盲,就成不了健全的人。人不博览群书,不通古今,不能识别各种事物,不懂得是非,就像眼瞎、耳聋、鼻痈的人一样。儒生不博览群书,尚且是闭塞不明,何况俗人没有读过书,不知道是非,他们就更是闭塞不明了!这就是些泥塑木雕的人,耳朵眼睛都齐全,就是听不见看不见。蹚过浅水的人能看见虾子,蹚过稍微深水的人能看见鱼鳖,到过深渊的人能看见蛟龙。脚走的地方不同,所以见到的东西也不一样。人掌握先王之道的深浅,那更是这样。浅薄的人就看些传记小说一类的东西;深厚的人就要进到圣人室内读罕见的书籍,因此掌握的先王之道更加深刻,见闻更加广博。

浮光掠影,浅尝辄止,是什么也得不到的。我们只有掌握和运用由表及里、由浅入深的科学方法，才能通过现象深入本质，拨开云雾见青天。

《吕氏春秋·任数》记载：孔子周游列国，在去陈国和蔡国的路上穷困潦倒，连野菜汤也喝不上，七天未吃到一粒饭，饿得没有办法，只好白天睡大觉。颜回出去讨了一点米回来煮给他吃，等到刚要煮熟的时候，孔子望见颜回从锅里抓起一把吃了，孔子假装没有看见。过了一会儿，饭煮熟了，颜回端着饭送给孔子吃，孔子站起来说："今天我梦见我死去的父亲，饭要是干净的话，我来祭奠他。"颜回说："不行，刚才有煤灰掉进锅里，我觉得扔掉可惜，就把他抓起来吃了，这饭不干净。"孔子听了感叹地说："我所信任的是我的眼睛呀，可是眼睛也不是完全可以信赖的，我所依靠的是心呀，可是心也还不足以完全依靠。弟子们要记住，认识了解一个人是不容易的啊！"

孔子的话颇有道理，他告诉人们：只凭感性材料而不对其进行去伪存真的加工，必然会作出错误的判断，孔子因靠零星的感性材料进行判断，结果差点冤枉了颜回。经过思考的作用，运用理论思维和科学抽象，将丰富的感性材料加以去粗取精、去伪存真、由此及彼、由表及里的处理加工，形成概念和理论的系统。之所以如此，是因为"理论思维的起点决定着理论创新的结果"。①

所谓由表及里，就是不要停留在事物的表面，而要深入到事物的内部，发现其内部的本质和规律性。"青年人正处于学习的黄金时期，应该把学习作为首要任务，作为一种责任、一种精神追求、一种生活方式。"②正如习近平总书记对青年的谆谆告诫，梦想从学习开始、事业靠本领成就。"夫尺泽之鲵，岂能与之量江海之大"，如果你期望的是到大江大海之中于尤深处观蛟龙，就不能在年轻的时候把自己困成"方塘中的小鱼"。

【教材内容链接】《马克思主义基本原理》第二章第一节"实践与认识"

---

① 《习近平谈治国理政》（第二卷），外文出版社，2017年，第342页。
② 习近平：《在同各界优秀青年代表座谈时的讲话》，《人民日报》，2013年5月5日。

之"认识的本质与过程"——从实践到认识（从感性认识上升到理性认识的条件）

【案例二十】深化认知

古人学问无遗力，少壮工夫老始成。

纸上得来终觉浅，绝知此事要躬行。

——[南宋]陆游《冬夜读书示子聿》

【案例分析】

古人做学问总是不遗余力，终身坚持不懈，往往是从年轻时开始努力，直到老年才取得成就。从书本上得到的知识终归是肤浅、不透彻的，要真正理解书中所讲的道理，必须在现实的生产生活中亲身践行。

这是一首教子诗，诗人在书本与实践的关系上强调了实践的重要性。间接经验是人们从书本中汲取营养，学习前人的知识和技巧的途径。直接经验是直接从实践中产生的认识，是获取知识更加重要的途径。只有通过"躬行"，把书本知识变成实际知识，才能发挥所学知识对实践的指导作用。

"纸上得来终觉浅，绝知此事要躬行。"强调了做学问的功夫要下在哪里的重要性。"要躬行"包含两层意思：一是学习过程中要"躬行"，力求做到"口到、手到、心到"；二是获取知识后还要"躬行"，通过亲身实践化为己有，转为己用。诗人的意图非常明显，旨在激励儿子不要片面满足于书本知识，而应在实践中夯实和进一步升华。

孜孜不倦、持之以恒地学知识，固然很重要，但仅此还不够，因为那只是书本知识，书本知识是前人实践经验的总结，不能纸上谈兵，要"亲身躬行"。一个既有书本知识，又有实践经验的人，才是真正有学问的人。只有经过亲身实践，才能把书本上的知识变成自己的实际本领。诗人从书本知识和社会实践的关系着笔，强调实践的重要性，凸显其真知灼见。

从实践到认识,认识的过程还没有完成。要实现一个完整的认识过程,还必须由认识再回到实践中去,实现认识的第二次能动飞跃。诗人冬夜读书生发的这一感想,是其一生为学最精华的体悟。以此诗勉励儿子做学问要早下功夫,坚持不懈,并且不要满足于从书本上获得的知识,要真正领悟知识的真谛,必须去亲身实践。习近平强调,"科学理论是我们推动工作、解决问题的'金钥匙'"[①]。如果把正确的理论束之高阁,或夸夸其谈而不加以实行和运用,那么,再好的理论也是没有意义的。诗人的这种见解,对后人的学习、求知同样是很宝贵的经验。

【教材内容链接】《马克思主义基本原理》第二章第一节"实践与认识"之"认识的本质与过程"——从认识到实践

【案例二十一】学以致用

通书千篇以上,万卷以下,弘畅雅闲,审定文读,而以教授为人师者,通人也。……夫通人览见广博,不能摄以论说,此为匿生书主人,孔子所谓"诵《诗》三百,授之以政,不达"者也,与彼草木不能伐采,一实也。……凡贵通者,贵其能用之也。即徒诵读,读诗讽术,虽千篇以上,鹦鹉能言之类也。

——[东汉]王充《论衡·超奇第三十九》

【案例分析】

通读文章千篇以上,万卷以下,读得很流畅、熟练,能分析确定章节和断句,用来传授给学生,作为人家教师的,是学识渊博贯通古今的人。……通人见识广博,却不会用它来论述事情,这叫藏书家,就是孔子所说的那种"能背诵《诗经》三百篇,把政治事务交给他,都干不了"的人。这跟那些见过草木不会采伐应用的人,是同一回事。……凡是重视融通的人,可贵之处在于运用所学

---

① 中共中央党史和文献研究院编:《十九大以来重要文献选编》(中),中央文献出版社,2021年,第371页。

的知识。反之,仅仅能够诵读,读诗读经,即使数量达到千篇以上,与鹦鹉重复别人说过的话没什么区别。

《论衡·超奇》谈论什么样的人才能称之为超等奇才。王充认为,学习积累与博通的目的,在于学以致用;否则,虽"博闻强识"也毫无价值。王充把儒分为四等:儒生、通人、文人、鸿儒。他认为:"儒生过俗人,通人胜儒生,文人逾通人,鸿儒超文人。"关于通人,王充提出"凡贵通者,贵其能用之也",人们之所以重视通人,就是看重他们能够运用所学知识解决实际问题。王充指出,如果止于知而不能用,即使诵诗读经千篇以上,也只是鹦鹉学舌而已。

马克思主义具有鲜明的实践品格,不仅致力于解释世界,而且致力于积极改变世界。如果把正确的理论束之高阁,或夸夸其谈而不加以实行和运用,那么再好的理论也是没有意义的。在哲学社会科学工作座谈会上,习近平总书记引用中国先贤的名言,强调"坚持以马克思主义为指导,最终要落实到怎么用上来"[1]。

认识世界的目的是改造世界。"学以致用"的古训说出了学习最根本的"目的论"。毛泽东也说过:"读书是学习,使用也是学习,而且是更重要的学习。"[2]说到底,学习的成果,最终要体现在日常生活、实际工作中。用学到的理论、知识、文化、技能,提升我们的修养,增强我们的能力,促进我们的工作,这才算真正学到真知。

【教材内容链接】《马克思主义基本原理》第二章第一节"实践与认识"之"认识的本质与过程"——从认识到实践

【案例二十二】四易得绿

京口瓜洲一水间,钟山只隔数重山。

---

[1] 习近平:《在哲学社会科学工作座谈会上的讲话》,《人民日报》,2016年5月19日。
[2] 《毛泽东选集》(第一卷),人民出版社,1991年,第181页。

中华优秀传统文化融入《马克思主义基本原理》案例研究指南

春风又绿江南岸,明月何时照我还?

——[北宋]王安石《泊船瓜州》

【案例分析】

京口和瓜洲之间只隔着一条长江,钟山就隐没在几座山峦的后面。和煦的春风又吹绿了江南岸边景色,皎洁的明月什么时候才能照着我回到家乡呢?

为了表达怀念钟山的感情,王安石停船瓜州时写了《泊船瓜州》,一个"绿"字,就把春风带来的景象非常形象地表现了出来。

《泊船瓜洲》里的"绿"字是被推敲出来的。据说,王安石开始并不是写的绿字,而是先用"到"字,王安石觉得"春风又到江南岸"的"到"字太死,看不出春风一到江南是什么景象,缺乏诗意,想了一会儿,就提笔把"到"字圈去,改为"过"字,后来细想一下,又觉得"过"字不妥,"过"字虽比"到"字生动一些,写出了春风的一掠而过的动态,但要用来表达自己想回金陵的急切之情,仍嫌不足。于是又圈去"过"字,改为"入'字、"满"字。这样改了十多次,王安石仍未找到自己最满意的字。他觉得有些头疼,就走出船舱,观赏风景,让脑子休息一下。

王安石走到船头上,眺望江南,春风拂过,青草摇舞,麦浪起伏更显得生机勃勃,景色如画。他觉得精神一爽,忽见春草碧绿,这个"绿"字,不正是要找的那个字吗?一个"绿"字把整个江南生机勃勃、春意盎然的动人景象表达出来了。想到这里,王安石十分激动,连忙奔进船舱,另外取出一张纸,把原诗中"春风又到江南岸"一句,改为"春风又绿江南岸"。

一个"绿"字使全诗大为生色,全诗都活了。这个"绿"字就成了后人所说的"诗眼"。后来许多谈炼字的文章,都以他为例。实践与认识的辩证运动,是一个由感性认识到理性认识,又由理性认识到实践的飞跃,是实践、认识、再实践、再认识,循环往复以至无穷的辩证发展过程。人在认识事物的时候,会受到其生理因素、知识水平、生活经验、认识能力及其立场、观点和方法的限制。人的这些特点,决定其必须经过由实践到认识、再由认识到实践这样多次的反复,才能获得对客观事物的正确认识。诗中的"绿"字得之不易,说明人们对客观事物要反映得恰如其分、入木三分,必须经过不断反复和无限发展的过程。

【教材内容链接】《马克思主义基本原理》第二章第一节"实践与认识"之"实践与认识的辩证运动及规律"

【案例二十三】天外有天

秋水时至,百川灌河;泾流之大,两涘渚崖之间不辩牛马。于是焉河伯欣然自喜,以天下之美为尽在己。顺流而东行,至于北海,东面而视,不见水端。于是焉河伯始旋其面目,望洋向若而叹曰:"野语有之曰,'闻道百,以为莫己若'者,我之谓也。且夫我尝闻少仲尼之闻,而轻伯夷之义者,始吾弗信;今我睹子之难穷也,吾非至于子之门,则殆矣,吾长见笑于大方之家。"

北海若曰:"井蛙不可以语于海者,拘于虚也;夏虫不可以语于冰者,笃于时也;曲士不可以语于道者,束于教也。今尔出于崖涘,观于大海,乃知尔丑,尔将可与语大理矣。天下之水,莫大于海,万川归之,不知何时止而不盈;尾闾泄之,不知何时已而不虚;春秋不变,水旱不知。此其过江河之流,不可为量数。而吾未尝以此自多者,自以比形于天地,而受气于阴阳,吾在于天地之间,犹小石小木之在大山也。方存乎见少,又奚以自多!计四海之在天地之间也,不似礨空之在大泽乎?计中国之在海内,不似稊米之在大仓乎?号物之数谓之万,人处一焉;人卒九州,谷食之所生,舟车之所通,人处一焉;此其比万物也,不似豪末之在于马体乎?五帝之所连,三王之所争,仁人之所忧,任士之所劳,尽此矣!伯夷辞之以为名,仲尼语之以为博。此其自多也,不似尔向之自多于水乎?"

——[战国]庄子及其后学《庄子·外篇·秋水》

中华优秀传统文化融入《马克思主义基本原理》案例研究指南

【案例分析】

秋天里山洪按照时令汹涌而至,众多大川的水流汇入黄河,河面宽阔波涛汹涌,两岸与水中沙洲之间连牛马都不能分辨。于是河神欣然自喜,认为天下一切美好的东西全都聚集在自己这里。河神顺着水流向东而去,来到北海边,面朝东边一望,看不见大海的尽头。于是河神方才改变先前洋洋自得的面孔,面对着海神仰首慨叹道:"俗语有这样的说法,'听到了上百条道理,便认为天下再没有谁能比得上自己',说的就是我这样的人了。而且我还曾听说过孔丘懂得的东西太少、伯夷的高义不值得看重的话语,开始我不敢相信,如今我亲眼看到了你是这样的浩淼博大、无边无际,我要不是因为来到你的门前,可真就危险了,我必定会永远受到修养极高的人的耻笑。"

海神说:"井里的青蛙,不可能跟它们谈论大海,是因为受到生活空间的限制;夏天的虫子,不可能跟它们谈论冰冻,是因为受到生活时间的限制;鄙陋无知的人,不可能跟他们谈论大道,是因为教养的束缚。如今你从河岸边出来,看到了大海,方才知道自己的鄙陋,你将可以参与谈论大道了。天下的水面,没有什么比海更大的。千万条河川流归大海,不知道什么时候才会停歇而大海却从不会满溢;海底的尾闾泄漏海水,不知道什么时候才会停止而海水却从不曾减少。无论春天还是秋天不见有变化,无论水涝还是干旱不会有知觉。这说明大海远远超过了江河的水流,不能够用数量来计算。可是我从不曾因此而自满,自认为从天地那里承受到形体并且从阴和阳那里禀承到元气,我存在于天地之间,就好像一小块石子、一小块木屑存在于大山之中。我正以为自身的存在实在渺小,又哪里会自以为满足而自负呢?想一想,四海存在于天地之间,不就像小小的石间孔隙存在于大泽之中吗?再想一想,中原大地存在于四海之内,不就像细碎的米粒存在于大粮仓里吗?号称事物的数字叫做万,人类只是万物中的一种;人们聚集于九州,粮食在这里生长,舟车在这里通行,而每个人只是众多人群中的一员;一个人比起万物,不就像是毫毛之末存在于整个马体吗？五帝所续连的，三王所争夺的，仁人所忧患的，贤才所操劳的，全在于这毫末般的天下呢！伯夷辞让它而博取名声，孔丘谈论它而显示渊博，这大概就是他们的自满与自傲，不就像你先前在河水暴涨时的洋洋自得吗？"

文章以对话的方式展开说理，北海若以自然之大、宇宙之无穷开导河伯，要开阔眼界。说明在无限广大的宇宙中，由于受到主客观条件的限制，个人的认识是十分有限的。人们的认识运动也应随实践的向前推移、向前发展而推移和发展。客观现实世界的运动变化永远不会完结，人们在实践中对于真理的认识也就永远没有完结。

毛泽东强调："一个正确的认识，往往需要经过由物质到精神，由精神到物质，即由实践到认识，由认识到实践这样多次的反复，才能够完成。"[1]如此实践、认识、再实践、再认识，循环往复以至无穷，而实践和认识之每一循环的内容，都递进到了高一级的程度。这就是认识辩证运动发展的基本过程，也是认识运动的总规律，表明认识是一个反复循环和无限发展的过程。

【教材内容链接】《马克思主义基本原理》第二章第一节"实践与认识"之"实践与认识的辩证运动及规律"

第二节 真理与价值

人们认识世界、改造世界，不仅是为了把握规律、掌握真理，而且是为了追求意义、创造价值。人们通过实践不断追求真理、揭示真理，又不断创造人与世界的关系，创造丰富多彩的价值关系。人们的实践活动，一方面要遵循

---

[1] 《毛泽东文集》(第八卷)，人民出版社，1999年，第321页。

事物的本质和规律,按规律办事;另一方面,又要符合人自身的尺度和需要,体现人的活动的目的性。

本节共精选 13 个中华优秀传统文化案例,用以阐释和印证真理的客观性、绝对性和相对性,真理的检验标准,真理与价值的辩证统一三个问题。

【案例一】鲁王养鸟

昔者海鸟止于鲁郊,鲁侯御而觞之于庙,奏《九韶》以为乐,具太牢以为膳。鸟乃眩视忧悲,不敢食一脔,不敢饮一杯,三日而死。此以己养养鸟也,非以鸟养养鸟也。

——[战国]庄子及其后学《庄子·外篇·至乐》

【案例分析】

从前,有只海鸟落在鲁国都城的郊外,鲁侯亲自把它迎接到祖庙里,毕恭毕敬地设宴迎接,并将它供养起来,每天都演奏古时的音乐《九韶》给它听,安排牛羊猪三牲具备的太牢给它吃。鲁侯的这种招待把海鸟搞得头晕目眩,惶恐不安,一点儿肉也不敢吃,一杯水也不敢喝,过了三天就死了。这是因为(鲁侯)用供养自己的办法养鸟,不是用养鸟的方法养鸟。

真理具有相对性。真理的相对性是指人们在一定条件下对客观事物及其本质和发展规律的正确认识总是有限度的、不完善的。它具有两个方面的含义:一是从客观世界的整体来看,任何真理都只是对客观世界的某一阶段、某一部分的正确认识,人类已经达到的认识的广度总是有限度的,因而认识有待扩展。二是就特定事物而言,任何真理都只是对客观对象一定方面、一定层次和一定程度的正确认识,认识反映事物的深度是有限度的,或是近似性的,因而认识有待深化。养鸟与养人的方法是不同的,以供人享乐的方式去饲养鸟必然是不可靠的。

人们对客观事物的具体认识在广度上总是有限的。不同类型、不同领域的事物各有其本质与规律。人们应当不断地扩展认识,以便在更广阔的领域内掌握不同事物的本质与规律。否则,就会像鲁王一样,用供养自己的那一套办法来供养海鸟,而不是用养鸟的方法来养鸟,结果是把一只鸟活活养死了。

【教材内容链接】《马克思主义基本原理》第二章第二节"真理与价值"之"真理的客观性、绝对性和相对性"——真理的绝对性和相对性

【案例二】物极必反

乐往必悲生,泰来由否极。

——[唐]白居易《遣怀》

欢乐过去之后必然会有悲伤的产生,而顺境的到来往往是从逆境中出现的。有这样一个故事:"砰!砰!砰!"一个匆匆而来的路人急切地敲打着一扇神秘的门。不久,门开了。"你找谁?"门里的人问。"我找真理。"路人答。"你找错了,我是谬误。"门里的人"砰"的一声把门关上了。路人只好继续寻找。他渡过很多条河,翻过很多座山,可就是迟迟找不到真理。后来他想,真理和谬误既是一对冤家,那说不定谬误知道真理在哪儿。于是他重新找到谬误,谬误却说:"我也正要找它呢。"说毕又关上了门。路人不死心,转悠一圈儿后又继续敲开了谬误的门,可谬误留给他的却是一副冰冷的面孔。就在路人近乎绝望地在谬误门口徘徊的时候,不断的敲门声吵醒了谬误的邻居,随着"吱呀"的一声轻响,路人回头一看,天哪,这不正是真理吗?

快乐过了头必然会产生悲伤的情绪,好运来了是因为坏运到了头。真理和谬误在一定条件下也可以相互转化。真理就住在谬误的隔壁,人们寻找到真理,常常是在一次次地敲响谬误的门之后。

泰戈尔曾说,"错误是真理的邻居",真理与谬误在一定条件下能够相互转化。由于认识的复杂性和曲折性以及各种条件的限制,任何人都有可能犯

错误,但吃一堑,长一智,勇于正视错误、反省错误、修正错误,终能取得对客观事物及其规律的正确认识,从而让错误转化为正确,谬误转化为真理。

【教材内容链接】《马克思主义基本原理》第二章第二节"真理与价值"之"真理的客观性、绝对性和相对性"——真理与谬误

【案例三】孔子标准

前三代,吾无论矣;后三代,汉、唐、宋是也。中间千百余年而独无是非者,岂其人无是非哉?咸以孔子之是非为是非,故未尝有是非耳。

——[明]李贽《藏书·世纪列传总目前论》

【案例分析】

前面夏、商、周三个朝代,我不去评论了。后面三个朝代,就是汉朝、唐朝、宋朝。在这一千几百年中间,却独独没有评论是非的问题,难道是那时候的人没有是非观念吗?不是的,这是由于都用孔子的是非标准来衡量是非,所以人们才没有提出自己的是非观点。

《藏书》是一部凝聚着李贽毕生心血的史学著作,主要取材于正史,通过对材料的剪裁取舍和对历史人物的分类编排,重新述评千百年人事是非,反映了李贽别具一格的真理观和进步思想。

李贽以"颠倒千万世之是非"的巨大勇气把批判的矛头直指被尊为神圣权威的孔学。公开指出千百余年之所以"未尝有是非"的罪根祸源便在于"咸以孔子之是非为是非",把孔门言论视为经典的、绝对的、固定不变的是非标准,使后世论者丧失了主体意识和分辨的眼光,一味地在圣人身后蹑步躬行,不断地重复着前人的旧论,害莫大焉。然而,是非标准并不是一成不变的,真理本身就是不断发展的,"如岁时然,昼夜相迭,不相一也"。同时,人们对真理的认识也是发展变化的,"昨日是而今日非矣,今日非而后日又是矣"。这样,李贽以发展的观点和人的认识不断变化的角度得出了否定孔子

是非标准的逻辑结论:"虽使孔夫子复生于今,又不知作如何非是也,而可遽以定本行罚赏哉!"

由此可见,李贽认为真理标准不是一个固定不变的模式,它是随时代与社会的发展而发展的。它不能是主观的强制性的规定,不能以个人的思想观念、伦理道德作为真理标准。换言之,他是在反对以某种理论作为永恒的真理标准。李贽提出的"是非无定质""是非无定论"涉及真理的相对性和绝对性问题,他过分强调了真理的相对性,虽然有失偏颇,但也表现出了李贽真理观的朴素的辩证观点,也显示出他反对封建正统思想和神圣权威的战斗精神。

真理的检验标准,就是依据什么来判定认识的正确与错误。对此,哲学史上存在各种各样的观点。有的以圣人或权威的意见为标准,如"以孔子的是非为是非",有的以自己的观念、意见为标准,也有的以多数人的意见和感觉为标准等。以上观点都属于主观真理标准论,它们的共同点就是在主观范围内绕圈子,把主观的东西当作真理的标准,用认识检验认识,从而无法划清真理与谬误的根本界限。

【教材内容链接】《马克思主义基本原理》第二章第二节"真理与价值"之"真理的检验标准"——哲学史上关于真理标准问题的争论

【案例四】子罕弗受玉

宋人或得玉,献诸子罕。子罕弗受。献玉者曰:"以示玉人,玉人以为宝也,故敢献之。"子罕曰:"我以不贪为宝,尔以玉为宝;若以与我,皆丧宝也,不若人有其宝。"

——[春秋]左丘明《左传·襄公十五年》

【案例分析】

宋国有个人得到了一块玉石,把它献给子罕。子罕不肯接受。献玉石的人说:"(我)把它给雕琢玉器的工匠看过了,玉匠认为是一块宝玉,所以敢把它献给你。"子罕说:"我把不贪财作为珍宝,你把玉石作为珍宝;如果把玉石给我,那么两人都失去了珍贵的东西,不如我们各人都固守自己珍贵的东西。"

文章一开头就揭示了献玉者与子罕对宝物截然不同的看法。子罕所说的"宝"即精神的宝物,是超脱于物质层面的宝。他以此为宝,表明了子罕超过常人的良好道德品质。作者通过设喻的手法,从人对宝物的不同态度展开议论,强调子罕不贪的高尚品德和境界操守。由此得出"其知弥精,其取弥精"——一个人的知识越精深,一个人的选择就越精妙的结论。这里的知识一指道德修养,二指智力培养。总而言之就是一个人要有精神追求。贤者从和氏璧和道德之言中选择后者,是道德修养提升的需要,体现了其精神的崇高。

价值观是人们关于应该做什么和不应该做什么的基本观点,是区分好与坏、对与错、善与恶、美与丑等的总观念。价值观不同的人,行为取向也会不同,甚至可能截然相反。人各有其宝,宋国那个献玉的人认为人世间最珍贵的是玉,所以把美玉献给子罕,而子罕则把严以律己、不贪污受贿视作珍宝,认为人世间最珍贵的是廉洁,这是由于他们的价值观不同所致。由此可见,价值观对人的行为起着规范和导向作用。

我们要赞扬子罕不贪的品质,为官者要是都有子罕这样"不贪"的品德,那社会就清明得多了。

【教材内容链接】《马克思主义基本原理》第二章第二节"真理与价值"之"真理与价值的辩证统一"——价值观与核心价值观

【案例五】传统美德 与人为善

德不孤,必有邻。

——[春秋]孔子、其弟子及其再传弟子《论语·里仁》

与人为善。

——[战国]孟子、其弟子及其再传弟子《孟子·公孙丑上》

己所不欲,勿施于人。

——[春秋]孔子、其弟子及其再传弟子《论语·卫灵公》

出入相友,守望相助,疾病相扶持,则百姓亲睦。

——[战国]孟子、其弟子及其再传弟子《孟子·滕文公上》

【案例分析】

有道德的人是不会孤单的,一定有志同道合的人来和他相伴。

善意地帮助别人。

自己不愿意的,不要施加给别人。

人们出入劳作时相互友好伴随;(抵御盗寇时)互相警戒;患病时互相关心帮助,如此一来,百姓便亲爱和睦了。

以上四句话反映了中华优秀传统文化中的道德观念和价值观念。一个国家、一个民族、一个社会里会有各种不同的、多样的价值取向和价值观念,有的甚至相互之间是矛盾的、冲突的。但是一个社会要稳定、和谐、发展,一定需要有一个共同的核心价值观。

对民族与国家来说,最持久、最深层的力量是全社会共同认可的核心价值观,因为它承载着一个民族、一个国家的精神追求,体现着一个社会评判是非曲直的价值标准。历史和现实都表明,核心价值观是一个国家稳定的核心,构建具有强大感召力的核心价值观,关系社会和谐稳定,关系国家长治久安。习近平总书记强调:"任何一个社会都存在多种多样的价值观念和价值取向,要把全社会意志和力量凝聚起来,必须有一套与经济基础和政治制度相适应、并能形成广泛社会共识的核心价值观。否则,一个民族就没有赖以维系的精神纽带,一个国家就没有共同的思想道德基础。"①

---

① 中共中央文献研究室编:《习近平关于社会主义文化建设论述摘编》,中央文献出版社,2017年,第106页。

中华优秀传统文化融入《马克思主义基本原理》案例研究指南

【教材内容链接】《马克思主义基本原理》第二章第二节"真理与价值"之"真理与价值的辩证统一"——价值观与核心价值观

【案例六】修己治国

大学之道,在明明德,在亲民,在止于至善。知止而后有定,定而后能静,静而后能安,安而后能虑,虑而后能得。物有本末,事有终始。知所先后,则近道矣。

——[春秋]曾子《大学》

【案例分析】

大学的宗旨在于弘扬光明正大的品德,在于使人弃旧图新,在于使人达到最完善的境界。知道应达到的境界才能够志向坚定,志向坚定才能够镇静不躁,镇静不躁才能够心安理得,心安理得才能够思虑周详,思虑周祥才能够有所收获。每样东西都有根本有枝末,每件事情都有开始有终结。明白了这本末始终的道理,就接近事物发展的规律了。《大学》的宗旨,在于弘扬高尚的德行,在于关爱人民,在于达到最高境界的善。

"大学之道,在明明德,在亲民,在止于至善"这句名言是2014年5月4日,习近平总书记在北京大学师生座谈会上的讲话中引用的。习近平总书记说:"古人说:'大学之道,在明明德,在亲民,在止于至善。'核心价值观,其实就是一种德,既是个人的德,也是一种大德,就是国家的德、社会的德。国无德不兴,人无德不立。如果一个民族、一个国家没有共同的核心价值观,莫衷一是,行无依归,那这个民族、这个国家就无法前进。这样的情形,在我国历史上,在当今世界上,都屡见不鲜。"[①]

社会主义核心价值观是当代中国精神的集中体现,凝结着全体人民共

---

① 习近平:《青年要自觉践行社会主义核心价值观——在北京大学师生座谈会上的讲话》,《人民日报》,2014年5月5日。

同的价值追求。社会主义核心价值观所具有的强大精神动力,是汇聚人心、汇聚民力的强大精神力量。全社会要大力弘扬和践行社会主义核心价值观,要严私德,坚守"爱国、敬业、诚信、友善"的道德规范;守公德,坚持"自由、平等、公正、法治"的社会原则;明大德,努力实现"富强、民主、文明、和谐"的远大目标,为形成良好的社会道德风尚起到模范带头作用。

【教材内容链接】《马克思主义基本原理》第二章第二节"真理与价值"之"真理与价值的辩证统一"——价值观与核心价值观

【案例七】国有四维

国有四维,一维绝则倾,二维绝则危,三维绝则覆,四维绝则灭。倾可正也,危可安也,覆可起也,灭不可复错也。何谓四维?一曰礼,二曰义,三曰廉,四曰耻。

——[春秋]管仲《管子·牧民·四维》

【案例分析】

国有四维,缺了一维,国家就倾斜;缺了两维,国家就危险;缺了三维,国家就颠覆;缺了四维,国家就会灭亡。倾斜可以扶正,危险可以挽救,倾覆可以再起,只有灭亡了,那就不可收拾了。什么是四维呢?一是礼,二是义,三是廉,四是耻。

"礼"指上下有度,有礼,就不会超越节度。"义"指合宜恰当的行事标准,有义,就不会妄自求进。"廉"指廉洁方正,有廉,就不会掩饰恶行。"耻"指知耻之心,有耻,就不会同流合污。因此,治国用此思维,就可以使君位安定、民无巧诈、行为端正、邪事不生,于是国可守民可治。

核心价值观承载着一个民族、一个国家的精神追求,体现着一个社会评判是非曲直的价值标准。"四维不张,国乃灭亡",实际上是中国先人对当时核心价值观的认识。党的十八大提出:"要倡导富强、民主、文明、和谐,倡导自由、平等、公正、法治,倡导爱国、敬业、诚信、友善,积极培育和践行社会主义核心价值观。"①把涉及国家、社会、公民三个层面的价值要求融为一体,反映了社会主义制度的本质规定,体现了中国特色社会主义事业的发展要求,昭示了中国共产党长期奋斗的一贯主张,又继承了中华民族传统文化的精华,汲取了人类文明的优秀成果。因此,我们要大力弘扬社会主义核心价值观,努力做社会主义核心价值观的践行者。

【教材内容链接】《马克思主义基本原理》第二章第二节"真理与价值"之"真理与价值的辩证统一"——价值观与核心价值观

【案例八】捍卫真理

宁饥寒于尧舜之荒岁兮,不饱暖于当今之丰年。乘理虽死而非亡,违义虽生而匪存。

——[东汉]赵壹《刺世嫉邪赋》

【案例分析】

宁愿在尧舜时期的荒年挨饿受冻,也不愿在当今的丰年吃饱穿暖。坚持真理即使死去却没有消亡,违背正义即使活着也等于死了。

赵壹洁身自好,不同流俗,宁死不屈地追求平等自由的尧舜之世,决不与当权者妥协。他在赋里表明心志说:"宁饥寒于尧舜之荒岁兮,不饱暖于当今之丰年。乘理虽死而匪亡,违义虽生而匪存。"他是这样说的,也是这样做的。当时州郡先后十次征聘他,都被他断然拒绝了。他愿意以自己的实际行动,为自己认定的真理去献身。

这句话爱憎分明,掷地有声,有着不可冒犯的凛然正气,不仅表达了对现实社会强烈的批判精神,也为东汉王朝敲响了丧钟。灵帝时,全国爆发了

---

① 中共中央文献研究室编:《十八大以来重要文献选编》(上),中央文献出版社,2014年,第25页。

大规模的农民起义——黄巾军起义,之后不久,东汉王朝便在内外交困中轰然坍塌了。

价值观是人们关于价值本质的认识以及对人和事物的评价标准、评价原则和评价方法的观点的体系。价值观对人的行为起着规范和导向作用。赵壹洁身自好,爱憎分明,胸怀大志且敢于将批判的矛头直指统治者,因此能够作出"宁饥寒于尧舜之荒岁兮,不饱暖于当今之丰年"的抗议之言,与黑暗社会毫不妥协地进行抗争。

【教材内容链接】《马克思主义基本原理》第二章第二节"真理与价值"之"真理与价值的辩证统一"——价值观与核心价值观

【案例九】季札赠剑

季札将使于晋,带宝剑而行,过徐君。徐君观剑,不言而色欲之。季子为有晋之使,未之献也,然其心许之矣。反,则徐君已死于楚。悔之,于是解剑致嗣君。从者止之曰:"此吴国之宝,非所以赠也。"季曰:"吾非赠嗣君也。先日吾来,徐君观吾剑,不言而其色欲之,吾为上国之使,未献也。虽然,吾心许之矣;今死而不进,是欺心也。"嗣君曰:"先君无命,孤不敢受。"季子乃至墓,以剑县徐君墓树而去。

——[西汉]刘向《新序·杂事卷七》

【案例分析】

延陵季子要到西边去访问晋国,佩带宝剑拜访了徐国国君。徐国国君观赏季子的宝剑,嘴上虽然没有说什么,但脸色透露出想要宝剑的意思。延陵季子因为有出使上国的任务,没有献上剑,但是他心里已经答应给他了。季子在晋国完成了出使任务,后返回,可是徐君却已经死在楚国。于是,季子解下宝剑送给继位的徐国国君。随从人员阻止他说:"这是吴国的宝物,不是用来作赠礼的。"延陵季子说:"我不是赠给他的。前些日子我经过这里,徐国国君观赏我的宝剑，嘴上没有说什么，但是他的脸色透露出想要这把宝剑的表情，我因为有出使上国的任务，就没有献给他。虽是这样，在我心里已经答应给他了。如今他死了，就不再把宝剑进献给他，这是欺骗我自己的良心。因为爱惜宝剑而违背自己的良心，正直的人是不会这样做的。"于是解下宝剑送给了继位的徐国国君。继位的徐国国君说："先君没有留下遗命，我不敢接受宝剑。"于是，季子把宝剑挂在了徐国国君坟墓边的树上就走了。

诚信是我国社会主义核心价值观的基本内容。在《季札赠剑》的故事中，虽然季札内心想要将剑送给徐国君主，但是他并没有言语上的承诺，更何况当时徐国君主已经过世了。然而他仍然信守着内心的诺言，不惜舍去千斤难买的宝剑，将它挂在树上赠给徐国君主，从中可看出季札是个信守承诺的人，不违背对徐国君主的诺言，更不失信自己心中对别人的许诺。

这个故事告诉我们，做人要讲究诚信。我们必须认识到诚信的重要性，诚信是一个人的基本品质、立身之本，更是整个社会的基本道德准则。古人云：人而无信，不知其可也。

【教材内容链接】《马克思主义基本原理》第二章第二节"真理与价值"之"真理与价值的辩证统一"——价值观与核心价值观

【案例十】范文正正直

范文正公仲淹贫悴，依睢阳朱氏家，常与一术者游。会术者病笃，使人呼文正而告曰："吾善炼水银为白金，吾儿幼，不足以付，今以付子。"即以其方与所成白金一斤封志，内文正怀中，文正方辞避，而术者气已绝。后十余年，文正为谏官，术者之子长，呼而告之曰："尔父有神术，昔之死也，以汝尚幼，故俾我收之。今汝成立，当以还汝。"出其方并白金授之，封识宛然。

——［北宋］魏泰《东轩笔录》

【案例分析】

范仲淹年轻时贫穷潦倒,寄居在睢阳一户姓朱的人家里,经常和一个术士游乐。正赶上那个术士病危了,便请人叫来范仲淹,告诉他:"我善于把水银炼成白金,我的儿子年纪小,不能把这个秘方交托给他,现在我把它交给你。"于是把这秘方和炼成的一斤白金封好,放在范仲淹怀中,范仲淹刚想推辞,那个术士已经气绝而死。后来过了十几年,范仲淹当上了谏官,而当年那个术士的儿子长大了,范仲淹把他叫来说:"你的父亲会使用神术,当年他过世的时候,因为你年纪还小,所以就托我先保管秘方和一斤白金,如今你已经长大了,应当把这些东西还给你。"于是就拿出那个秘方还有白金一起交给术士的儿子,那个密封的标志依旧完好如初。

诚信是公民道德的一个基本规范,诚实守信是中华民族的传统美德,也是社会主义核心价值观的基本内容。年轻的范仲淹即使贫穷潦倒,也没有贪图术士的白金与秘方,而是信守承诺,一直到术士的儿子长大成人,才将这两物原封不动的还给术士之子,展现了范仲淹诚实守信的美好品德。

习近平总书记在北京大学师生座谈会上指出:"中华文化强调'言必信,行必果'、'人而无信,不知其可也',……,像这样的思想和理念,不论过去还是现在,都有其鲜明的民族特色,都有其永不褪色的时代价值。"[①]

【教材内容链接】《马克思主义基本原理》第二章第二节"真理与价值"之"真理与价值的辩证统一"——价值观与核心价值观

【案例十一】刘庭式娶盲女

齐人刘庭式未及第时,议娶其乡人之女,既成约而未纳币也。庭式及第,其女以疾,两目皆盲。女家躬耕,贫甚,不敢复言。或劝纳其幼女,庭式笑曰:

---

① 习近平:《青年要自觉践行社会主义核心价值观——在北京大学师生座谈会上的讲话》,《人民日报》,2014年5月5日。

中华优秀传统文化融入《马克思主义基本原理》案例研究指南

"吾心已许之矣。虽盲,岂负吾初心哉!"卒娶盲女,与之偕老。

——[南宋]吴曾《能改斋漫录》

【案例分析】

山东人刘庭式在科举考试落榜的时候,他的父母商量准备让他娶同乡人的女儿,后来两家形成婚约,但还没有向女方送聘礼。刘庭式考上科举后,自己的未婚妻子因患疾病两眼都瞎了。女方是农耕之家,很穷,不敢再提起(婚事)。有人规劝他迎娶那家的小女儿,刘庭式笑着说:"我的心已经属于她了。虽然(她)失明了,我(又)怎么可以违背我早先的心意呢?"最终(刘庭式)迎娶了盲女,与她相伴到老。

中华优秀传统文化中的诚信思想具有鲜明的时代价值,是我国社会主义核心价值观基本内容之一。2014年,习近平总书记在中共中央政治局第十三次集体学习时强调:"深入挖掘和阐发中华优秀传统文化讲仁爱、重民本、守诚信、崇正义、尚和合、求大同的时代价值,使中华优秀传统文化成为涵养社会主义核心价值观的重要源泉。"①

《刘庭式娶盲女》赞扬了刘庭式守诚信、积极承担责任的崇高品质。一个人无论贫富贵贱,自己的条件发生了怎样的变化,都要遵守自己的诺言,要像刘庭式一样做一个有情有义的人,糟糠之妻不可弃。忠贞的爱情是以志同道合为基础的,不会因身体状况的改变而改变。

【教材内容链接】《马克思主义基本原理》第二章第二节"真理与价值"之"真理与价值的辩证统一"——价值观与核心价值观

【案例十二】去私

天无私覆也,地无私载也,日月无私烛也,四时无私行也,行其德而万物

---

① 《习近平谈治国理政》(第一卷),外文出版社,2018年,第164页。

得遂长焉。黄帝言曰:"声禁重,色禁重,衣禁重,香禁重,味禁重,室禁重。"尧有子十人,不与其子而授舜;舜有子九人,不与其子而授禹;至公也。

晋平公问于祁黄羊曰:"南阳无令,其谁可而为之?"祁黄羊对曰:"解狐可。"平公曰:"解狐非子之仇邪?"对曰:"君问可,非问臣之仇也。"平公曰:"善。"遂用之,国人称善焉。居有间,平公又问祁黄羊曰:"国无尉,其谁可而为之?"对曰:"午可。"平公曰:"午非子之子邪?"对曰:"君问可,非问臣之子也。"平公曰:"善。"又遂用之,国人称善焉。孔子闻之曰:"善哉!祁黄羊之论也,外举不避仇,内举不避子。"祁黄羊可谓公矣。

墨者有巨子腹䵍,居秦,其子杀人。秦惠王曰:"先生之年长矣,非有他子也,寡人已令吏弗诛矣,先生之以此听寡人也。"腹䵍对曰:"墨者之法曰'杀人者死,伤人者刑',此所以禁杀伤人也。夫禁杀伤人者,天下之大义也。王虽为之赐,而令吏弗诛,腹䵍不可不行墨者之法。"不许惠王,而遂杀之。子,人之所私也。忍所私以行大义,巨子可谓公矣。

庖人调和而弗敢食,故可以为庖。若使庖人调和而食之,则不可以为庖矣。王伯之君亦然,诛暴而不私,以封天下之贤者,故可以为王伯;若使王伯之君诛暴而私之,则亦不可以为王伯矣。

——[战国]吕不韦及其门客《吕氏春秋·孟春纪》

【案例分析】

天的覆盖没有偏私,地的承载没有偏私,日月照耀四方没有偏私,四季的运行没有偏私。它们各自施行它们的恩德,所以万物才得以生长。黄帝说:"音乐禁止过分,色彩禁止过分,衣服禁止过分,香气禁止过分,饮食禁止过分,宫室禁止过分。"尧有十个儿子,但是不把王位传给他的儿子却传给了舜;舜有九个儿子,但不传位给他的儿子却传给了禹。他们最公正了。

晋平公向祁黄羊询问道:"南阳没有县令,谁可以担当这个职务呢?"祁黄羊回答说:"解狐可以。"平公说:"解狐不是你的仇人吗?"祁黄羊回答说:

"您是问可以不可以,没有问谁是我的仇人。"平公说:"说得好。"于是任用了解狐,国人都对此说好。过了一段时间,平公又问祁黄羊说:"国家没有尉,谁可以担当这个职位?"祁黄羊回答道:"祁午可以。"平公说:"祁午不是你的儿子吗?"祁黄羊说:"您是问谁可以,没有问谁是我的儿子。"平公说:"说得好。"于是又任用了祁午,国人对此说好。孔子听说了这件事说道:"祁黄羊的说法好!推举外人不避开仇人,推举家里人不避开儿子。祁黄羊可以说是最公正的了。"

墨家有个大师腹䵍,住在秦国。他的儿子杀了人,秦惠王对他说:"先生年纪已大,又没有其他儿子了,我已经下令有关官员,不杀您的儿子,先生在这件事上就听我的吧。"腹䵍回答说:"墨家的法规说:'杀人的处死,伤人的给予刑罚。'这是用来制止杀伤人的。禁止杀伤人,这是天下的大道义。大王您虽然给予宽恕,下令有关官员不杀他,我腹䵍不可以不奉行墨家的法度。"腹䵍没答应惠王,于是处死了他的儿子。儿子是人们偏爱的,忍痛割爱而奉行天下的大道义,这位大师可以说是公正的人。

厨师调制饮食但不敢自己吃,所以才可以做厨师。如果厨师烹调食物却自己吃了,就不能用他当厨师了。当王、伯的人也是这样,诛杀残暴的人但不私吞他们的财产,而是将其分封给天下的贤人,所以才可以当王、伯;如果是当王、伯的人诛杀残暴的人而去私占他们的财产,那也就不能当王、伯了。

公正即社会公平和正义,它以人的解放、人的自由平等权利的获得为前提,是国家、社会的根本价值理念。社会公平,体现的是人们之间一种平等的社会关系,包括生存公平、产权公平和发展公平。追求社会的公平与公正一直是社会主义的一个基本目标和核心价值,也是社会主义的魅力所在,更是建设社会主义必不可缺少的重要因素。

【教材内容链接】《马克思主义基本原理》第二章第二节"真理与价值"之"真理与价值的辩证统一"——价值观与核心价值观

【案例十三】国之为上

昔者三代之兴也,利于国者爱之,害于国者恶之,故明所爱而贤良众,明所恶而邪僻灭,是以天下治平,百姓和集。

——[春秋]晏婴《晏子春秋·内篇·谏上》

【案例分析】

从前夏、商、周三代之所以兴盛,是因为喜爱、欢迎那些有利于国家的人,厌恶、远离那些对国家有害的人,所以明确利于国者是被喜爱的,贤良的人就增多了,明确了厌恶的是对国家有害的人,奸邪的人就消失了,于是天下大治、政治清明,百姓和睦团结。

"利于国者爱之,害于国者恶之"出自《晏子春秋》。该书是记载春秋末期齐国政治家晏婴思想与佐君理国言行的著作。晏婴这位博闻强识、议论风生的大政治家历辅三任齐君,于朝政纷乱奢靡之际力保齐国富强,呈现"小霸"之局。尽管他曾阻挠齐景公动议重用孔子,但孔子却不吝对其盛赞之辞,指出"晏平仲善与人交,久而敬之",更肯定其"虽事惰君,能使垂衣裳,朝诸侯"的政治事功。太史公更是钦敬不已,将其与齐相管仲合传,称"假令晏子而在,余虽为之执鞭,所忻慕焉"。有趣的是,与晏婴"相爱相杀"的孔子也曾作"执鞭"之语:"富而可求也,虽执鞭之士,吾亦为之。"合乎道义之富,圣人尚不辞卑微以求,合乎道义的治国良言,能不让史家兴执鞭之叹?

2018年5月2日,习近平总书记在北京大学师生座谈会上的讲话中引用"利于国者爱之,害于国者恶之"这句话,勉励广大学子要爱国,要忠于祖国,忠于人民,将爱国放到气节、人格的第一位。希望青年学子都能有强烈的爱国情怀,能够做到"利于国者爱之,害于国者恶之",为社会营造深厚的爱国主义氛围,敢于和那些有害于国家的言行作斗争,同时积极行动起来。"把自己的理想同祖国的前途、把自己的人生同民族的命运紧密联系在一起,扎根人民,奉献国家。"①

【教材内容链接】《马克思主义基本原理》第二章第二节"真理与价值"之"真理与价值的辩证统一"——价值观与核心价值观

第三节 认识世界和改造世界

认识世界和改造世界是人类创造历史的两种基本活动,它们是相辅相成、辩证统一的。正是在认识世界和改造世界相互促进的过程中,人类不断地从必然王国走向自由王国,创造着更加美好的未来。

本节共精选12个中华优秀传统文化案例,用以阐释和印证认识世界的根本目的在于改造世界;一切从实际出发,实事求是;坚持守正创新,实现理论创新和实践创新的良性互动三个问题。

【案例一】博学慎思笃行

博学之,审问之,慎思之,明辨之,笃行之。

——[战国]子思《中庸·第十九章》

【案例分析】

广泛地学习各种知识,详细地向别人询问,缜密地进行思考,明确地分辨是非,踏踏实实地去践行。

这段话把做学问分成紧密相连的五个环节,或者说是五个递进的阶段。"博学"强调学习首先要广泛涉猎各种知识,做到"海纳百川,有容乃大"。"审问"是第二个阶段,"审"意为详细、周密,即对知识要详细地探询,刨根问底,

---

① 习近平:《在北京大学师生座谈会上的讲话》,《人民日报》,2018年5月3日。

真正弄懂。之后还须通过认真缜密的思考来消化,这就是"慎思"。"明辨"为第四阶段,对所学知识要加以分辨,去粗取精,去伪存真,否则,所谓"博学"就会良莠不齐,真伪不分。"笃行"为最后阶段,"笃"有踏踏实实、一心一意、坚持不懈之意,要学以致用,做到"知行合一"。

由博学到笃行,才能学有所依、学有所成、学有所用。习近平总书记引用这句话,提出的是思考、学习和实践的问题。他认为这三者应该是相辅相成的,知与行应该是合一的。"知"是基础、是前提,"行"是重点、是关键,必须以"知"促"行",以"行"促"知",做到知行合一。如果不能把所学的知识与修身律己结合起来,与发展实践结合起来,与解决问题结合起来,那么学习就可能会走入虚幻的歧途,难以做到学以润德、学以修身、学以创业,难以达到学习的真正目的。习近平总书记在省部级主要领导干部学习贯彻党的十九届六中全会精神专题研讨班开班式上的重要讲话中指出:"更好把坚持马克思主义和发展马克思主义统一起来,坚持用马克思主义之'矢'去射新时代中国之'的'。"①

认识活动的任务不仅在于解释世界,更重要的在于为改造世界提供理论指导,实现主观与客观、认识与实践的统一。坚持这种统一,归根到底要将认识世界和改造世界密切结合起来。

【教材内容链接】《马克思主义基本原理》第二章第三节"认识世界和改造世界"之"认识世界的根本目的在于改造世界"——认识世界和改造世界及其辩证关系

【案例二】学以致行

不闻不若闻之,闻之不若见之,见之不若知之,知之不若行之,学至于行

---

① 《习近平谈治国理政》(第四卷),外文出版社,2022年,第30页。

之而止矣。

——[战国]荀子《荀子·儒效》

君子有三患:未之闻,患弗得闻也;既闻之,患弗得学也;既学之,患弗能行也。

——[西汉]戴圣《礼记·杂记下》

【案例分析】

没有听到不如听到,听到不如见到,见到不如认识到,认识到不如去实行,做到知行合一就达到极致了。

君子有三种担忧:没有听到教导时,担心无法听到;既听到了之后,就担忧无法亲自学习;既学了之后,又担忧不能付诸实施。

认识世界和改造世界是人类创造历史的两种基本活动,它们是相辅相成、辩证统一的。一方面,认识世界有助于改造世界,正确认识世界是有效改造世界的必要前提;另一方面,人们只有在改造世界的实践中才能不断地深化、拓展对世界的正确认识。认识世界和改造世界的统一,决定了理论与实践必须相结合。没有理论指导的实践是盲目的实践,不与实践相结合的理论是空洞的理论,都是不可取的。

"见之不若知之,知之不若行之",这是习近平主席在2015年亚太经合组织第二十三次领导人非正式会议上的讲话中所引用的一句古语,出自《荀子》第八篇《儒效》。荀子在该文中竭力论证作为儒者在治国理政中的关键作用。当论及儒者所应具备的素养时,荀子明确指出,对于求知闻道而言,没有听到不如听得到,听得到不如看得到,看得到又不如心中理解,而心中理解不如亲身实践。唯其达到了亲身实践,学问才算是达到知行合一的化境。就此句原意而言,荀子主张学习本身并非目的,学习的目标在于实践。古今所有贤达,能够做到明辨是非、言行一致,为人处世无所差错,就在于他们勇于实践,且善于将所闻所见所知所思付诸实践。

认识的目的在于运用，也就是把对客观世界的认识运用到改造世界的实践中去。如果不把认识世界和改造世界统一起来，就在根本上违背了马克思主义哲学。正如毛泽东所言："如果有了正确的理论，只是把它空谈一阵，束之高阁，并不实行，那末，这种理论再好也是没有意义的。"①

【教材内容链接】《马克思主义基本原理》第二章第三节"认识世界和改造世界"之"认识世界的根本目的在于改造世界"——认识世界和改造世界及其辩证关系

【案例三】知行互进

始则据其所知而行之，行之力则知愈进，知之深则行愈达。

——[南宋]张栻《论语解·序》

【案例分析】

人最初总是根据自己当时的理解来行动、实践的，随着实践的深入，人的知识会增长，认识也会更加精进，而这种认识的深化又反过来让行动变得更通达、更有方向感。也就是说，"知"和"行"是相辅相成、相互促进的关系。

改造客观世界与改造主观世界是辩证统一的。只有认真改造主观世界，才能更好地改造客观世界；只有在改造客观世界的实践中，才能深入改造主观世界。二者相辅相成、相互促进、缺一不可。

2018年12月18日，习近平总书记在庆祝改革开放40周年大会上的讲话中引用这句话。习近平总书记说："只有顺应历史潮流，积极应变，主动求变，才能与时代同行。'行之力则知愈进，知之深则行愈达。'改革开放40年积累的宝贵经验是党和人民弥足珍贵的精神财富，对新时代坚持和发展中国特色社会主义有着极为重要的指导意义，必须倍加珍惜、长期坚持，在实

---

① 《毛泽东选集》(第一卷)，人民出版社，1991年，第292页。

践中不断丰富和发展。"①

没有对马克思主义原理的认知和尊重,中国的发展就会偏离社会主义的方向;没有改革开放的伟大实践,马克思主义在当代中国的发展也就失去了源泉活水。这之间的关系,正是对张栻"行之力则知愈进,知之深则行愈达"的完美印证,而传统文化所蕴含的智慧与活力,也借此得到了彰显。

【教材内容链接】《马克思主义基本原理》第二章第三节"认识世界和改造世界"之"认识世界的根本目的在于改造世界"——认识客观世界和改造主观世界及其辩证关系

【案例四】学以益才

子思曰:"学所以益才也,砺所以致刃也,吾尝幽处而深思,不若学之速;吾尝跂而望,不若登高之博见。故顺风而呼,声不加疾而闻者众;登丘而招,臂不加长而见者远。故鱼乘于水,鸟乘于风,草木乘于时。"

——[西汉]刘向《说苑·建本》

【案例分析】

子思说:"要想增加才干,就要学习;要使刀刃锋利,就得勤加磨砺。与其自己一个人躲起来竭力思考,不如向他人学习效率高;与其跂起脚尖来张望,不如登上高处看得远。所以,顺着风大喊,你的声音并没有提高,但是听到的人却很多;登上高处招手,你的手臂并没有加长,但是很远的人都能看见。因此,鱼的游动,要借助于水;鸟的飞翔,要借助于风;草木的生成,要借助于节气。"

习近平总书记指出:"一个人如果不注重把学到的知识运用到工作中、落实在行动上,即使他'学富五车、才高八斗',也不能说达到了学习的最终

---

① 习近平:《在庆祝改革开放40周年大会上的讲话》,《人民日报》,2018年12月19日。

目的。今天,我们看领导干部水平高不高,不是单纯地看他读书多不多,而主要看他运用理论和知识解决实际问题的能力强不强。"①领导干部要加强知识运用,必须在以下三个方面进行努力:一是要善于实践,把知识转化为能力;二是要运用理论和知识改造客观世界;三是运用理论和知识自觉改造主观世界。习近平总书记围绕领导干部读书学习这个主题进行深刻论述,系统阐释了"为何要爱读书""应读什么书""该怎样读书"这三个事关领导干部学习和成长的终身课题。习近平总书记这番话至今仍具有强大的理论生命力和现实指导意义,尤其是对新时代建设高素质专业化干部队伍有着重要意义。

认识世界的目的是改造世界,而改造世界又包括改造客观世界和改造主观世界。在人与世界的关系中,随着社会的发展,人自身的改造或人的自我改造就更加重要。不论是个人、团体还是政党,要自觉地实现自我改造,就需要以勇于自我革命的精神打造和锤炼自己,增强自我净化、自我完善、自我革新、自我提高的能力。

【教材内容链接】《马克思主义基本原理》第二章第三节"认识世界和改造世界"之"认识世界的根本目的在于改造世界"——认识客观世界和改造主观世界及其辩证关系

【案例五】抄祭文

东家丧妻母,往祭,托馆师撰文,乃按古本误抄祭妻父者与之。识者看出,主人大怪馆师,馆师曰:"此文是古本刊定的,如何得错?只怕倒是他家错死了人,这便不关我事。"

——[清]方飞鸿《广谈助·谐谑篇》

---

① 习近平:《领导干部要爱读书读好书善读书》,《学习时报》,2009年5月18日。

中华优秀传统文化融入《马克思主义基本原理》案例研究指南

【案例分析】

东家(被雇佣的人对雇主的称呼,例如旧时佃户称地主为东家)的岳母死了,前去祭奠,委托私塾先生撰写祭文,私塾先生按照古文误抄了祭奠岳父的文章给他。被有见识的人看出来了,主人责怪私塾先生,私塾先生却说:"古文上是论定、印好的,怎么能错?只怕是你家死错了人。这与我有何相干?"

一切从实际出发,就是要把客观存在的事物作为观察和处理问题的根本出发点,这是马克思主义认识论的根本要求和具体体现。从实际出发,就是要从客观事物存在和发展的规律出发,在实践中按照客观规律办事。它要求我们一定要根据客观存在的事实决定我们的主观思想和行动。故事中的私塾先生以"本本"为准,照抄照搬,而忽视了客观实际,最终闹出了一个大笑话。

在2021年秋季学期中央党校(国家行政学院)中青年干部培训班开班仪式上,习近平总书记对年轻干部练好内功、提升修养提出明确要求,其中一个重要方面是"注重实际、实事求是"。习近平总书记指出:"坚持一切从实际出发,是我们想问题、作决策、办事情的出发点和落脚点。"[1]生逢伟大时代,青年学生要成长成才、担当重任,就要坚持从实际出发、实事求是,在经历风雨磨炼中提高认识水平、增长才干本领。

【教材内容链接】《马克思主义基本原理》第二章第三节"认识世界和改造世界"之"一切从实际出发,实事求是"——一切从实际出发是马克思主义认识论的根本要求

---

[1] 《习近平谈治国理政》(第四卷),外文出版社,2022年,第526页。

【案例六】爱憎之变

弥子名瑕,卫之嬖大夫也。昔者弥子瑕有宠于卫君。卫国之法:窃驾君车者刖。弥子瑕母病,人间往夜告弥子,弥子矫驾君车以出。君闻而贤之,曰:"孝哉!为母之故,亡其刖罪。"异日,与君游于果园,食桃而甘,不尽,以其半啖君。君曰:"爱我哉!亡其口味以啖寡人。"及弥子色衰爱弛,得罪于君,君曰:"是固尝矫驾吾车,又尝啖我以余桃。"故弥子之行未变于初也,而以前之所以见贤而后获罪者,爱憎之变也。

——[战国]韩非子《韩非子·说难》

【案例分析】

弥子的名为瑕,是卫国的下大夫。先前弥子瑕受宠于卫灵公。卫国的法律规定:私自驾驭君王车子的受刖刑。弥子瑕母亲病了,有人夜里抄近路前往告诉了弥子,弥子假托君命驾着卫灵公的车子出了宫。卫灵公听说后认为他很贤德,说:"真孝顺啊!为了母亲的缘故,忘了罪当刖刑。"另一天,弥子同卫灵公在果园内游玩,吃了个桃子很甜,没吃完,把桃剩下的一半让卫灵公吃。卫灵公说:"多么爱我啊!牺牲他的口味来让寡人吃。"等到弥子姿色衰老、卫灵公对他的爱衰退,其又得罪了卫灵公,卫灵公说:"这个人本来就曾假托君命偷驾我的车,又曾把他吃剩下的桃子让我吃。"弥子的行为和当初并没变化,而先前称贤、后来获罪的原因,是卫君的爱憎有了变化。

坚持一切从实际出发,使主观符合客观,是人们正确认识世界和改造世界的根本立足点。从实际出发,就是要从变化发展着的客观实际出发,从特定的社会历史条件出发,按照客观世界的本来面目认识世界而不附加任何外来的主观成分。故事中的卫灵公则完全以个人好恶来判断是非,没有从实际出发,而是从主观出发,肯定会祸国殃民。

【教材内容链接】《马克思主义基本原理》第二章第三节"认识世界和改造世界"之"一切从实际出发,实事求是"——一切从实际出发是马克思主义

中华优秀传统文化融入《马克思主义基本原理》案例研究指南

认识论的根本要求

【案例七】鲁人徙越

鲁人身善织屦,妻善织缟,而欲徙于越。或谓之曰:"子必穷矣!"鲁人曰:"何也?"曰:"屦为履之也,而越人跣行,缟为冠之也,而越人被发。以子之所长,游于不用之国,欲使无穷,岂可得乎?"鲁人不应,携妻之越。居三月,悄怆而返。

——[战国]韩非子《韩非子·说林上》

【案例分析】

鲁国有个人自己擅长编织麻鞋,妻子擅长编织帽子,于是想搬到越国去。有人对他说:"你搬到越国去必定会没有出路。"那鲁国人问:"为什么呢?"这个人回答说:"做鞋是为了给人穿的呀,但是越国人却习惯于光脚走路;织白绸子是做帽子用的,但是越国人喜欢披散着头发。凭借你们的专长,跑到用不着你们的国家去,要想不穷困,哪能办得到呢?"鲁国人不理睬,带着妻子到越国去。在那儿住了三个月,忧郁悲伤地回来了。

制定行动计划之前,必须先做好研究调查,分析客观事实,使自己的主观愿望和专长适合客观实际的需要。否则,弃己之所长,就会把事情办糟或者遭受"所长无所用"的困苦。从实际出发,根据需要来确定行动,这样才能确保事情顺利完成。只凭才能和主观上的愿望、热情,而不顾客观条件是行不通的。

习近平总书记非常重视调查研究,他曾形象地比喻道:"调查研究就像'十月怀胎',决策就像'一朝分娩'。调查研究的过程就是科学决策的过程,千万省略不得、马虎不得。"[①]党的十八大以来,习近平总书记在不同场合反

---

① 习近平:《之江新语》,浙江人民出版社,2007年,第154页。

复强调用好调查研究这一"传家宝",做好调查研究这一"基本功",推动全党大兴调查研究之风。2013 年,习近平总书记在湖北武汉主持召开部分省市负责人座谈会时的讲话指出:"没有调查,就没有发言权,更没有决策权。研究、思考、确定全面深化改革的思路和重大举措,刻舟求剑不行,闭门造车不行,异想天开更不行,必须进行全面深入的调查研究。"①

从实际出发,关键是要注重事实,从事实出发。调查研究是了解实际的根本点,要想完成中华民族复兴大业,必须从实际出发,从调查研究出发,作出科学决策,用理论服务好实际。

【教材内容链接】《马克思主义基本原理》第二章第三节"认识世界和改造世界"之"一切从实际出发,实事求是"——一切从实际出发是马克思主义认识论的根本要求

【案例八】按图索骏

伯乐《相马经》有"隆颡蛈日,蹄如累麴"之语,其子执《马经》以求马,出见大蟾蜍,谓其父曰:"得一马,略与相同;但蹄不如累麴尔。"伯乐知其子之愚,但转怒为笑曰:"此马好跳,不堪御也。"所谓"按图索骏"也。

——[明]杨慎《艺林·伐山》

【案例分析】

(春秋时候,秦国有个叫孙阳的人,擅长相马,无论什么样的马,他一眼就能分出优劣,人称其为伯乐)。他的《相马经》里有"高大的额头,像铜钱般圆大的眼睛;蹄子圆大而端正,像堆迭起来的酒曲"的话语。他的儿子拿着《马经》去找好马,出门看见一只大癞蛤蟆,对父亲说:"我找到一匹千里马,和你说的很相似,只是蹄子不像堆叠起来的酒曲。"父亲知道儿子愚笨,不生

---

① 中共中央文献研究室编:《习近平关于全面深化改革论述摘编》,中央文献出版社,2014 年,第 37-38 页。

气反而笑道:"这马喜欢跳,不好驾驭。"这就是"按图索骥"的由来。

前人传下来的书本知识,应该努力学习,虚心继承,但是一定要注重实践,在实践中切实验证、牢固掌握,并加以发展,这才是正确的态度。理论只有与实际紧密联系,才能发挥对实践的指导作用,实现自身的价值和意义。理论如果脱离了实际,就会成为僵化的教条,"按图索骥"就是最为典型的例证。

习近平总书记指出:"我们党的历史反复证明,什么时候理论联系实际坚持得好,党和人民事业就能够不断取得胜利;反之,党和人民事业就会受到损失,甚至出现严重曲折。"[①]坚持理论联系实际,是我们党的光荣传统和优良作风,关系党和人民事业兴衰成败。在全面建设社会主义现代化国家新征程上,我们必须持之以恒坚持理论联系实际,形成理论与实践的良性互动。

【教材内容链接】《马克思主义基本原理》第二章第三节"认识世界和改造世界"之"一切从实际出发,实事求是"——一切从实际出发是马克思主义认识论的根本要求

【案例九】齐威王行赏罚

齐威王召即墨大夫,语之曰:"自子之居即墨也,毁言日至。然吾使人视即墨,田野辟,人民给,官无事,东方以宁;是子不事吾左右以求助也!"封之万家。召阿大夫,语之曰:"自子守阿,誉言日至。吾使人视阿,田野不辟,人民贫馁;昔日赵攻鄄,子不救;卫取薛陵,子不知;是子厚币事吾左右以求誉也!"是日,烹阿大夫及左右尝誉者。于是群臣耸惧,莫敢饰诈,务尽其情,齐国大治,强于天下。

——[北宋]司马光《资治通鉴·齐威王召即墨大夫》

[①] 中共中央党史和文献研究院编:《习近平关于社会主义精神文明建设论述摘编》,中央文献出版社,2022年,第58页。

【案例分析】

齐威王召见即墨大夫,对他说:"自从你到即墨任官,每天都有指责你的话传来。但我派人去即墨察看,却是田地开辟,人民丰足,官府无事,东方因而安宁,(我明白)这是你不巴结我的左右以求他们帮助的缘故!"随即封赐即墨大夫享用一万户的俸禄。齐威王又召见阿(城)大夫,对他说:"自从你镇守阿(城),每天都有称赞你的好话传来。我派人前去察看阿(城),见田地荒芜,百姓贫困饥饿。以前赵国攻打鄄地,你不救;卫国夺取薛陵,你不知道,(我知道)是你用重金来买通我的左右近臣以求替你说好话!"当天,齐威王下令把阿城大夫及替他说好话的左右近臣处死了。于是众大臣们吓坏了,不敢再弄虚作假,都尽力做实事,齐国因此大治,成为天下的强盛国家。

一切从实际出发,就是要把客观存在的事物作为观察和处理问题的根本出发点,这是马克思主义认识论的根本要求和具体体现。判断事情真伪、断定事物,都应做到实际了解,眼见为实。兼听则明,而不应该偏听偏信,草率的下定论。故事里的当事人齐威王对即墨大夫也好,对阿城大夫也罢,一开始都报以公平怀疑的态度,在自己没有掌握确切信息材料的情况下没有被身边的近臣欺瞒。在即墨大夫、阿城大夫两人之间不偏不倚,用同样的形式实际调查了他们的工作情况。在事情的真伪原由水落石出之后,他的处理方案也是赏罚分明,并且果断高效。同时这个处理结果还在一定范围内做了公开通报,起到了极好的示范、警示作用。既奖励了正直有为的官员,又严厉打击了结党营私、混淆视听的腐败队伍,同时还杜绝了类似事件的再犯。齐威王在这件事情的处理上是高效、正确、一举多得的。

【教材内容链接】《马克思主义基本原理》第二章第三节"认识世界和改造世界"之"一切从实际出发,实事求是"——一切从实际出发是马克思主义认识论的根本要求

【案例十】天之度次

天无度,人以太阳一日所行之舍为之度;天无次,人以月建之域为之次。非天所有,名因人立;名非天造,必从其实。

——[明清]王夫之《思问录·外篇》

【案例分析】

就自然的天而言,本没有"度""次"之名,它们的得名仅仅是人们为了方便认识天象,把太阳每天运行所经过的地方叫做一度,把周天分成十二等分,每月叫做一次。对于这些"人为之名数",可以说"名因人立";但从另一方面看,又是"名非天造,必从其实",因为"人为之名数"不能凭空而造,必须以实际存在的事物为依据。

王夫之这种重实据、实践和实际的思想,是其一切从客观实际出发、实事求是思想的重要表现。

党的十八大以来,以习近平同志为核心的党中央进一步解放思想,与时俱进,求真务实,把实事求是贯穿到治国理政的各个方面、各个环节,在实践中积累了新的宝贵经验,中华民族迎来了从站起来、富起来到强起来的伟大飞跃。习近平总书记指出:"坚持实事求是,就要清醒认识和正确把握我国仍处于并将长期处于社会主义初级阶段这个基本国情。我们推进改革发展、制定方针政策,都要牢牢立足社会主义初级阶段这个最大实际,都要充分体现这个基本国情的必然要求,坚持一切从这个基本国情出发。任何超越现实、超越阶段而急于求成的倾向都要努力避免,任何落后于实际、无视深刻变化着的客观事实而因循守旧、故步自封的观念和做法都要坚决纠正。"[①]实事求是、把握规律的科学性,是习近平新时代中国特色社会主义思想的一大理论特色。

---

① 习近平:《在纪念毛泽东同志诞辰120周年座谈会上的讲话》,《人民日报》,2013年12月27日。

中国共产党在领导人民进行革命、建设、改革的长期实践中,逐步形成和确立了一条正确的思想路线,其基本内涵是:一切从实际出发,理论联系实际,实事求是,在实践中检验和发展真理。这条思想路线是中国共产党对马克思主义理论发展作出的重大贡献,其核心是实事求是。实践反复证明,能不能做到实事求是,是党和国家各项工作成败的关键。我们过去取得的一切成就都是靠实事求是。今天,我们要把中国特色社会主义事业继续推向前进,还是要靠实事求是。全党同志要自觉坚定实事求是的信念、增强实事求是的本领,时时处处把实事求是牢记于心、付诸于行,不断开辟21世纪马克思主义发展新境界,让当代中国马克思主义放射出更加灿烂的光芒。

【教材内容链接】《马克思主义基本原理》第二章第三节"认识世界和改造世界"之"一切从实际出发,实事求是"——实事求是是中国共产党思想路线的核心

【案例十一】学贵有疑

前辈学贵有疑,小疑则小进,大疑则大进。疑者,觉悟之机也,一番觉悟,一番长进。

——[明]陈献章《白沙子全集》

【案例分析】

研究前辈的学问,贵在抱有存疑精神,小疑问则有小进步,大疑问则有大进步。心存疑问是一切领悟的机会,一番领悟就会有一番长进。

马克思说过:"问题就是时代的口号。"[①]习近平总书记强调:"每个时代总有属于它自己的问题,只要科学地认识、准确地把握、正确地解决这些问题,就能够把我们的社会不断推向前进。"[②]一个先进的政党,要善于听清楚

[①] 《马克思恩格斯全集》(第四十卷),人民出版社,1982年,第289页。
[②] 习近平:《之江新语》,浙江人民出版社,2007年,第235页。

时代的声音,解决时代提出的问题。理论创新始于问题,因为问题是时代的声音,是人民的呼声,是实践过程中不断涌现的新矛盾。

从理论发展史来看,世界上伟大的理论成果都是在回答和解决人与社会面临的重大问题中创造出来的。2015年2月14日,习近平总书记在陕西考察调研时强调:"我们党之所以能够历经考验磨难无往而不胜,关键就在于不断进行实践创新和理论创新。马克思主义必须同中国实际相结合,实现中国化、时代化。"[1]习近平总书记指出:"实践创新和理论创新永无止境。毛泽东思想、邓小平理论、'三个代表'重要思想、科学发展观都是在实践基础上的理论创新。我们要继续与时俱进,推进马克思主义不断发展。"[2]"问题倒逼"是不断进行理论创新的助推器。理论创新不是空穴来风,不是主观任意,而是应建立在实践创新的基础之上。

【教材内容链接】《马克思主义基本原理》第二章第三节"认识世界和改造世界"之"坚持守正创新,实现理论创新和实践创新的良性互动"——努力实现理论创新和实践创新的良性互动

【案例十二】弃旧推新

塞北梅花羌笛吹,淮南桂树小山词。

请君莫奏前朝曲,听唱新翻杨柳枝。

——[唐]刘禹锡《杨柳枝词九首·其一》

【案例分析】

塞北的《梅花落》用羌笛吹奏,淮南小山为楚辞《招隐士》作词。请你不要再吹奏前朝的曲子,来听听新创作的《杨柳枝》。

---

[1] 《习近平在七大会址论党的实践创新和理论创新:永无止境》,新华网,http://www.xinhuanet.com/politics/2015-02/15/c_1114372592.htm

[2] 同上。

这首诗歌是唐代诗人刘禹锡的乐府小章《杨柳枝词》中的一首,这组词一共有九首,本诗是第一首。《梅花落》是汉乐府中的名曲,《招隐士》是《楚辞》中的篇章,相传西汉淮南王刘安门客小山之徒作《招隐士》篇来表现对屈原的哀悼。这两个产生于西汉的作品长久流传于后世。诗人刘禹锡虽然也重视这两个作品的历史地位和长远的影响,但他更加重视文学创新的原则,最后两句概括了诗人的创新精神,以此抒发了他在文学创作上推陈出新、不断变革的意志和主张,对后世有重要的启发意义。

不仅文学创作上需要创新,而且在社会历史发展过程中创新体现在很多方面。理论创新是社会发展和变革的先导,要使党和国家的事业不停顿,首先理论创新不能停。理论的生命力在于创新,创新是理论发展的永恒主题,也是社会发展、实践深化、历史前进对理论的必然要求。理论必须同实践相统一。理论创新要以实践创新为基础,为实践提供科学的行动指南,还要以科学的指导作用"反哺"实践。习近平指出,"理论一旦脱离了实践,就会成为僵化的教条,失去活力和生命力。实践如果没有正确理论的指导,也容易'盲人骑瞎马,夜半临深池'。理论对规律的揭示越深刻,对社会发展和变革的引领作用就越显著"[①]。我们要善于根据客观情况的变化,不断从人民群众实践中汲取营养,不断丰富和发展理论,使理论更好地指导我们的工作。

【教材内容链接】《马克思主义基本原理》第二章第三节"认识世界和改造世界"之"坚持守正创新,实现理论创新和实践创新的良性互动"——努力实现理论创新和实践创新的良性互动

[①] 中共中央文献研究室编:《习近平关于社会主义文化建设论述摘编》,中央文献出版社,2017年,第65页。

第三章 人类社会及其发展规律

社会历史现象扑朔迷离、纷繁复杂。社会发展是否有规律可循？社会发展的根本动力是什么？谁是历史的创造者？如何看待杰出人物在历史中的作用？这一系列"历史之谜"在思想史上长期困扰着人们。马克思和恩格斯创立的历史唯物主义实现了社会历史观的伟大变革，为我们正确认识人类社会历史及其发展趋势，准确把握社会发展的动力因素，准确把握人民群众和杰出人物在历史中的作用，提供了科学的理论指导。

本章共精选 33 个中华优秀传统文化案例，用以阐释和印证人类社会的存在与发展，社会历史发展的动力，人民群众在历史发展中的作用三个问题。

第一节 人类社会的存在与发展

人类生生不息、绵延发展的基础是什么？人类社会的发展是否有规律可循？不同国家和民族的发展道路是否具有多样性？马克思主义的唯物史观对这些问题作出了科学的解答。

本节共精选12个中华优秀传统文化案例,用以阐释和印证社会存在与社会意识;社会基本矛盾及其运动规律;人类普遍交往与世界历史的形成发展;社会进步与社会形态更替;文明及其多样性五个问题。

【案例一】天数定世

纷纷世事无穷尽,天数茫茫不可逃。

鼎足三分已成梦,后人凭吊空牢骚。

——[元末明初]罗贯中《三国演义》

【案例分析】

世间的纷纷扰扰的事情是没有尽头的,天意渺茫是不可以逃脱的,三国鼎立已经成了往事,后人再有的只是万般感慨了。

在对待社会历史发展及其规律的问题上,有两种根本对立的观点:一种是唯物史观,另一种是唯心史观。罗贯中认为,三国百年兴衰治乱无不受制于天命,无论忠还是奸,纵使创造奇迹,但最终都无法改变天命。历史的规律就是分久必合,合久必分。他把三国从开始纷争到最后统一都说成是"天数"决定的,无法逃脱的,这就是一种唯心主义世界观。实际上,三国当时的纷争是生产力的发展水平和各种社会矛盾决定的,并不是所谓的"天数"决定的。在马克思主义产生之前,唯心史观一直占据统治地位。唯心史观从社会意识决定社会存在的前提出发,把社会历史看成精神发展史,根本不懂得社会历史的客观规律,也不懂得人民群众在社会历史发展中的决定作用。

马克思科学地解释了社会存在与社会意识的关系问题,创立了唯物史观。马克思指出:"物质生活的生产方式制约着整个社会生活、政治生活和精神生活的过程。不是人们的意识决定人们的存在,相反,是人们的社会存在决定人们的意识。社会的物质生产力发展到一定阶段,便同它们一直在其中运动的现存生产关系或财产关系(这只是生产关系的法律用语)发生矛盾。于是这些关系便由生产力的发展形式变成生产力的桎梏。那时社会革命的时代就到来了。随着经济基础的变更,全部庞大的上层建筑也或慢或快地发生变革。"①这一段话深刻地概述了唯物史观的基本思想,是我们考察人类社会历史及其发展规律的重要参考。

【教材内容链接】《马克思主义基本原理》第三章第一节"人类社会的存在与发展"之"社会存在与社会意识"——两种根本对立的历史观

【案例二】保护自然

子钓而不纲,弋不射宿。

——[春秋]孔子、其弟子及其再传弟子《论语·述而》

欲致鱼者先通水,欲致鸟者先树之,水积则鱼聚,木茂则鸟集。

——[西汉]刘安及其门客《淮南子·说山训》

【案例分析】

孔子用鱼竿钓鱼而不用渔网捕鱼,射箭不会射归巢休息的鸟儿。因为大网所捞必多,对于鱼类、自然会造成伤害;飞鸟归巢,它们也需要栖息繁殖。这实际上是一种朴素的可持续思想,古人有获取动物蛋白、提高自身素质的需要,但是在满足这种需要的前提下,也考虑到了不破坏物种的延续。

想引来鱼,就要先开通水道;想引来鸟,就要先种上树木。水积聚而鱼聚,树木繁茂则飞鸟集。这些古文中的环保思想,在当时影响着人们的行为,有助于人们加强对环境的保护,维护自然的和谐。

自然地理环境是指与人类社会所处的地理位置相联系的自然条件的总和,是人类社会生存和发展永恒的、必要的条件,是人们生活和生产的自然

---

① 《马克思恩格斯选集》(第二卷),人民出版社,2012年,第2—3页。

基础。自然生态平衡对社会生活起着重要作用。合理利用自然资源,保护生态平衡,是社会得以正常发展的必要条件。当前出现的生态、环境、人口、资源等全球问题,并不单纯是自然系统内部的平衡关系被严重破坏,实际上也是人与自然关系的严重失衡。马克思认为,应当合理地调节人与自然之间的物质变换,在最无愧于自然和最适合人类本性的条件下进行这种物质变换。

【教材内容链接】《马克思主义基本原理》第三章第一节"人类社会的存在与发展"之"社会存在与社会意识"——社会存在

【案例三】失德致患

故自天子至于庶人,孝无终始而患不及者,未之有也。

——[秦汉之际]孔子及其弟子《孝经》

【案例分析】

因此,上自天子下至百姓,孝道是不分尊卑,超越时空永恒存在,无始无终的。孝道是人人都能做得到的,而担心自己做不到,那是不可能的事。

社会意识是社会存在的反映,是社会生活的精神方面。社会意识形式是高层次的社会意识,是自觉的、系统的、相对稳定的社会意识,包括政治、法律思想、道德、艺术、宗教、哲学、科学等,以理性认识为主。道德是调整人们之间以及个人与社会之间关系的行为规范的总和,是依靠社会舆论以及人们的信念、习惯、传统和教育来起作用的精神力量。道德是一定生产方式的产物,是对经济基础比较直接的反映。道德具有历史性,不同时代具有不同的道德观念,永恒不变的道德是不存在的。道德具有继承性,一个国家或民族的传统美德在现实生活中具有重要的影响和意义。

习近平总书记在2019年春节团拜会上的讲话中指出:"古人讲,'夫孝,德之本也'。自古以来,中国人就提倡孝老爱亲,倡导老吾老以及人之老、幼吾幼以及人之幼。"①"夫孝,德之本也。"这句话出自《孝经》,是《开宗明义章》最核心的一句话,也是整部《孝经》最核心的一句话。原文是:"夫孝,德之本也,教之所由生也。"就是说孝是一切德行的根本,一切教化都是从它这儿衍生出来的。

孝文化作为中国传统道德文化,在中华民族历史上绵延至今已经成了刻在每一个中华儿女血液中的文化基因,并将持续影响着每一个华夏儿女。

【教材内容链接】《马克思主义基本原理》第三章第一节"人类社会的存在与发展"之"社会存在与社会意识"——社会意识

【案例四】画鬼最易

客有为齐王画者,齐王问曰:"画,孰最难者?"

曰:"犬马最难。""孰最易者?"

曰:"鬼魅最易。夫犬马,人所知也,旦暮罄于前,不可类之,故难。鬼魅无形者,不罄于前,故易之也。"

——[战国]韩非子《韩非子·外储说左上》

【案例分析】

有一个客人为齐王绘画。齐王问他:"画什么东西最难呢?"他说:"画狗画马都是最难的。"齐王又问:"那么画什么东西最容易呢?"客人说:"画鬼最容易。因为狗和马,人们天天看得见,天天摆在面前,要画得惟妙惟肖,就很不容易。至于鬼呢,无影无形,谁也没见过,不摆在人们面前,谁也不能证明它不像鬼,所以画起来就最容易了。"

世界上根本不存在鬼神之类的东西,无非是人们主观想象,是主观世界所特有的,但也是客观事物的反映。鲁迅说,"描神画鬼,毫无对证,本可以专

---

① 习近平:《在二〇一九年春节团拜会上的讲话》,《人民日报》,2019年2月4日。

靠神思,所谓'天马行空'地挥写了。然而他们写出来的却是三只眼、长颈子,也就是在正常的人体身上增加了眼睛一只,拉长了颈子二三尺而已"。可见,社会意识根源于社会存在,社会存在决定社会意识。

习近平总书记说过:"我们党现阶段提出和实施的理论和路线方针政策,之所以正确,就是因为它们都是以我国现时代的社会存在为基础的。"[①] 我们党在革命、建设和改革进程中所取得的巨大成就,都是坚持辩证唯物主义和历史唯物主义方法论指导的结果。

【教材内容链接】《马克思主义基本原理》第三章第一节"人类社会的存在与发展"之"社会存在与社会意识"——社会存在和社会意识的辩证关系

【案例五】负暄献曝

宋国有田夫,常衣缊黂,仅以过冬。暨春东作,自曝于日,不知天下之有广厦隩室,绵纩狐貉。顾谓其妻曰:"负日之暄,人莫知者,以献吾君,将有重赏。"

——[战国]列子《列子·杨朱》

【案例分析】

宋国有个农夫,披着破絮麻布熬过了冬天。来年开春,农夫在田里耕作,晒着太阳,感到浑身惬意,不知道天底下原来还有广厦温室和丝袄狐裘。他回头对妻子说:"背对太阳,暖和极了。这般享受的办法,别人一定还不知道,等我们去告诉国王,肯定会有重赏。"

田夫作为一个长年累月劳作在田野,一年四季都为衣食操劳的农夫,只能披着破麻絮衣勉强捱过冬天,他必须依赖于自然的施予而不能有所他想。因此大自然的每一个微不足道且极为普遍的赐予,他都怀着一种感激的心

[①] 中共中央文献研究室编:《习近平关于全面深化改革论述摘编》,中央文献出版社,2014年,第11页。

情来受用,也正因为如此,他才拥有了未受污染的淳朴心灵,当他自己享受到人人都能享受的春日阳光时,他便想到了国君,竟欲"以献吾君"。他当然不可能知道国君并不是如他一样必须为衣食劳作的平民,不可能知道天底下除了他家的破旧茅屋、破麻絮衣还有高楼深院,丝绸狐袍。

社会存在决定社会意识,社会存在是社会意识内容的客观来源,社会意识是社会物质生活过程及其条件的主观反映。一个人具有什么样的社会意识,受到什么样的社会生活制约,跟他的社会地位、生活环境和所受的社会教育等密切相关。这个农夫有这样的想法,是由他的社会地位、生活环境和所受的社会教育等社会存在决定的。鲁迅说过,"人类的悲欢并不相通,穷人绝无进行交易所折本的懊恼;煤油大王哪会知道北京捡煤渣老太太生活的辛酸;灾区的灾民,总不会去种兰花;贾府的焦大也不会爱林妹妹的"。这皆因社会存在决定社会意识,社会意识是社会存在的反映。

【教材内容链接】《马克思主义基本原理》第三章第一节"人类社会的存在与发展"之"社会存在与社会意识"——社会存在和社会意识的辩证关系

【案例六】谷足礼仪行

让生于有余,争起于不足。谷足食多,礼义之心生;礼丰义重,平安之基立矣。故饥岁之春,不食亲戚,穰岁之秋,召及四邻。不食亲戚,恶行也;召及四邻,善义也。为善恶之行,不在人质性,在于岁之饥穰。由此言之,礼义之行,在谷足也。

——[东汉]王充《论衡·治期》

【案例分析】

谦让产生于富余,争斗起因于不足。谷物充足食物丰富,礼义之心就会产生;礼仪盛多讲究礼义,国家安定的基础就奠定了。因此,荒年的春天,不拿东西给亲戚吃;丰年的秋天,邀请四邻共同享受。不拿东西给亲戚吃,是恶劣的行为;邀请四邻共同享受,是善良的义举。产生善恶行为的原因,不在于人的本质特性,而在于年岁的丰歉。因此礼义的推行,在于谷物的充足。

王充的这段话充分肯定了衣食富足是道德觉悟的必需条件,在一定程度上看到了物质生活条件在社会发展中的决定作用。他认为,人们以为盛世是明君贤臣的功劳,其实非也,社会的动乱与否取决于人民是否有饭吃,而人民是否有饭吃取决于天。如果风调雨顺,人民丰衣足食,是没有人愿意作乱的,但如果连年歉收,老百姓连饭都吃不上,那必然会出乱子。这说明社会存在决定社会意识。

社会存在与社会意识的这一辩证关系,是我们正确理解和把握社会存在决定社会意识这一基本原理的精髓。我们强调社会存在对社会意识的决定作用,目的在于正确认识社会历史发展的客观规律,以科学的思想理论为指导,制定正确的路线方针政策,不断变革生产关系,推动生产力的发展和社会进步,使人类的物质生活条件不断走向更高的阶段,同时也使社会意识的完善获得更坚实的基础和更强劲的动力。在此基础上,发挥社会意识对社会存在的能动作用,积极发挥历史主动精神,科学分析和把握历史大势,正确处理各种矛盾关系,善于抓住和用好各种历史机遇,为全面推进中华民族伟大复兴而团结奋斗。

【教材内容链接】《马克思主义基本原理》第三章第一节"人类社会的存在与发展"之"社会存在与社会意识"——社会存在和社会意识的辩证关系

【案例七】富教与成仁

欲安时兴化,不先富而教之,其道无由。

——[唐]房玄龄等《晋书·列传》

志士仁人,无求生以害仁,有杀身以成仁。

——[春秋]孔子弟子及其再传弟子《论语·卫灵公》

中华优秀传统文化融入《马克思主义基本原理》案例研究指南

【案例分析】

要想社会安定,振兴教化,不采取先使人民富裕,同时再加以教化的方法,是没有别的道路可以遵循的。

凡是真正的志士仁人,都不会因为贪生怕死而损害仁德,当仁德和私欲发生冲突时,他们会毫不犹豫地牺牲自己的生命来成全仁义。这句话体现了对崇高人格和精神境界的追求,同时也强调了精神生活对人、对社会的重要性。

习近平总书记强调:"意识形态工作是党的一项极端重要的工作。"[①]党的十九大报告鲜明指出,要"牢牢掌握意识形态工作领导权"[②]。这充分体现了以习近平同志为核心的党中央对意识形态工作的高度重视,也充分反映了意识形态工作在党和国家全局工作中的重要地位。

中华优秀传统文化对社会物质生活与社会精神生活关系的认识,与马克思主义的唯物史观具有共通性。马克思明确指出:"物质生活的生产方式制约着整个社会生活、政治生活和精神生活的过程。不是人们的意识决定人们的存在,相反,是人们的社会存在决定人们的意识。"[③]唯物史观认为,社会存在决定社会意识,社会意识以理论、观念、心理等形式反映社会存在并反作用于社会存在。传统文化对社会物质生活与精神生活的认识产生于专制社会,有着不可避免的局限性。但其所强调的精神生活对社会的重要性具有一定的合理性。将传统文化与马克思主义有机结合,对传统文化进行现代化转换与创新性发展,利用马克思主义唯物史观对其进行创新发展与丰富,对于我们树立科学历史观、正确认识社会历史具有重要意义。

【教材内容链接】《马克思主义基本原理》第三章第一节"人类社会的存在与发展"之"社会存在与社会意识"——社会存在和社会意识的辩证关系

---

① 《习近平谈治国理政》(第一卷),外文出版社,2018年,第153页。
② 习近平:《决胜全面建成小康社会 夺取新时代中国特色社会主义伟大胜利——在中国共产党第十九次全国代表大会上的报告》,《人民日报》,2017年10月28日。
③ 《马克思恩格斯文集》(第二卷),人民出版社,2009年,第591页。

【案例八】富民教民

子适卫,冉有仆。子曰:"庶矣哉!"冉有曰:"既庶矣,又何加焉?"曰:"富之。"曰:"既富矣,又何加焉?"曰:"教之。"

——[春秋]孔子、其弟子及其再传弟子《论语·子路》

【案例分析】

孔子到卫国去,冉有为他驾车。孔子说:"人口真多呀!"冉有说:"人口已经够多了,还要再做什么呢?"孔子说:"使他们富起来。"冉有说:"富了以后还要做些什么?"孔子说:"对他们进行教化。"

孔子在这里提出了"富民"和"教民"的思想,而且是"先富后教"。孔子认为卫国的人口很多,要想进一步实现社会安定和谐,就要先"富"而后"教"。这"先后"之分体现了孔子的主张,即要先让民众(经济)富足,之后才能实现(道德)教化,这和"仓廪实则知礼节"的意思是一致的。

马克思主义关于经济基础决定上层建筑(道德等)的思想,在传统文化中是能够找到共通之处的。当然,传统文化也需要与时俱进,如"富民""教民"的目的不是马克思所说的实现人的解放,而是为了维护封建君主制的万古长存。二者间的共通性使我们必须"坚持把马克思主义基本原理同中国具体实际相结合、同中华优秀传统文化相结合"[①]。正如毛泽东所言:"今天的中国是历史的中国的一个发展;我们是马克思主义的历史主义者,我们不应当割断历史。从孔夫子到孙中山,我们应当给以总结,承继这一份珍贵的遗产。"[②]

【教材内容链接】《马克思主义基本原理》第三章第一节"人类社会的存在与发展"之"社会基本矛盾及其运动规律"——经济基础与上层建筑的矛盾运动及其规律

---

① 《中共中央关于党的百年奋斗重大成就和历史经验的决议》,《人民日报》,2021年11月17日。
② 《毛泽东选集》(第二卷),人民出版社,1991年,第534页。

【案例九】富养民情 教理民性

不富无以养民情,不教无以理民性。故家五亩宅,百亩田,务其业而勿夺其时,所以富之也。立大学,设庠序,修六礼,明七教,所以道之也。

——[战国]荀子《荀子·大略》

【案例分析】

如果不使百姓生活富裕就无法培养百姓的感情,没有教育就无法改造百姓的思想。所以使百姓每家有五亩的住宅、百亩土地,让他们致力于农事,而不要耽误了农时,这样就可以让他们富裕起来了。设立各类学校,学习冠、婚、丧、祭、乡和相见六种礼节,明确父子、兄弟、夫妇、君臣、长幼、朋友和宾客七个方面的教养,用这些来教导百姓们。荀子认为治国必先富民,要求统治者"以政裕民"。

荀子将孔子富教结合、以成王道的思想进一步阐释,使之具体化,认为王道政治包括了富民和教民两个部分,对民众实行教化一定要有物质基础,也就是说首先要满足老百姓物质生活方面的需求,让他们富裕起来,然后才有可能对他们实行教化。

马克思把社会比喻为一座大厦,把社会关系区分为经济基础和上层建筑两部分。经济基础决定上层建筑。经济基础是上层建筑赖以产生、存在和发展的物质基础,上层建筑是经济基础得以确立其统治地位并获得巩固和发展不可缺少的政治、思想条件。从这个层面来看,荀子的富民思想蕴含了马克思主义关于社会运动的内在规律。

【教材内容链接】《马克思主义基本原理》第三章第一节"人类社会的存在与发展"之"社会基本矛盾及其运动规律"——经济基础与上层建筑的矛盾运动及其规律

第三章 人类社会及其发展规律

【案例十】德源富足

仓廪实则知礼节,衣食足则知荣辱。

——[春秋]管仲《管子·牧民》

【案例分析】

百姓的粮仓充足,丰衣足食,才能顾及到礼仪,重视荣誉和耻辱。物质和经济是"知礼节""知荣辱"的前提,是伦理道德规范的基础。

《货殖列传》是《史记》中论述春秋末年到汉武帝年间的社会经济史的专章。在序文中,司马迁驳斥了老子的"小国寡民"的历史倒退论,肯定了人们追求物质财富的合理欲望,并试图以此来说明社会问题和社会意识问题。他认为人们的物质生活需求必然推动社会生产的分工和社会各经济部门的发展,而人的道德行为又是受其占有财富的多少制约的,从而谴责了汉武帝时期的经济垄断政策,抨击了当时以神意解释社会问题的唯心主义观点。

马克思主义认为,精神活动是与现实物质活动密不可分的。首先,经济基础决定上层建筑,任何上层建筑的产生、存在和发展,都能直接或间接地从社会的经济结构中得到说明。经济基础的性质决定上层建筑的性质,有什么样的经济基础就有什么样的上层建筑。政治、法律、道德等上层建筑不能脱离经济基础而存在,而是对经济基础的反映,是物质活动的直接产物。"仓廪实则知礼节,衣食足则知荣辱。"正是对经济基础与上层建筑的矛盾运动及其规律的印证。在当代中国,深入理解上层建筑一定要适合经济基础状况的规律,必须正确把握经济基础与上层建筑矛盾运动过程中存在的各种利益关系,并在深化经济体制改革、完善社会主义经济基础以促进生产力发展的同时,促进上层建筑领域的改革,以适应生产力发展和巩固经济基础的要求。

【教材内容链接】《马克思主义基本原理》第三章第一节"人类社会的存在与发展"之"社会基本矛盾及其运动规律"——经济基础与上层建筑的矛盾运动及其规律

【案例十一】汉高祖论"三杰"

帝置酒洛阳南宫,上曰:"列侯、诸将毋敢隐朕,皆言其情:我所以有天下者何？项氏之所以失天下者何？"高起、王陵对曰:"陛下使人攻城略地,因以与之,与天下同其利;项羽不然,有功者害之,贤者疑之,此所以失天下也。"上曰:"公知其一,未知其二。夫运筹帷幄之中,决胜千里之外,吾不如子房（张良字子房）;镇国家,抚百姓,给饷馈,不绝粮道,吾不如萧何;连百万之众,战必胜,攻必取,吾不如韩信。三者皆人杰,吾能用之,此吾所以取天下者也。项羽有一范增而不用,此所以为我所禽也。"群臣说服。

——[西汉]司马迁《史记·高祖本纪·刘邦论得天下之道》

【案例分析】

刘邦在洛阳南宫摆酒宴,说:"各位王侯、将领不要隐瞒我,都说出真实的情况:我得天下的原因是什么呢？项羽失天下的原因是什么呢？"高起、王陵回答说:"陛下让人攻取城池取得土地,因此来亲附他们,跟大家共享利益;项羽却不是这样,杀害有功绩的人,怀疑有才能的人,这就是失天下的原因啊。"刘邦说:"你只知道一个方面,却不知道另一个方面。(就拿)在大帐内出谋划策,在千里之外一决胜负（来说）,我不如张良;平定国家,安抚百姓,供给军饷,不断绝运粮食的道路,我不如萧何;联合众多的士兵,打仗一定胜利,攻占一定取得,我不如韩信。这三个人都是豪杰,我能够任用他们,这是我取得天下的原因,项羽有范增而不重用（他）,这就是被我捉拿的原因。"众大臣都被说服了。

交往是唯物史观的重要范畴,指在一定历史条件下现实的个人、群体、阶级、民族、国家之间在物质和精神上相互往来、相互作用、彼此联系的活动。

汉高祖正确地总结了他取得战争胜利的成功经验和项羽的失败教训,即"得人者得天下,失人者失天下",充分体现了重视人才、注重交往的重要

性。其中包含着两个方面:

一方面是必须有人才,尤其是杰出人才。人才是取胜的关键,战争归根结底是人才的较量。人才质量的高低是战争胜负的重要因素。汉高祖的三杰是楚汉战争期间的杰出人才。其中,张良是战略家、政治活动家,不仅能制定正确的战略,而且能通过自身的政治活动来实现,在楚汉战争时期独一无二。韩信是当时杰出的军事家,其军事才能在当时也是独一无二的。萧何是杰出的政治家,其治理、协调才能在当时也是独一无二的。三个独一无二的人才皆在汉高祖之手,战争的胜负不言而喻。

另一方面,有人才必须留得住,留不住反受其害。要留住人才,就要尊重人才,重用人才。汉高祖重用人才,是中国帝王中的典范。他对张良敬之如师,自始至终保持着这种特殊关系;他对韩信以军权王爵相付,稳住了韩信,保证了对项羽战争的进行;他对萧何推心置腹,从不怀疑。汉高祖与三杰的如此关系,在中国历史上都是罕见的。汉高祖以杰出人才的资源优势,战胜貌似强大的敌人是任何政治家成功的普遍规律。汉高祖南宫论三杰,见解之精辟,令人叹服,因此成为千古佳话而广为流传。

交往是人类实践活动的重要组成部分。要保住人才,就要与人才交往,尊重人才,重用人才,以达到促进社会关系的进步和人的全面发展的目的。

【教材内容链接】《马克思主义基本原理》第三章第一节"人类社会的存在与发展"之"人类普遍交往与世界历史的形成发展"之——交往及其作用

【案例十二】人难逆势

国当衰乱,贤圣不能盛;时当治,恶人不能乱。世之治乱,在时不在政;国之安危,在数不在教。贤不贤之君,明不明之政,无能损益。

——[东汉]王充《论衡·治期》

【案例分析】

国家该当衰乱,即使是贤圣也不能使它昌盛;时势该当太平,即使是恶人也不能使它动乱。天下的太平与动乱,决定于时运而不决定于政治;国家的安危,决定于气数而不决定于教化。君王贤与不贤,政治清不清明,对此都不能加以改变。

也就是说,社会的发展有一定的规律,而不在圣人的意志。人类社会是一个不断发展进步的过程。历史唯物主义认为,社会历史的发展是有规律的。特定社会形态都有其相对稳定性,也都有其自身发展的过程,并可以通过内部改革促进自身的发展。当然,社会进步不是直线上升的,而是曲折发展的,有时甚至包含着某些停滞和倒退,但终究改变不了社会进步的总趋势,阻挡不住社会发展的历史进程。"从历史上看,不管遇到什么风险、什么灾难、什么逆流,人类社会总是要前进的,而且一定能够继续前进。"[1]

中国传统文化的"理势合一"思想也强调社会历史发展具有不可抗拒的必然规律和趋势,而且认为社会历史的发展与人们的物质生活条件有关,这对于理解社会历史的发展具有一定的启示作用。可见,它与历史唯物主义具有相通性。同时,我们还应该看到,中国古代的思想家们在解释社会历史发展动因时,虽然能够指出人们的生活状况对社会历史的发展有一定的影响,但由于还不具备全面科学地揭示历史发展内在动因的历史条件,因而没有也不可能弄清社会历史发展的真正原因。

【教材内容链接】《马克思主义基本原理》第三章第一节"人类社会的存在与发展"之"社会进步与社会形态更替"——社会进步与人的发展

---

[1] 习近平:《在第三届中国国际进口博览会开幕式上的主旨演讲》,《人民日报》,2020年11月5日。

第二节 社会历史发展的动力

人类社会是变化发展的。那么,是什么推动着历史的发展?唯心史观从人的精神活动或思想动机出发来寻找原因,而唯物史观则从人们的物质生产活动出发深刻揭示历史发展的动力系统。

本节共精选14个中华优秀传统文化案例,用以阐释和印证社会基本矛盾在历史发展中的作用;阶级斗争、社会革命在社会发展中的作用;科学技术在社会发展中的作用和文化在社会发展中的作用四个问题。

【案例一】赵人乞猫

赵人患鼠,乞猫于中山。中山人予之猫,猫善捕鼠及鸡。月余,鼠尽而鸡亦尽。其子患之,告其父曰:"盍去诸?"其父曰:"是非若所知也。吾之患在鼠,不在乎无鸡。夫有鼠,则窃吾食,毁吾衣,穿吾垣墉,毁伤吾器用,吾将饥寒焉,不病于无鸡乎?无鸡者,弗食鸡则已耳,去饥寒犹远,若之何而去夫猫也!"

——[明]刘基《郁离子·捕鼠》

【案例分析】

有一个赵国人家里发生了鼠患,到中山讨猫。中山国的人给了他猫。这猫既善于捉老鼠,又善于捉鸡。过了一个多月,老鼠没了,鸡也没了。他的儿子很担心,对他父亲说:"为什么不把猫赶走呢?"他父亲说:"这不是你所懂的事了。我的祸害是老鼠,不在乎有没有鸡。有老鼠,就会偷吃我的粮食,毁坏我的衣服,穿破我的墙壁,啃坏我的用具,我就会饥寒交迫,不是比没有鸡害处更大吗?没有鸡,只不过不吃鸡罢了,距离饥寒交迫还很远,为什么要把那猫赶走呢?"

中华优秀传统文化融入《马克思主义基本原理》案例研究指南

人们在生活中为达到某一目的,常常要付出一定的代价,关键是要权衡得失利弊,做出正确判断。赵人为了消除鼠患而引进了猫,可惜这猫除了有善捕鼠的优点之外,还有善于捕鸡的缺点,结果是"鼠尽而鸡亦尽"。不过,这个赵国人比他的儿子会算账,宁愿"弗食鸡",也没把猫赶走而受饥寒。

这个故事告诉我们的道理是:处理事物要抓住主要矛盾,用物要看它的主要特长,不能够求全责备,因噎废食。我们在工作中经常说的要认识和抓住影响全局的主要问题,其实说的就是要认识和抓住主要矛盾。要在社会发展过程的矛盾系统中抓社会主要矛盾。

习近平总书记在省部级主要领导干部学习贯彻党的十九届六中全会精神专题研讨班开班式上发表重要讲话强调:"注重分析和总结党在百年奋斗历程中对我国社会主要矛盾和中心任务的研究和把握,是贯穿全会决议的一个重要内容,我们一定要深入学习、全面领会。"[1]中国特色社会主义进入新时代,我们党在牢牢把握社会主义初级阶段基本国情的基础上,准确把握我国社会主要矛盾的变化,作出了新的重大判断,指出我国社会主要矛盾已经从人民日益增长的物质文化需要同落后的社会生产之间的矛盾转化为人民日益增长的美好生活需要和不平衡不充分的发展之间的矛盾。在新时代,这一主要矛盾集中体现了我们所面临的诸多矛盾和问题,抓住了这一主要矛盾,我们就找到了正确理解和把握新时代的钥匙,就牵住了解决其他矛盾的"牛鼻子"。推动党和国家事业不断发展,必须准确把握我国社会主要矛盾,并把主要精力聚集到解决主要矛盾上来,以此带动其他矛盾的解决。

【教材内容链接】《马克思主义基本原理》第三章第二节"社会历史发展的动力"之"社会基本矛盾在历史发展中的作用"——社会基本矛盾与社会主要矛盾

---

[1] 《习近平谈治国理政》(第四卷),外文出版社,2022年,第30-31页。

【案例二】人性论

今人之性,生而有好利焉,顺是,故争夺生而辞让亡焉。

——[战国]荀子《荀子·性恶》

民之性,饥而求食,劳而求佚,苦而索乐,辱则求荣,此民之情也。民之求利,失礼之法;求名,失性之常。

——[战国]商鞅《商君书·算地第六》

民之生:度而取长,称而取重,权而索利。

——[战国]商鞅《商君书·算地》

臣尽死力以与君市,君垂爵禄以与臣市。君臣之际,非父子之亲也,计数之所出也。

——[战国]韩非子《韩非子·难一》

【案例分析】

人的本性,一生下来就有喜欢财利之心,依顺这种人性,所以争抢掠夺就产生,而推辞谦让就消失了。

人的本性是饥饿了就去寻求食物,劳累了就要求歇息,痛苦了就追求欢乐,屈辱了就祈求荣誉,这乃是人之常情。然而人在追求个人私利的时候,就会违背礼法的规定;人在追求名誉的时候,就会丧失人性的特征。

人之常情:用尺来量东西的时候就会取长弃短,用秤来称东西的时候就会取重弃轻,权衡个人得失的时候就会选择对自己有利的。

做臣子的给君主卖命卖力,君主就用高官厚禄与臣子做交换。君臣之间的关系不是出自父子之亲,而是一种交易关系。

荀子认为恶的产生是因为人性是"生而好利"的,即对经济利益的追逐决定了人们的行为。当人们在追逐经济利益的过程中相互争夺时,恶就产生了。商鞅认为,人的本性是与生俱来的,人的一生就是追逐名利的一生,人的所有行为都受制于好利的本性。这种人本性论应用在政治上就是追求爵位,应用在经济上就是追求田宅。韩非的人性论部分受了荀子的性恶论的影响,同时也继承了商鞅的人性好利的观点。韩非认为,人的好利主要根源于人们的生存需要,他以肠胃为根本,不食则不能活。每个人都有欲利之心,人的任何行为都受好利的本性支配,即使是父子、君臣之间,也是计利而行的。他认为儒家所说的君臣之间以忠信仁义相待,是不可靠的。法家的人性好利说根据职业和资产划分为不同的社会阶层,这直接体现出阶级斗争的经济性质。

马克思主义认为,阶级的产生、存在和发展是同经济发展过程联系在一起的。阶级斗争根源于阶级之间物质利益的根本对立,根源于社会经济关系的冲突。一切阶级斗争,归根结底都是围绕经济利益这个轴心展开的。法家人性论是那个时代的反映,是私有制和商品经济发展的产物,是商品等价交换在人们利益上的反映,具备一定的历史意义。

【教材内容链接】《马克思主义基本原理》第三章第二节"社会历史发展的动力"之"阶级斗争、社会革命在社会发展中的作用"——阶级斗争是解决社会发展的直接动力

【案例三】太平天国起义

近世烟氛大不同,知天有意启英雄;

神州被陷从难陷,上帝当崇毕竟崇。

明主敲诗曾咏菊,汉皇置酒尚歌风;

古来事业由人做,黑雾收残一鉴中。

——[清]洪秀全《近世诗》

【案例分析】

这首诗写于洪秀全发动太平天国起义前夕,冯云山在广西紫荆山区多年活动,建立了相当规模的拜上帝会组织系统。洪秀全到达这里后,被推崇为首席领袖,并以他为核心,建立起一个领导集团。拜上帝会会众与地主势

力乃至官府的冲突愈演愈烈,洪秀全一众决心发动起义,进行推翻清朝的武装斗争。这首诗正是抒发了洪秀全的此种情怀。诗中虽然带有宗教色彩(表示要崇拜上帝),但主调是顺应天意,做一番英雄事业,效法由造反而成就帝业的朱元璋和刘邦,大干一场,扫清罪恶的重重"黑雾",救世救民。

洪秀全确立反清革命思想,进行筹划反清起义,与"近世烟氛大不同"的时势条件分不开。鸦片战争后,中国开始沦为半殖民地半封建社会。西方列强凭借《南京条约》等一系列不平等条约,从政治、经济各方面大肆侵华。清政府为了支付高达2100万银元的战争赔款和赎城费,弥补由于鸦片大量输入而造成的财政亏空,加紧横征暴敛,增加税收一至三倍以上。兼之外国工业品大量倾销,使中国城乡手工业受到摧残,农民和手工业者纷纷破产。地主阶级乘机兼并土地,加重剥削。民族矛盾的加剧促进了国内阶级矛盾的激化,广大农民饥寒交迫,纷纷揭竿而起。广西是多民族聚居区,清朝统治者对广大少数民族的民族压迫和阶级剥削十分严酷;又加以天灾人祸,广大农民苦不堪言,反抗斗争此伏彼起,终于在道光三十年(1850)末爆发了洪秀全领导的大规模的太平天国运动。

太平天国运动是中国历史上规模最大的农民革命,有力地打击了清王朝的封建统治和外国的侵略,促进了封建社会的崩溃,阻止了中国殖民化的进程,在中国历史上留下极其重要的一页。太平天国运动最为直接地表明了阶级斗争是解决社会发展的直接动力。阶级斗争是阶级利益根本冲突的对抗阶级之间的对立和斗争。阶级斗争是阶级社会客观存在的必然现象,并贯穿于阶级社会的全部发展过程。在阶级社会中,生产力和生产关系、经济基础和上层建筑的矛盾必然会通过阶级斗争表现出来。如果说近代以前阶级斗争在历史中的作用还较为隐蔽,那么在近代欧洲伴随封建制度土崩瓦解而来的汹涌澎湃的革命,则非常明显地显现了阶级斗争的作用。

【教材内容链接】《马克思主义基本原理》第三章第二节"社会历史发展

的动力"之"阶级斗争、社会革命在社会发展中的作用"——阶级斗争是解决社会发展的直接动力

【案例四】未闻弑君

齐宣王问曰:"汤放桀,武王伐纣,有诸?"孟子对曰:"于传有之。"曰:"臣弑其君,可乎?"曰:"贼仁者谓之贼,贼义者谓之残,残贼之人,谓之一夫。闻诛一夫纣矣,未闻弑君也。"

——[战国]孟子、其弟子及其再传弟子《孟子·梁惠王下》

【案例分析】

齐宣王问:"商汤流放夏桀,周武王讨伐商纣,真的有这些事件吗?"孟子答:"史料中有这种记载。"宣王问:"臣子犯上杀死君主,行吗?"孟子答:"破坏仁的人叫做'贼',破坏义的人叫做'残',毁仁害义的残贼,叫做'独夫'。只听说把独夫商纣处死了,却没有听说是君主被臣下杀害了。"

因为齐宣王独自享受着快乐的事而不感到快乐,所以他想起比他还富有的夏桀和商纣王。但是这两人在历史上都是人人憎恨的人,所以齐宣王也怕自己落下历史的骂名,遗臭万年,因此他试探着询问孟子,想看看孟子的态度。孟子则告诫齐宣王,不要做一个独夫民贼,不要伤仁害义,应该做一个为民尽仁尽义的明君。孟子在这里所提出的,是一种评价历史人物的标准,这个标准就是一个统治者是否施行仁政,是否爱民。凡是不爱民的,伤仁害义的,就是"残贼之人",就是"独夫",就是民贼!就是人民应该揭竿起义诛伐的对象!

孟子在提出"民贵君轻"的同时,也提出了极为大胆的"革命"言论。在儒家看来,如果统治者不施仁政,不顺应天、应乎民心,就会有人揭竿而起、替天行道。这是中国传统文化革命话语的基本含义。马克思主义是关于社会形态革命的学说,马克思恩格斯认为,革命就是用一种新的社会形态取代旧的

社会形态,在旧的社会制度成为新的生产关系的严重桎梏时,代表先进生产力的阶级就要推翻旧的国家机器,建立自己的阶级统治,社会革命的实质是革命阶级推翻反动阶级的统治,用新的社会制度代替旧的社会制度,解放生产力,推动社会发展。

【教材内容链接】《马克思主义基本原理》第三章第二节"社会历史发展的动力"之"阶级斗争、社会革命在社会发展中的作用"——阶级社会中革命对社会发展的作用

【案例五】汤武革命

天地革而四时成。汤武革命,顺乎天而应乎人。

——[殷周至秦汉]《周易·革》

【案例分析】

天地由于变革而形成四季,养育万物。殷朝的汤王、周朝的武王,是两个朝代的开国君主,他们发动革命,建立新朝,上顺天时,下合民意,是势所必然的行动。

"汤武革命,顺乎天而应乎人。"这是"革命"一词的最早出处。夏、商、西周三代,都相信他们是由"天命"而立国。因此,先秦三代之际"革命"的本义就是"殷革夏命,周革殷命"的王朝兴替,新兴的王朝变革了上天对旧王朝的任命,简言之,"革命"就是变革天命。"汤武革命,顺乎天而应乎人"这一思想,为中国封建社会的不断变革奠定了思想基础,成了一个王朝推翻另一个王朝的合理性依据。革故鼎新,是一种自然法则。天地随时随地都在变革,因而产生四季,化育万物。改革、革命也是人类社会必然发生的一种社会现象。人类社会只有通过改革、革命,才能剔除旧的腐朽的制度,建立新的进步的制度。

革命对社会发展起巨大作用。"革命是历史的火车头"[①],是"社会进步和政治进步的强大推动力"[②],是实现社会形态更替的重要手段和决定性环节。当旧的生产关系严重阻碍生产力,旧的上层建筑又极力维护旧的经济基础时,必须通过革命这一手段来摧毁或扫除历史前进的障碍。革命能充分发挥人民群众创造历史的积极性和伟大作用。殷朝的汤王和周朝的武王,正是由于发动了革命,实现了新旧王朝的更替,推动了社会的发展。

【教材内容链接】《马克思主义基本原理》第三章第二节"社会历史发展的动力"之"阶级斗争、社会革命在社会发展中的作用"——阶级社会中革命对社会发展的作用

【案例六】苑囿嫌大

齐宣王问曰:"文王之囿方七十里,有诸?"孟子对曰:"于传有之。"曰:"若是其大乎?"曰:"民犹以为小也。"曰:"寡人之囿,方四十里,民犹以为大,何也?"曰:"文王之囿方七十里,刍荛者往焉,雉兔者往焉,与民同之,民以为小,不亦宜乎?臣始至于境,问国之大禁,然后敢入。臣闻郊关之内有囿方四十里,杀其麋鹿者如杀人之罪,则是方四十里为阱于国中。民以为大,不亦宜乎?"

——[战国]孟子、其弟子及其再传弟子《孟子·梁惠王下》

【案例分析】

齐宣王问孟子说:"我听说周文王的猎苑足足围了七十里,有没有这样的事?"孟子说:"书上是这样记载的。"(齐宣王)问:"难道真有这么大吗?"(孟子)说:"当时老百姓还嫌太小呢。"齐宣王叹口气说:"我的猎苑只围了四十里,老百姓都嫌太大了,为什么呢?"孟子说:"文王的猎苑虽然方圆七十里,可是老百姓可以进去砍柴、捕兔子,文王和人民一同使用这猎苑,因此人

---

① 《马克思恩格斯选集》(第一卷),人民出版社,2012年,第527页。
② 《马克思恩格斯选集》(第一卷),人民出版社,2012年,第595页。

民嫌它太小。这不是很合理吗？我初来齐国，问明了禁令才敢入境，听说大王的猎苑不准百姓砍柴拾草，不准随意进出，杀死一头麋鹿，就要判成死罪。这是设下了一个方圆四十里的陷阱。人民嫌它太大，难道不合情理吗？"

人们对同一个客观事物进行思考，由于主观条件的制约会有正误之分，就主观方面而言，主要是立场不同，世界观、人生观、思维方法和知识构成不同。对于猎苑，齐宣王嫌太小，而老百姓嫌太大，原因何在？阶级立场不同而已。因此，分析阶级斗争要学会用阶级分析的方法，用马克思主义的阶级和阶级斗争观点去观察和认识阶级社会的社会历史现象。阶级分析方法为我们透过复杂的阶级社会现象，认识阶级社会的本质和规律，提供了科学的指导。

【教材内容链接】《马克思主义基本原理》第三章第二节"社会历史发展的动力"之"阶级斗争、社会革命在社会发展中的作用"——马克思主义的阶级分析方法是认识阶级社会的科学方法

【案例七】阶级之别

桑条无叶土生烟，箫管迎龙水庙前。
朱门几处看歌舞，犹恐春阴咽管弦。

——[唐]李约《观祈雨》

【案例分析】

久旱无雨，桑树枝都长不出叶子来，地面异常干燥，尘土飞扬，土地好像要生烟燃烧。龙王庙前，人们敲锣打鼓，祈求龙王普降甘霖。而富贵人家却处处观赏歌舞，还怕春天的阴雨使管弦乐器受潮而发不出清脆悦耳的声音。

此诗写观看祈雨的感慨。通过大旱之日两种不同生活场面、不同思想感情的对比，深刻揭露了封建社会尖锐的阶级矛盾。首句先写旱情，这是祈雨的原因。此诗紧紧抓住春旱特点，"桑条无叶"是写春旱毁了养蚕业，"土生烟"则写出春旱对农业的严重影响。因为庄稼枯死，便只能见"土"；树上无

叶,便只能见"条"。"水庙"即龙王庙,是古时祈雨的场所。此诗第二句所写"箫管迎龙"是指赛神场面。在箫管鸣奏声中,人们表演各种娱神的节目,看上去煞是热闹,但祈雨群众只是强颜欢笑,内心是焦急的。这里虽不明说"农夫心内如汤煮",但意思已全有了。

  诗的后两句则可以说是观祈雨的感想。前后两种场面,形成一组对照。水庙前是无数百姓,箫管追随,恭迎龙神;而少数"几处"富家,同时也在品味管弦,欣赏歌舞。一方是唯恐不雨;一方却"犹恐春阴"。唯恐不雨者,是因生死攸关的生计问题;"犹恐春阴"者,则仅仅是怕丝竹受潮,声音哑咽而已。这样,一方是深重的殷忧与不幸,另一方却是荒嬉与闲愁。通过大旱之日两种不同生活场面、不同思想感情的对比,深刻揭露了封建社会尖锐的阶级矛盾。

  阶级社会是指存在着两大对抗阶级,而且这两大阶级之间的斗争主宰着社会政治生活的社会,特指奴隶社会、封建社会和资本主义社会。对于阶级社会的社会历史现象,我们要坚持阶级分析方法,学会运用马克思主义的阶级和阶级斗争观点去进行观察和分析,从而更好地为我们透过复杂的阶级社会现象认识阶级社会的本质和规律提供科学的指导。

  【教材内容链接】《马克思主义基本原理》第三章第二节"社会历史发展的动力"之"阶级斗争、社会革命在社会发展中的作用"——马克思主义的阶级分析方法是认识阶级社会的科学方法

【案例八】变通发展

  神农氏没,黄帝、尧、舜氏作,通其变,使民不倦,神而化之,使民宜之。易穷则变,变则通,通则久。是以自天佑之,吉无不利。

——[殷周至秦汉]《周易·系辞》

【案例分析】

  神农氏过世之后,黄帝、尧、舜相继兴起,在他们的带领下,社会生产和

百姓生活水平不断改善和提高,百姓不感到疲倦,通过高明神奇的方法教化民众,使民众适应新东西。《易经》强调的道理是:当事物发展到极点时就会产生变化,变化就可以畅通,畅通就可以长久。因此,就会得到上天的庇佑,吉祥而没有不顺利。

这段文字中最著名的话是"穷则变,变则通,通则久"。人类社会是在不断发展和进步的,在经历了上古时代伏羲氏的渔猎时期和神农氏的农业初期之后,人类拥有了生产工具,使生产力得到了发展,百姓的生活得到了改善和提高。到了黄帝、尧、舜统治的时期,统治者根据《周易》的智慧,发明创造了更多的东西,并通过教化民众,使民众适应和使用这些新东西,社会和人类文明得以进一步发展。统治者"变易"的智慧能够适应社会发展的需要,做出正确的变化和调整,使社会得到长久、畅通的发展。因此,就会得到上天的庇佑,吉祥而没有不顺利。

社会主义社会也是一个需要改革并经常进行改革的社会。2014年9月3日,在纪念中国人民抗日战争暨世界反法西斯战争胜利69周年座谈会上的讲话中,习近平总书记就指出:"'穷则变,变则通,通则久。'改革开放是决定当代中国命运的关键一招,也是实现中华民族伟大复兴的关键一招。"[①]"穷则变,变则通,通则久"的思想深入中国社会各个方面,对后世影响深远。变通而图存,自古至今,个人如此,国家亦然,在发展受阻时,应善于打破不合时宜的老规矩,灵活变通,才能寻找到发展的新出路。

【教材内容链接】《马克思主义基本原理》第三章第二节"社会历史发展的动力"之"阶级斗争、社会革命在社会发展中的作用"——改革在社会发展中的作用

---

① 习近平:《在纪念中国人民抗日战争暨世界反法西斯战争胜利69周年座谈会上的讲话》,《人民日报》,2014年9月4日。

中华优秀传统文化融入《马克思主义基本原理》案例研究指南

【案例九】破旧前行

苟利于民,不必法古;苟周于事,不必循旧。

——[西汉]刘安及其门客《淮南子·氾论训》

【案例分析】

如果对人民有好处,就不必非要效法古制;只要适合实际情况,有助于事情成功,就不必一定要遵循旧法。

这是古人创新思维的深刻体现。在今天,重温"苟利于民,不必法古;苟周于事,不必循旧"这句智慧的话语,对我们仍然有着重要的现实意义。

首先,"不法古,不循旧"是继续推进改革的需要。当今时代,正在经历一轮新的大发展、大变革、大调整。在新变化、新形势下,只有主动地变革,才能适应乃至引领世界的潮流。这就是习近平总书记所指出的:"变革创新是推动人类社会向前发展的根本动力。谁拒斥改革,谁拒绝创新,谁就会落后于时代,谁就会被历史淘汰。"[①]只有顺应历史潮流,坚持有利于人民、有利于社会发展的原则,实事求是,与时俱进,不断解放思想,持续改革创新,才能将我们的事业不断推向前进。

其次,改革也是我们个人发展的需要。随着现代科技的发展,人类的生活状况已经发生了翻天覆地的变化。而在即将到来的人工智能时代,我们将面对更多前所未有的挑战。套用清末李鸿章的感慨,我们所面临的,是"三千年未有之奇变"。在新时代,如何做一个不被人工智能取代的人,是每个人都必须思考的问题。这同样需要我们有"不法古""不循旧"的决心和勇气。

【教材内容链接】《马克思主义基本原理》第三章第二节"社会历史发展的动力"之"阶级斗争、社会革命在社会发展中的作用"——改革在社会发展中的作用

---

① 习近平:《开放共创繁荣 创新引领未来——在博鳌亚洲论坛 2018 年年会开幕式上的主旨演讲》,《人民日报》,2018 年 4 月 11 日。

第三章 人类社会及其发展规律

【案例十】变革降胡人

赵武灵王北略中山之地,至房子,遂至代,北至无穷,西至河,登黄华之上。与肥义谋胡服骑射以教百姓,曰:"愚者所笑,贤者察焉。虽驱世以笑我,胡地、中山,吾必有之!"遂胡服。

——[北宋]司马光《资治通鉴·赵武灵王胡服骑射》

【案例分析】

赵武灵王向北进攻中山国,大兵经房子,抵达代地,再向北直至数千里的大漠,向西攻到黄河,登上黄华山顶,与国相肥义商议让百姓穿短衣胡服,学骑马与射箭。他说:"愚蠢的人会嘲笑我,但聪明的人会明白的。即使天下的人都嘲笑我,我也这么做,一定能把北方胡人的领地和中山国都夺过来!"于是改穿胡服。

为了抵御北方胡人的进攻,赵武灵王让自己国家的人民改穿胡服、学习射箭,这是思想文化方面的一场伟大变革,同时对于赵国战斗力的提升有极大的促进作用。赵武灵王敢于变革的勇气、坚持变革的毅力和善于变革的智慧,非常值得我们后人学习。

从一定意义上说,改革是解决社会基本矛盾、促进生产力发展推动社会进步的有效途径和手段,其所涉及的领域是多方面的,包括经济改革、政治改革、文化改革等。社会主义社会也是一个需要改革并经常进行改革的社会。党的十一届三中全会吹响了改革开放的嘹亮号角,我们冲破了"两个凡是"的严重束缚,把全党的工作重心转移到改革开放和社会主义现代化建设上来。改革开放成为中国历史发展的伟大转折,带来了中华大地翻天覆地的变化,在党的改革开放政策指引下,中国人民真正地走上了富裕的道路!正是由于我们党自觉地推进全面改革,才能使中国特色社会主义事业不断发展,中国特色社会主义制度更加成熟,国家治理体系和治理能力现代化水平持续提升。

【教材内容链接】《马克思主义基本原理》第三章第二节"社会历史发展

的动力"之"阶级斗争、社会革命在社会发展中的作用"——改革在社会发展中的作用

【案例十一】守株待兔

宋人有耕者。田中有株,兔走触株,折颈而死。因释其耒而守株,冀复得兔。兔不可复得,而身为宋国笑。今欲以先王之政,治当世之民,皆守株之类也。

——[战国]韩非子《韩非子·五蠹》

【案例分析】

宋国有个耕田的人,他的田里有树桩。一只奔跑的兔子撞在树桩上,扭断脖子死了。于是,这个耕田的人便放下他的农具守在树桩旁边,希望能再得到一只兔子。兔子不可能再次得到了,而他这样的行为却被宋国人耻笑。现在(如果)国君想用先王的治国方略,治理当今的百姓,都是在犯和那个宋国人守株待兔一样的错误。

韩非在《五蠹》这部作品中认为,历史是不断发展进步的,如果当今之世还赞美"尧、舜、汤、武之道""必为新圣笑矣"。因此他主张"不期修古,不法常可""世异则事异""事异则备变",也就是说要根据今天的实际来制定政策。在讲述这些观点时,他讲了"守株待兔"这个故事。那个宋国的农民因为兔子撞在树桩上自己得到了利益,于是连农活也不干了,就守在树桩前,还希望发生兔子撞死的事。他不明白这样一个道理——"此一时彼一时",事物一直在运动变化着,一切均应以时间、地点、条件为转移。韩非用这个故事意在说明:那些一味崇尚"先王之教"的国君,就如同这个宋国人一样,并不明白先前的政策并不能适应今天的世情。后人把韩非讲的这个故事称作"守株待兔",并成为成语,意思是守着树桩等着兔子来撞死,用以比喻死守经验,不知变通。

天地间没有不变的事情,天地间的一切事情,都无时无刻不发生变化。

因此只有洞悉社会发展变化,把握规律,善于打破不合时宜的老规矩,革除阻碍社会发展的种种弊端,才能寻找到发展的新出路,以变通而求生存,以改革而求发展。

【教材内容链接】《马克思主义基本原理》第三章第二节"社会历史发展的动力"之"阶级斗争、社会革命在社会发展中的作用"——改革在社会发展中的作用

【案例十二】持续改进

汤之《盘铭》曰:"苟日新,日日新,又日新。"

——[西汉]戴圣《礼记·大学》

【案例分析】

商朝建立者商汤在天天用来盥洗的盥洗盆上刻上"苟日新,日日新,又日新"的铭文警示自己。"苟日新",意即如每天能洗干净自己身上的污垢,那就应当天天清洗。此句以沐浴自新,比喻道德日进。"日日新,又日新",谓精诚其意,修德无已。合在一起就是说:诚然如果有一天能够获得新的进步,就要一天一天都有新的进步,还要再继续天天有新的进步。

"苟日新,日日新,又日新"这句名言,是2013年5月4日习近平总书记同各界优秀青年代表座谈时,谈到在实现中国梦的生动实践中放飞青春梦想时所引用的。习近平总书记说:"广大青年一定要勇于创新创造。创新是民族进步的灵魂,是一个国家兴旺发达的不竭源泉,也是中华民族最深沉的民族禀赋,正所谓'苟日新,日日新,又日新'。生活从不眷顾因循守旧、满足现状者,从不等待不思进取、坐享其成者,而是将更多的机遇留给善于和勇于创新的人们。"[①]

---

① 习近平:《在同各界优秀青年代表座谈时的讲话》,《人民日报》,2013年5月5日。

创新是一个国家兴旺发达的不竭源泉，也是中华民族最深沉的民族禀赋。今天我们重温"苟日新，日日新，又日新"的古训，并将其与改革创新相联系，能够帮助我们更好地继承"革故鼎新"精神，深入推进全面深化改革，不仅在科技创新、制度创新上积极有为，更须认真体会古人"日新其德"的精神，做由内而外、德业齐新的"时代新人"。

【教材内容链接】《马克思主义基本原理》第三章第二节"社会历史发展的动力"之"阶级斗争、社会革命在社会发展中的作用"——改革在社会发展中的作用

【案例十三】便国不法古

公孙鞅曰："前世不同教，何古之法？帝王不相复，何礼之循？伏羲、神农，教而不诛；黄帝、尧、舜，诛而不怒；及至文、武，各当时而立法，因事而制礼。礼、法以时而定；制、令各顺其宜；兵甲器备，各便其用。臣故曰：治世不一道，便国不必法古。汤、武之王也，不脩古而兴；殷、夏之灭也，不易礼而亡。然则反古者未必可非，循礼者未足多是也。"

——［战国］商鞅《商君书·更法》

【案例分析】

在秦孝公同大臣们讨论强国政策的过程中，公孙鞅提出了自己的变法思想，说服了秦孝公。公孙鞅在讨论中指出，历史上以前的朝代之政教都不一样，我们如何去效法古代的法度呢？古代帝王实行的法度都不相互承袭，又有什么礼制可以遵循呢？伏羲、神农教化从不采用诛杀的方式，而黄帝、尧、舜却实行了诛杀。到周文王与周武王时，则是顺世而为制定各自的法度，根据各自的实际情况建立礼制。法度和礼制都要依据时势来建立，各类兵器、器具制造要求使用方便。公孙鞅指出了治理国家不能只用一种方法，只要有利于国家不必非要仿照古法。商汤和周武王于天下称王，并不是由于他

们效法古法才强盛。殷朝与夏朝王朝的覆灭,并不是因为他们改变了旧的礼制才灭亡的。因此,违反旧法度的人,并不一定要遭责难;遵循旧礼的人,并不一定值得肯定。

改革是社会发展的动力。它与社会革命不同,并不否定现存制度,而是对现存制度加以改良,使之尽量适应不断变化的时代。习近平总书记强调,"全面深化改革是关系党和国家事业发展全局的重大战略部署,不是某个领域某个方面的单项改革"①。党的十八大以来,以习近平同志为核心的党中央统筹推进"五位一体"总体布局,协调推进"四个全面"战略布局,在政治、经济、文化、社会、生态文明和党的建设等各个领域推出一千五百多项改革举措,为党和国家事业取得历史性成就、发生历史性变革提供了有力保障。党的十九大开启了决胜全面建成小康社会、全面建设社会主义现代化国家新征程。在二十大报告中,习近平指出,新时代十年的伟大变革,"我们以巨大的政治勇气全面深化改革,打响改革攻坚战,加强改革顶层设计,敢于突进深水区,敢于啃硬骨头,敢于涉险滩,敢于面对新矛盾新挑战,冲破思想观念束缚,突破利益固化藩篱,坚决破除各方面体制机制弊端,各领域基础性制度框架基本建立,许多领域实现历史性变革、系统性重塑、整体性重构,新一轮党和国家机构改革全面完成,中国特色社会主义制度更加成熟更加定型,国家治理体系和治理能力现代化水平明显提高"②。新时代的十多年来,党在全面深化改革上取得的种种成就都充分表明,改革是社会主义社会发展的强大动力。

【教材内容链接】《马克思主义基本原理》第三章第二节"社会历史发展

---

① 《习近平谈治国理政》(第一卷),外文出版社,2018年,第87页。
② 习近平:《高举中国特色社会主义伟大旗帜 为全面建设社会主义现代化国家而团结奋斗——在中国共产党第二十次全国代表大会上的报告》,《人民日报》,2022年10月26日。

的动力"之"阶级斗争、社会革命在社会发展中的作用"——改革在社会发展中的作用

【案例十四】王安石变法

帝问为治所先,安石对曰:"择术为先。"帝曰:"唐太宗何如?"曰:"陛下当法尧、舜,何以太宗为哉!尧、舜之道至简而不烦,至要而不迂,至易而不难,但末世学者不能乃知,以为高不可及耳。"帝曰:"卿可谓责难于君,恐无以副卿此意。可悉意辅朕,庶同跻此道!"

——[明]陈邦瞻《宋史纪事本末·王安石变法》

【案例分析】

神宗问治理国家应当首先做什么事,王安石回答说:"首先要选择推行政策的方法。"神宗问道:"唐太宗怎么样?"王安石答道:"陛下应当效法尧、舜,何必要效法唐太宗!尧、舜之道,极其简明而不繁杂,扼要而不迂阔,容易而不繁难,但是后世求学的人不能通晓,因此认为高不可及。"神宗说:"你这可以说是以难为之事要求我了,我恐怕无法与你的这番好意相称。你可以尽心尽意地辅助我,希望共同成就这一目标。"

王安石变法,反对者曾经用"天变不足畏,祖宗不足法,流俗之言不足恤"来试图诋毁和贬低王安石的努力。但王安石力排众议,坚持推行变法措施。他认为为政不能墨守成规,要根据形势变化和发展需求采取合适的措施。

在看待国家的发展局势和社会变革方面,韩非认为"上古竞于道德,中世逐于智谋,当今争于气力",主张"世异则事异,事异则备变"。在秦汉以前,许多诸如此类的思想都成了当时社会发展和变革的重要指导思想,这也从侧面上肯定了"变革"的重要性,认为变革对于社会进步起到了一定的促进作用。

王安石变法增加了政府的财政收入,加强了国家的军事力量,在一定程

度上改变了北宋积贫积弱的局面,客观上有利于社会进步。王安石所处时代距今已有千年之久,他的一些具体变法措施或许已不适用。但王安石的变法思想和马克思主义关于"革命"的理论具有一定的契合性,二者的目的都是为了推动社会进步。虽然王安石生活和变法的年代,与我国当前的改革开放时代不能相提并论,也不应将二者作简单的类比,但敢于自我革命和改革创新的中国共产党人无疑是王安石及其变法所蕴含的优秀民族精神的忠实继承者和发展者。在实现中华民族伟大复兴的进程中,我们尤其需要学习王安石敢于担当、不畏艰难的改革气魄,发扬王安石的优秀品质和变法精神。

【教材内容链接】《马克思主义基本原理》第三章第二节"社会历史发展的动力"之"阶级斗争、社会革命在社会发展中的作用"——改革在社会发展中的作用

第三节 人民群众在历史发展中的作用

唯物史观又被称为"群众史观"。把人民群众放在至高无上的地位,无私无我地服务和奉献于人民群众,体现了马克思主义政党和马克思主义者的情怀和境界。那么,人民群众在社会发展中的作用如何来体现?历史人物在社会发展中的作用又如何来理解?

这是人类历史上长期困扰人们的难题。唯物史观第一次科学地回答了这些问题。

本节共精选7个中华优秀传统文化案例,用以阐释和印证人民群众是历史的创造者;个人在社会历史中的作用;群众、阶级、政党、领袖的关系三个问题。

中华优秀传统文化融入《马克思主义基本原理》案例研究指南

【案例一】悲悯情怀

安得广厦千万间,大庇天下寒士俱欢颜!风雨不动安如山。呜呼!何时眼前突兀见此屋,吾庐独破受冻死亦足!

——[唐]杜甫《茅屋为秋风所破歌》

【案例分析】

怎能得到广厦千万间,为天下的寒士们遮风挡雨使大家都有欢颜,风雨不动安稳如山。唉!什么时候眼前出现这高大的房屋?我的草堂破了我被冻死了也满足!这是杜甫作为一个儒家思想知识分子的殷殷愿望。关心百姓民生疾苦,有着兼济天下的雄心壮志。

古往今来,许多有作为的官员都视关心百姓疾苦为己任。从杜甫的"安得广厦千万间,大庇天下寒士俱欢颜",到于谦的"但愿苍生俱温饱,不辞辛苦出深林",都充分说明心无百姓莫为官。习近平总书记在2017年12月31日发表2018年新年贺词中引用这句诗时指出,"2017年我们召开了中国共产党第十九次全国代表大会,开启了全面建设社会主义现代化国家新征程。340万贫困人口实现易地扶贫搬迁、有了温暖的新家,各项民生事业加快发展,生态环境逐步改善,人民群众有了更多获得感、幸福感、安全感。我们朝着实现全面建成小康社会的目标又迈进了一大步。"我们党为人民而生、因人民而兴。以习近平同志为核心的党中央创造性地运用和发展了唯物史观关于人民群众创造历史的基本原理,提出坚持以人民为中心的发展思想,鲜明地体现了马克思主义政党的政治立场和执政理念,体现了共产党人的价值取向和工作导向。

【教材内容链接】《马克思主义基本原理》第三章第三节"人民群众在历史发展中的作用"之"人民群众是历史的创造者"——人民群众在创造历史过程中的决定作用

【案例二】载舟覆舟

君者,舟也;庶人者,水也。水则载舟,亦则覆舟。

——[战国]荀子《荀子·王制》

【案例分析】

君主就像是船,而老百姓则像是水,水可以托船,也可以掀翻船。

民本思想早在夏商周时代就已经开始萌芽。《尚书》中记载:"皇祖有训,民可近不可下。民为邦本,本固邦宁。"在孔子思想的基础上,孟子又进一步完善为"民为贵,社稷次之,君为轻",荀子同样主张"君者,舟也;庶人者,水也。水则载舟,水则覆舟"。民本思想深深铭刻在中国传统文化中。

马克思主义认为人民群众是社会历史的主体,是历史的创造者。1934年,中央红军第五次反"围剿"失败,毛泽东依然充满信心地写下:"真正的铜墙铁壁是什么?是群众,是千百万真心实意地拥护革命的群众。这是真正的铜墙铁壁,什么力量也打不破的,完全打不破的。"[①]中国特色社会主义是中国人民开创和推进的伟大事业。以习近平同志为核心的党中央站在时代和历史的高度,总结和概括了人民群众在中国特色社会主义实践中的伟大创造作用和主体地位,提出坚持以人民为中心的发展思想,充分反映和顺应了人民群众的根本利益诉求,深刻阐明了中国共产党作为执政党的历史使命,进一步明确了实现人民对美好生活向往的奋斗目标。

【教材内容链接】《马克思主义基本原理》第三章第三节"人民群众在历史发展中的作用"之"人民群众是历史的创造者"——人民群众在创造历史过程中的决定作用

---

① 《毛泽东选集》(第一卷),人民出版社,1991年,第139页。

【案例三】天下为民

得天下有道,得其民,斯得天下矣。得其民有道,得其心,斯得民矣。得其心有道,所欲与之聚之,所恶勿施尔也。

——[战国]孟子、其弟子及其再传弟子《孟子·离娄上》

【案例分析】

得天下有办法,只要得到百姓,就可以得天下了;得到百姓也有办法,只要得到他们的心,就可以得到百姓了;要得到百姓的心有办法,只要把他们所希望得到的给予他们,而对他们所厌恶的就不予施加而已。

孟子从正面剖析了得天下、得民心的正确做法:得天下的方法,在于获得百姓支持;获得百姓支持的方法,在于获得民心;获得民心的方法,在于给予和聚积百姓想要的,去掉百姓所厌恶的。这说明了得民心的重要性,体现了他强烈的民本思想。

历史反复证明着"得失民心"与"得失天下"的关系。战国末期,百姓希望结束战争,走向统一,于是秦朝顺势而立。但秦的暴政又使其失去民心,早早地结束了千秋王朝梦。元以其强大的军事实力击败宋朝,建立了幅员辽阔的帝国,但因不得民心,不到百年便走向土崩瓦解。清朝同元朝一样,也是一个非汉族建立的政权,而且明末清初还有许多志士仁人反清复明,掀起了一波又一波的反抗,但是清初的统治者奖励垦荒,减免捐税,带给百姓和平与安宁,颇得民心,实现了中国历史上少有的繁荣。

我们党为人民而生、因人民而兴。我们党带领人民打江山、守江山,守的就是人民的心。中国共产党的根基在人民、血脉在人民、力量在人民。在革命、建设、改革的每一个关键阶段、每一次重大关头,我们党都始终紧紧依靠人民战胜困难、赢得胜利。这些成就的取得,归根结底就在于我们党始终把人民放在心中最高的位置,始终牢记"我是谁、为了谁、依靠谁",始终把人民幸福镌刻在通向民族伟大复兴的里程碑上。

第三章　人类社会及其发展规律

人民群众是社会历史的的创造者,在社会历史发展过程中起着决定性的作用。人民群众是社会历史实践的主体,是社会物质财富的创造者,是社会精神财富的创造者。纵观历史,古往今来的有识之士,都强调治理国家要高度关注广大老百姓的真实诉求,历史已经证明并将继续证明这一点。

【教材内容链接】《马克思主义基本原理》第三章第三节"人民群众在历史发展中的作用"之"人民群众是历史的创造者"——人民群众在创造历史过程中的决定作用

【案例四】吴起吮疽

起之为将,与士卒最下者同衣食。卧不设席,行不骑乘,亲裹赢粮,与士卒分劳苦。卒有病疽者,起为吮之。卒母闻而哭之。人曰:"子,卒也,而将军自吮其疽,何哭为?"母曰:"非然也。往年吴公吮其父,其父战不旋踵,遂死于敌。吴公今又吮其子,妾不知其死所矣。是以哭之。"

——[西汉]司马迁《史记·孙子吴起列传》

【案例分析】

吴起作为将领,和最下等的士兵穿同样的衣服吃同样的饭。睡觉不铺垫褥,行军不骑马乘车,亲自背负多余的粮食,和士兵们分担劳苦。士兵里有个害毒疮的,吴起替他吮吸脓液。这个士兵的母亲听说后就哭了。有人问:"你儿子是小卒,而将军却亲自为他吮吸毒疮,为什么还哭呢?"那位母亲说:"不是这样啊。往年吴将军替他父亲吮吸毒疮,他父亲在战场上勇往直前,于是死在了敌人手里。如今吴将军又给我儿子吮吸毒疮,我不知道他又会死在什么地方了,就是因为这个才哭。"

《史记》中记载的这则"吴起吮疽"的故事,通过吴起为士卒"吮疽"这个细节,反映了吴起的爱兵如子;而通过士卒母亲的一番话,则反映了士卒在战场上争相为之效命。正因为有"爱兵如子"之因,才会有"争相效命"之果。

"吴起吮疽"的故事启示我们:一个领导者只要真心实意地关心群众,群众的感情是朴素的,滴水之恩必然换来涌泉相报。唯物史观关于人民群众是历史的创造者的原理,要求我们坚持马克思主义群众观点,贯彻党的群众路线。群众路线是群众观点的具体应用,即一切为了群众,一切依靠群众,从群众中来,到群众中去。群众路线是我们党的生命线和根本工作路线,也是我们党的优良传统,是党在革命、建设、改革中不断取得胜利的重要法宝,要把群众路线贯彻到治国理政全部活动之中。无论是作决策还是抓工作、促落实,都要体现党性要求和宗旨意识,都要坚持人民至上,坚持以人民为中心的发展思想,始终走好群众路线。

【教材内容链接】《马克思主义基本原理》第三章第三节"人民群众在历史发展中的作用"之"人民群众是历史的创造者"——无产阶级政党的群众路线

【案例五】反裘负刍

魏文侯出游,见路人反裘而负刍,文侯曰:"胡为反裘而负刍?"对曰:"臣爱其毛。"文侯曰:"若不知其里尽而毛无所恃邪?"

明年,东阳上计,钱布十倍,大夫毕贺。文侯曰:"此非所以贺我也。譬无异夫路人反裘而负刍也,将爱其毛,不知其里尽,毛无所恃也。今吾田地不加广,士民不加众,而钱十倍,必取之士大夫也。吾闻之,下不安者,上不可居也。此非所以贺我也。"

——[西汉]刘向《新序·杂事二》

【案例分析】

魏文侯出游,看见路上有个人反穿着皮衣背柴火,魏文侯问:"为什么反穿着皮衣背柴火?"那人回答说:"我爱惜皮衣的毛。"文侯说:"你不知道它的皮子没有了,毛就没地方依附了吗?"

第二年,东阳官府送来上贡的礼单,钱增加了十倍。大夫全来祝贺。文侯说:"这不是你们应该向我道贺的。这就如同那个反穿着皮衣背柴火的人一样,想爱惜皮衣上的毛,却不知道它的皮没有了,毛就无处附着了。现在我的田地没有扩大,百姓没有增加,但钱增加了十倍,这一定是士大夫设法谋取的。我听说:百姓生活不安定,帝王也就不能安坐享乐了。这不是你们应该向我道贺的。"

这则故事反映了魏文侯的"民本"思想,他把百姓比作"皮",而自己则是附着在"皮"上的"毛"。只有百姓生活安定了,他的位子才能坐得安稳。他不希望靠增加百姓负担的办法,来提高财政收入。"反裘负刍"后为成语,形容贫穷劳苦。

无产阶级政党是最广大人民群众利益的最忠实代表。无产阶级政党除了无产阶级和人民群众的利益,没有自己特殊的利益。必须坚持立党为公、执政为民,权为民所用、情为民所系、利为民所谋。无产阶级政党在自己的一切工作中,必须依靠人民群众的力量,集中人民群众的智慧,获取人民群众的信任和支持。

【教材内容链接】《马克思主义基本原理》第三章第三节"人民群众在历史发展中的作用"之"人民群众是历史的创造者"——无产阶级政党的群众路线

【案例六】子产不毁乡校

郑人游于乡校以论执政。然明谓子产曰:"毁乡校,何如?"子产曰:"何为?夫人朝夕退而游焉,以议执政之善否。其所善者,吾则行之;其所恶者,吾则改之。是吾师也,若之何毁之?我闻忠善以损怨,不闻作威以防怨。岂不遽止?然犹防川:大决所犯,伤人必多,吾不克救也;不如小决使道,不如吾闻而药之也。"然明曰:"蔑也今而后知吾子之信可事也。小人实不才。若果行此,其郑国实赖之,岂唯二三臣?"

仲尼闻是语也,曰:"以是观之,人谓子产不仁,吾不信。"

——[春秋]左丘明《左传·襄公三十一年》

【案例分析】

郑国人到乡校休闲聚会,议论执政者施政措施的好坏。郑国大夫然明对子产说:"把乡校废除了,怎么样?"子产说:"为什么?人们早晚干完活儿回来到这里聚一下,议论一下施政措施的好坏。他们喜欢的,我们就推行;他们讨厌的,我们就改正。这是我们的老师,为什么要毁掉它呢?我听说过尽力做善事来减少怨恨,没听说过靠摆威风来堵塞怨恨。难道不能很快地制止?但是(这防怨)就像堵塞河水溃决一样:河水大决口造成的损害,伤害的人必然很多,我是挽救不了的;不如开个小口疏通河道,不如我听取(这些议论后)把它当作治病的良药。"然明说:"我从现在起才知道您确实可以成大事。小人确实没有才能。如果真的这样做,恐怕郑国真的就有了依靠,岂止是有利于我们这些臣子!"孔子听到了这番话后说:"照这些话看来,人们说子产不行仁政,我是不相信的。"

从群众中来,到群众中去,是无产阶级政党的领导方法,也是群众路线的基本工作方法。对群众的意见不能采取压制的办法,应该多给人民以议政参政的渠道,以便从舆论褒贬中察得失,纳群言,明决策,从而给民众和社会带来更多的福祉。

【教材内容链接】《马克思主义基本原理》第三章第三节"人民群众在历史发展中的作用"之"人民群众是历史的创造者"——无产阶级政党的群众路线

【案例七】英雄应势生

时势造英雄。

——[清]梁启超《李鸿章传》

【案例分析】

特定的历史条件(如社会动荡),会使人的聪明才智显露出来,并相互作用,使之成为英雄人物。

一个英雄的出现是由他当时所处的社会客观环境造成的。有智慧的人,懂得在特定历史条件下顺势而为,做利国利民的事。《孟子》中有两句话:"虽有智慧,不如乘势,虽有镃基,不如待时!"

"时势造英雄"是我们最常说的话。从世界历史进程来看,英雄能有所成就,是因为环境恰好适合他们发展,从而催生了这些有胆识、有能力、有作为的人成为英雄。

杰出人物的出现具有必然性。杰出人物会因其智慧、性格因素对社会进程产生影响,但这些作用仅仅是历史进程中的偶然现象。不管什么样的历史人物,在历史上发挥什么样的作用,都要受到社会发展客观规律的制约,而不能决定和改变历史发展的总进程和总方向。如果看不到历史人物活动的社会制约性,割裂必然与偶然的关系,就势必会夸大个人的作用,进而否定或歪曲历史发展的规律。任何历史人物的出现都体现了必然性与偶然性的统一。

【教材内容链接】《马克思主义基本原理》第三章第三节"人民群众在历史发展中的作用"之"个人在社会历史中的作用"——辩证地理解和评价个人的历史作用

第四章 资本主义的本质及规律

人类社会在走出原始社会后,开始进入以生产资料私有制为基础、以阶级和阶级对立的存在为特征的发展轨道,奴隶社会、封建社会、资本主义社会是建立在私有制基础上的三种社会形态。马克思主义不仅揭示了人类社会发展的一般规律,而且揭示了资本主义社会发展的特殊规律。特别是马克思的劳动价值论和剩余价值论,科学揭示了资本主义生产方式的本质和资本主义剥削的秘密,为我们透视资本主义政治和意识形态的本质、把握资本主义的历史命运奠定了坚实的基础。

本章共精选 15 个中华优秀传统文化案例,用以阐释和印证商品经济和价值规律,资本主义经济制度,资本主义上层建筑三个问题。

第一节 商品经济和价值规律

商品是资本主义经济的细胞,马克思正是从解剖这个细胞开始,创立了科学的劳动价值论,通过揭示商品经济的基本规律即价值规律,为揭开资本主义剥削的秘密奠定了科学基础。

本节共精选6个中华优秀传统文化案例,用以阐释和印证商品经济的形成和发展,价值规律及其作用,以私有制为基础的商品经济的基本矛盾,深刻认识马克思劳动价值论的当代价值四个问题。

【案例一】物之价值

> 世间之物虽生于天地,然皆必资以人力,而后能成其用。其体有大小精粗,其功力有浅深,其价有多少。直而至于千钱,其体非大则精,必非一日之功所成也。

——[明]丘浚《大学衍义补》

【案例分析】

这里的"物"是指劳动生产物,物之"用"是指物的使用价值。这里的"价值",是区别于"用",即使用价值的另一概念。功力即劳动,亦即抽象劳动,功力的深浅则指劳动耗费的多少,即劳动量的大小。这段话意思是说,世间一切有用的物品,一般都是自然界与人类劳动相结合的产物。它们在市场上的销售价格,则会有多有少,存在参差不齐,这些皆与在生产过程中所消耗的劳动程度和劳动时间相关。至于售价高达千钱者,非属大件,便为优质的物品,它就必然不是耗费一天劳动时间所能完成的。这无异于认为价值的大小与耗费的劳动时间有关。

当然,丘浚当时还不知道具体劳动与抽象劳动的区别,也不懂得价值与价格的区别,但邱浚以相当明确的形式提出了劳动决定价值的论点。这些认识固然还很粗糙,但在当时来说确实是一个重要的发现。他比西方最早接触劳动价值观点的资产阶级思想家还早一百多年。

马克思科学地揭示了商品的二因素和生产商品的劳动的二重性。商品具有使用价值和价值两个因素或两种属性,是使用价值和价值的矛盾统一体。商品是劳动产品,生产商品的劳动具有二重性,即具体劳动和抽象劳动。正是劳动的二重性决定了商品的二因素。商品的价值是凝结在商品中的无差别的一般人类劳动,即人的脑力和体力的耗费。价值量是由劳动者生产商品所耗费的劳动量决定的,而劳动量则按照劳动时间来计量。决定商品价值量的不是生产商品的个别劳动时间,而是社会必要劳动时间。

【教材内容链接】《马克思主义基本原理》第四章第一节"商品经济和价值规律"之"商品经济的形成和发展"——商品的二因素和生产商品的劳动的二重性

【案例二】价值相当

必物与币两相当值。

——[明]丘濬《大学衍义补·铜楮之币上》

【案例分析】

商品和货币必须等价交换。

这句话体现的是等价交换。丘濬认为商品和货币都具有价值,商品买卖是等价交换。

等价交换是商品交换的一般原则。价值规律的主要内容和客观要求是:商品的价值量由生产商品的社会必要劳动时间决定,商品交换以价值量为基础,按照等价交换的原则进行。丘濬"必物与币两相当值"的思想与价值规律的内容是相符的。

商品的价值取决于生产该商品所耗费的社会必要劳动时间。在物物交换中,交换双方总是能大体地估算出对方的成本耗费,从而实现等成本耗费的交换。货币出现以后,商品和货币的交换成为普遍形式,因而等劳动时间交换体现为价格与正常价格相符。但实际上,商品的价格并不总是同正常价格相一致的,只有在供求平衡的条件下才与正常价格相一致。在商品交易竞争中,商品的供求不断变化,供过于求时价格下跌;求过于供时价格上涨。这种由市场调节的价格升降又反过来引导生产和消费,从而影响市场供求,驱使供求趋向一致,导致商品价格向该商品的正常价格靠拢。市场价格围绕正常价格的运动,使价格在趋势上与正常价格趋于一致,使等价交换原则得以表现出来。

等价交换原则是商品交换的基本原则。它保证各部门的物质生产耗费从商品的出售价格中得到补偿,并获得平均利润,从而使社会再生产得以顺利进行。在私有制社会中,价值规律自发地调节生产,刺激生产技术的改进,加速商品生产者的分化。在社会主义社会中,由于社会主义经济是在公有制基础上的有计划的商品经济,因此社会主义市场经济必须自觉依据和运用价值规律,以促进社会主义经济的发展。在社会主义市场经济中,一方面要充分利用价值规律,让市场在资源配置中起决定性作用;另一方面,也要认识到价值规律的局限性,更好发挥政府作用,使市场更加稳健地运行,更好地服务于提升综合国力和改善人民生活水平,坚决防止出现两极分化。

【教材内容链接】《马克思主义基本原理》第四章第一节"商品经济和价值规律"之"价值规律及其作用"——价值规律及其作用

【案例三】有利有弊

磨刀恨不利,刀利伤人指。

——[明]佚名《增广贤文》

是药三分毒。

——[明]刘纯《药治通法补遗》

【案例分析】

磨刀都想着要磨得锋利,但刀锋利了也会伤人的手指。

药有治疗功效,但也会有一定的副作用。

上述两句话都指出一个共同的道理——任何事物都有利有弊,要一分为二的看待问题。在商品经济中,价值规律自发的产生作用。价值规律在市场配置资源过程中的作用表现在:第一,自发地调节生产资料和劳动力在社会各生产部门之间的分配比例;第二,自发地刺激社会生产力的发展;第三,自发地调节社会收入的分配。

价值规律在对经济活动进行自发调节时,也会造成一些消极的后果。第一,导致社会资源浪费。价值规律自发调节社会资源在社会生产各个部门的配置时,可能出现比例失调的情况,造成社会资源的浪费。第二,阻碍技术进步。在市场竞争中,率先采用先进生产技术和经营管理办法,提高了劳动生产率的商品生产者,为了保持自己在竞争中的优势,往往会限制技术的扩散,严守经营秘密,这就在一定程度上阻碍了新技术的推广和生产经营的普遍改善,阻碍了社会生产力的发展。第三,导致收入两极分化。价值规律的自发调节作用可能使一部分具有有利生产条件的生产者积累大量财富,而使另一部分生产条件较差的生产者蒙受损失甚至破产。要想在商品经济中稳立脚跟,必须正确清醒地认识到价值规律,按照规律办事。

【教材内容链接】《马克思主义基本原理》第四章第一节"商品经济和价值规律"之"价值规律及其作用"——价值规律及其作用

【案例四】农末俱利

夫粜,二十病农,九十病末。末病则财不出,农病则草不辟矣。上不过八十,下不减三十,则农末俱利。

——[西汉]司马迁《史记·货殖列传》

【案例分析】

出售粮食,每斗价格二十钱,农民会受损害;每斗价格九十钱,商人要受损失。商人受损失,钱财就不能流通到社会;农民受损害,田地就要荒芜。粮价每斗价格最高不超过八十钱,最低不少于三十钱,那么农民和商人都能得利。

　　这段话是范蠡提出的"八·三调控律"。买卖粮食,如果每斗五十钱为正常价格,那么若降到每斗二十钱的话,农民利益必然受到损失,影响种田的积极性,导致土地荒芜,野草丛生——"谷贱伤农"。若是每斗升到九十钱,商人就会受到损失,导致贸易停顿,市场萧条,钱财不能流通。无论哪方面受损,都会影响国家经济的正常发展。因此对粮食价格要控制在最高每斗不超过八十钱,最低每斗不低于三十钱,用"八"封顶,用"三"保底。在"八与三"之间上下浮动,使农民和商人都有利可图,以促进粮食生产和贸易,推动国家经济发展。范蠡提出的这个"八·三调控律",既考虑到了价值规律在"八"与"三"之间"自发"调控的一面,又主张"官府"的"强制",不能突破"八"与"三"的界线。把"市场"与"计划"统一到了有利于农民,有利于商人,有利于国家财政收入,达到民富国强的战略目标上。把深奥的"价值规律论""宏观调控论"具体化、明了化了,具有很强的可操作性。从范蠡的粮食价格政策,可以看出中国古代的特殊价格观点是不赞成绝对稳定的市场价格,而趋向于在一定幅度内的价格波动。

　　马克思指出,商品的价值量是由生产商品的社会必要劳动时间决定的。在商品经济中,价值规律的表现形式是,商品的价格围绕商品的价值自发波动。由于供求关系变动的影响,商品价格总是时而高于价值,时而低于价值,不可避免地围绕价值这个中心上下波动。由此可见,马克思也是不赞成绝对稳定的市场价格的。

　　【教材内容链接】《马克思主义基本原理》第四章第一节"商品经济和价值规律"之"价值规律及其作用"——价值规律的表现形式

【案例五】论钱币

钱之为体,有乾有坤。内则其方,外则其圆。其积如山,其流如川。动静有时,行藏有节。市井便易,不患耗折。难朽象寿,不匮象道。故能长久,为世神宝。亲爱如兄,字曰孔方。失之则贫弱,得之则富强。无翼而飞,无足而走。解严毅之颜,开难发之口。钱多者处前,钱少者居后。处前者为君长,在后者为臣仆。君长者丰衍而有余,臣仆者穷竭而不足。《诗》云:"哿矣富人,哀哉茕独。"岂是之谓乎!

——[西晋]鲁褒《钱神论》

【案例分析】

钱的形状,象征着天地。它的内部效法地的方,外部效法天的圆。它堆积起来,就好像山一样;它流通起来,又好像河流。它的流通与储蓄,都有一定的规则。在街市上使用会很方便,不用担心它有所损耗。它很难腐朽,好像那些长寿的人;它不断地流通却不会穷尽,就像"道"一样运行不息,所以它能够流传这么久,被世人视为神明宝贝。大家像敬爱兄长那样爱它,便给他起了个名字叫"孔方"。没有了它人们就会贫穷软弱,得到了它人们就会富足强盛。它没有翅膀却能飞向远方,它没有脚却能到处走动。它能够使威严的面孔露出笑脸,能使口风很严的人开口。钱多的人干什么都能占先,钱少的人便得乖乖地排在后面。排在前面的人就是君长,而排在后面的只是臣仆。那些作君长的富足而有余,而那些作为臣仆的贫困而拮据。《诗经》里说:"富人哪,总是那么欢乐;孤独的人,好可怜!"难道指的就是这个吗?

《钱神论》通过夸张和寓言的形式,描绘了金钱无所不能的形象,如"无德而尊,无势而热",以及"危可使安,死可使活,贵可使贱,生可使杀"等描述,展示了金钱在社会中的极端影响力。这种描绘不仅反映了当时社会对金钱的过度依赖和崇拜,也揭示了金钱在当时社会中的核心地位,以及人们对金钱力量的迷信和追求,意在讽刺当时西晋社会对金钱的极度崇拜和金钱

第四章 资本主义的本质及规律

万能的社会风气。

"《钱神论》是中国乃至世界货币金融思想文献里,有关货币拜物教最早最全面最为形象深刻的论述。"[①]鲁褒的《钱神论》比莎士比亚《雅典的泰门》早出现1200多年,他对于货币权力的认识及对拜金主义的抨击,与莎士比亚相比毫不逊色。正是在《资本论》第1卷引述莎士比亚《雅典的泰门》的《货币贮藏》这一节里,马克思深刻地揭示了货币拜物教产生之谜。

货币是用来固定地充当一般等价物的特殊商品,是社会财富的代表。货币的产生和发展引起人们对货币的追求和崇拜。马克思指出,私有制商品经济条件下私人劳动与社会劳动之间的矛盾通过商品的运动、价值的运动、货币的运动决定商品生产者的命运,这使商品生产者认为商品、价值乃至货币似乎是物的自然属性,而这种所谓的自然属性又似乎具有一种超自然的神秘性,商品生产者不能自己掌握自己的命运,而是听凭商品、价值、货币运动的摆布,人与人之间一定的社会关系在人们面前采取了物与物的关系的虚幻形式,马克思称之为"商品拜物教"、"货币拜物教"。这一批判与我国古代学者所提到的有相通之处。

【教材内容链接】《马克思主义基本原理》第四章第一节"商品经济和价值规律"之"以私有制为基础的商品经济的基本矛盾"——商品拜物教

【案例六】劳动与财富

彼民非谷不食,谷非地不生,地非民不动,民非作力毋以致财。天下之所生,生于用力,用力之所生,生于劳身。

——[春秋]管仲《管子·八观》

[①] 何平:《中古自然经济下的货币拜物教经典<钱神论>》,《中国钱币》,2019年第5期。

【案例分析】

人民不种粮食没有饭吃,粮食不靠土地不能生长,土地没有人民不能耕种,人民不卖力气就得不到财富。财富的产生是出于使用劳力,劳力的产生是出于劳动着的身体。这句话强调了劳动在创造财富中的作用。

中国自古以来就是农业大国,从古代一直到近代长期处于农业社会阶段,直到20世纪初才开始步入工业社会。因此中国古代的思想家,基本上都非常注重发展农业。人民要依靠粮食才能得以生存,而粮食怎么来呢?必须要依靠土地和劳动力,这样国家才会有足够多的财富。也就是说,在农业政策方面,管仲认为劳动是财富的根源。

马克思创立了科学的劳动价值论。马克思认为,商品是劳动产品,生产商品的劳动具有二重性,即具体劳动和抽象劳动。具体劳动是指生产一定使用价值的具体形式的劳动,抽象劳动是指撇开一切具体形式的、无差别的一般人类劳动,即人的脑力和体力的耗费。生产商品的具体劳动创造商品的使用价值,抽象劳动形成商品的价值。任何生产商品的劳动,一方面是特殊的具体劳动,另一方面又是一般的抽象劳动,这就是劳动的二重性。马克思在继承英国古典政治经济学劳动创造价值理论的同时,创立了劳动二重性理论,第一次确定了什么样的劳动形成价值、为什么形成价值以及怎样形成价值,阐明了具体劳动和抽象劳动在商品价值形成中的不同作用,从而为揭示剩余价值的真正来源、创立剩余价值理论奠定了基础。

【教材内容链接】《马克思主义基本原理》第四章第一节"商品经济和价值规律"之"深刻认识马克思劳动价值论的当代价值"——马克思劳动价值论的理论和实践意义

第二节 资本主义经济制度

资本主义制度是人类历史上一种新的剥削制度。资本主义生产方式和经济制度是怎样产生的？资本家剥削工人的秘密究竟在哪里？如何认识资本主义经济危机？

本节共精选4个中华优秀传统文化案例，用以阐释和印证资本主义经济制度的产生；劳动力成为商品与货币转化为资本；生产剩余价值是资本主义生产方式的绝对规律；资本主义的基本矛盾与经济危机四个问题。

【案例一】资本积累

且夫水之积也不厚，则其负大舟也无力；风之积也不厚，则其负大翼也无力。

——［战国］庄子《庄子·内篇·逍遥游》

【案例分析】

如果聚集的水不够深，那么它就没有负载大船的能力；如果聚集的风不够强大的话，就没有负载巨大翅膀翱翔的力量。

庄子以水与大舟、风与大翼，勾勒出两对关系近似的互喻意象：大舟的浮游远航依托于积厚之水的负载，大翼（指代大鹏）的九万里高飞亦有待于海运雄风的托举。没有积厚之水，大舟只能徒自倾覆沉沦；没有扶摇鼓荡，大鹏也无从超然横越南北。

资本主义生产关系的形成是一个缓慢的过程，也是一个"积水负舟""积风负翼"的过程。"这种方法的蜗牛爬行的进度，无论如何也不能适应15世纪末各种大发现所造成的新的世界市场的贸易需要。"[①]15世纪末美洲和通往印度航道的新发现,使世界市场迅速扩大,要求商品生产以更大的规模和更快的速度发展,这一任务只能靠资本主义社会化大生产来实现。新兴资产阶级便开始进行资本的原始积累,利用暴力手段为资本主义的迅速发展创造条件。一是用暴力手段剥夺农民的土地,农民则变成一无所有的流浪者,为生活所迫最终不得不到资本家开设的工厂出卖劳动力。二是用暴力手段掠夺货币财富,大大加速了货币资本的积累。这一切都迅速促进了资本主义的发展,缩短了封建生产方式转变为资本主义生产方式的历史进程。在西欧,资本原始积累开始于15世纪后30年,经过16世纪的高潮,一直延续到19世纪初才宣告结束。

【教材内容链接】《马克思主义基本原理》第四章第二节"资本主义经济制度的本质"之"资本主义经济制度的产生"——资本的原始积累

【案例二】治国为民

治国有常,而利民为本。

——[西汉]刘安及其门客《淮南子·氾论训》

【案例分析】

治国理政的原则,最根本的就是要利民,利民就是要让老百姓得到实实在在的好处。"治国有常,而利民为本。"体现了我国古代的民本思想。习近平总书记指出:"以人民为中心的发展思想,不是一个抽象的、玄奥的概念,不能只停留在口头上、止步于思想环节,而要体现在经济社会发展各个环节。要坚持人民主体地位,顺应人民群众对美好生活的向往,不断实现好、维护好、发展好最广大人民根本利益,做到发展为了人民、发展依靠人民、发展成果由人

---

① 《马克思恩格斯选集》(第二卷),人民出版社,2012年,第296页。

民共享。"①

反观资本主义的发展历程，资本的原始积累是建立在人民的血汗之上的。马克思指出："美洲金银产地的发现，土著居民的被剿灭、被奴役和被埋葬于矿井，对东印度开始进行的征服和掠夺，非洲变成商业性的猎获黑人的场所——这一切标志着资本主义生产时代的曙光。"②新兴资产阶级在国外进行疯狂掠夺的同时，还通过国债制度、课税制度和保护关税制度，加强对国内人民的剥削，积累起巨额货币资本。资本原始积累的事实表明，资产阶级的发家史就是一部罪恶的掠夺史，正如马克思所说："资本来到世间，从头到脚，每个毛孔都滴着血和肮脏的东西。"③

【教材内容链接】《马克思主义基本原理》第四章第二节"资本主义经济制度的本质"之"资本主义经济制度的产生"——资本的原始积累

【案例三】民有三患

民有三患：饥者不得食，寒者不得衣，劳者不得息，三者民之巨患也。

——[战国] 墨子、墨子弟子及其再传弟子《墨子·非乐》

【案例分析】

平民百姓有三种忧患：饥饿的人吃不到食物，寒冷的人穿不到衣服，劳累的人得不到休息。这三件事是民众最大的忧患啊！

墨子反对统治者过度征发徭役，把徭役、不得休息和饥寒并列为三种"民之巨患"。徭役，指统治者无偿征调各阶层人民从事的劳务活动，是统治者强加于人民身上的沉重负担，包括力役和兵役两部分。徭役起源很早，《礼记·王制》中有关于周代征发徭役的规定。《孟子》中也有"力役之征"的记载。秦、汉

---

① 习近平：《在省部级主要领导干部学习贯彻党的十八届五中全会精神专题研讨班上的讲话》，人民出版社，2016年，第24-25页。
② 《马克思恩格斯选集》（第二卷），人民出版社，2012年，第296页。
③ 《马克思恩格斯选集》（第二卷），人民出版社，2012年，第297页。

有更卒、正卒、戍卒等役。以后历代徭役名目繁多,办法严苛,其本质皆是统治者残酷压榨人民。

从历史上看,奴隶制度、封建制度和资本主义制度都是剥削制度。资本主义所有制的本质,是资本与雇佣劳动之间剥削与被剥削关系的体现。在资本主义制度下,资本家占有生产资料和劳动产品,而劳动者则一无所有,只能靠出卖劳动力为生。马克思分析雇佣劳动的本质时指出,"劳动力并不向来就是商品。劳动并不向来就是雇佣劳动"①。也就是说,只有在资本主义生产关系中,受资本的雇佣和奴役的情况下,劳动才成为雇佣劳动。资本主义所有制是资本家占有生产资料并用以剥削雇佣劳动者的一种私有制形式。它是资本主义生产关系的基础。与以往的剥削制度不同,资本家与工人的关系不是完全占有,也不是人身依附,而是基于劳动者人身自由基础上的"平等"关系,剥削带有一定的隐蔽性。

【教材内容链接】《马克思主义基本原理》第四章第二节"资本主义经济制度的本质"之"资本主义经济制度的产生"——资本主义所有制的确立

【案例四】世事有常

大曰逝,逝曰远,远曰反。

——[春秋]老子《道德经·第二十五章》

无平不陂,无往不复。

——[殷周至秦汉]《周易·爻辞》

【案例分析】

事物发展到一定程度就会离去,离去就会远去,远去就会向反方向发展。

---

① 《马克思恩格斯文集》(第一卷),人民出版社,2009年,第716页。

第四章 资本主义的本质及规律

凡事没有始终平直而不遇险阻的,没有始终往前而不遇反复的。

"大曰逝,逝曰远,远曰反",这句话老子表达了事物发展到一定程度就会发生变化,这种变化会导致事物远去,而远去之后又会向相反的方向发展,最终返回本原的思想。这体现了道家哲学中的"反者道之动"思想,即一切事物都在不断地运动变化中,而这种变化遵循着一种自然的规律,即事物向其相反的方向发展,最终达到一种平衡或回归的状态。老子强调了道和宇宙万物的变化规律,蕴含了朴素的唯物主义辩证法思想。

"无平不陂,无往不复"体现了事物发展的曲折性和周期性,以及事物发展的辩证思想。这句话强调了没有永恒的平坦或直线前进,而是经历了起伏和反复。它暗示了事物发展的过程中会有起伏和反复,没有一成不变的状态,一切都在不断地变化和发展。这种思想反映了中国传统哲学中对事物发展规律的深刻理解,即事物的发展不是线性的,而是充满了变化和反转。

上述两句古语中有事物经过否定达到周期性变化的思想,但亦带有循环论倾向。循环论是和马克思主义的发展观相对立的。事物在其发展的过程中,虽然会出现某些重复,但这绝不是原来事物的简单循环,而是对旧质的扬弃,在高一级基础上的重复;不是简单的循环圆圈,而是由低级到高级、由简单到复杂的发展。循环论只承认事物发展的曲折性,而否认事物发展的前进性,结果把事物的螺旋式上升运动变成了周而复始的循环,把事物的发展变化歪曲成毫无内容的空洞过程。

资本循环是资本从一种形式出发,经过一系列形式的变化,又回到原来出发点的运动。但资本主义生产过程绝不是简单的循环,资本是在运动中增殖的,必须不断地、周而复始地循环,才能不断地带来剩余价值。这种周而复始、不断反复着的资本循环,就叫做资本的周转。如果每次资本周转带来的剩余价值一定,则资本周转越快,在一定时期内带来的剩余价值就越多。

【教材内容链接】《马克思主义基本原理》第四章第二节"资本主义经济

制度的本质"之"生产剩余价值是资本主义生产方式的绝对规律"——资本的循环周转与再生产

第三节 资本主义上层建筑

资本主义上层建筑包括资本主义的政治上层建筑和观念上层建筑,前者集中体现为资本主义政治制度,后者主要体现为资本主义意识形态。那么,我们应该如何看待资本主义政治制度的本质,又该如何看待资本主义意识形态的历史进步性与历史局限性?

本节共精选5个中华优秀传统文化案例,用以阐释和印证资本主义政治制度及其本质;资本主义意识形态及其本质两个问题。

【案例一】系民疾苦

衙斋卧听萧萧竹,疑是民间疾苦声。些小吾曹州县吏,一枝一叶总关情。

——[清]郑燮《潍县署中画竹呈年伯包大中丞括》

【案例分析】

在书斋躺着休息,听见风吹竹叶发出萧萧之声,立即联想是百姓啼饥号寒的怨声。我们虽然只是些小小的州县官吏,但是老百姓的一举一动都牵动着我们的感情。

郑板桥写这首诗的时候,潍县正在闹大灾。他搞基建、土建,让老百姓、灾民参加土建。这首诗表达了他非常深切的爱民之情。一个封建时代的官吏,对劳动人民有如此深厚的感情,确实是十分可贵的,体现了中国传统文化中的勤政为民的民本思想,与马克思主义的人民性具有契合性。马克思深刻揭示了资本主义国家的本质。指出资本主义国家本质上是资产阶级进行阶级统治的工具。从历史唯物主义的观点看,资本主义国家作为资产阶级利益的集中体现,在经济上要求自由竞争、等价交换,在政治上要求形式上的自由、民主、平等、人权,这些特征与奴隶制度和封建国家相比,显然是人类社会政治生活上的一大进步。但是,这种进步并没有改变资本主义国家作为剥削阶级对人民群众进行阶级统治和阶级压迫工具的性质,并没有改变在政治生活方面实际上不自由、不民主、不平等、不尊重人权的本质。其实,资本主义国家的建立只是以一种新的阶级剥削和压迫形式取代了以往旧的阶级剥削和压迫形式而已。正如恩格斯所说:"现代国家,不管它的形式如何,本质上都是资本主义的机器,资本家的国家,理想的总资本家。"①

【教材内容链接】《马克思主义基本原理》第四章第三节"资本主义上层建筑"之"资本主义政治制度及其本质"——资本主义国家的职能和本质

【案例二】分权制衡

高皇帝以圣德受命,建立鸿业,置御史大夫,位次丞相,典正法度,以职相参,总领百官,上下相监临,历载二百年,天下安宁。

——[东汉]班固《汉书·朱博传》

【案例分析】

高皇帝的圣德受命于天,建立大业,设置御史大夫,地位仅次于丞相,掌管法度,因职责相参,总领百官,上下相互监督,历时二百年,天下安宁。

上述案例是《汉书·朱博传》中,朱博对丞相、御史大夫两者关系的描述。到了汉武帝时期,历经东汉、魏晋,逐步完成了这样的转变,即从秦汉的丞相制度转入隋唐的三省六部制。三省六部制是隋唐的中央政府管理制度。②在制约当权者的行为,防止国家权力被滥用和腐败的历史上,由于社会历史

---

① 《马克思恩格斯选集》(第三卷),人民出版社,2012年,第810页。
② 李俊:《中国古代政府权力制衡体制初探——皇权与相权的平衡》,《学理论》,2013年第33期。

条件的差异,东西方形成了不尽相同的制衡观念和制衡机制。①

资本主义国家政权采取分权制衡的组织形式,即国家的立法权、行政权、司法权分别由三个权力主体独立行使,形成各主体之间的"制衡"。以美国为例,在这种政权结构中,立法权属于由参、众两院组成的合众国国会,国会的立法权受到宪法保护和严格限制;行政权由行政首脑——总统来行使;司法权属于最高法院及下级法院,法院独立于总统和国会。由于资本主义国家内部存在着不同的利益集团,而这些利益集团直接或间接左右着国家政权的运行,因此国家政权的意志和行使实际上常常是各种不同利益集团政治合力的结果。各个利益集团之间存在实力上的差别和利害关系,由此产生的资本主义国家内部的冲突不断推动政治制度的变化。

【教材内容链接】《马克思主义基本原理》第四章第三节"资本主义上层建筑"之"资本主义政治制度及其本质"——资本主义的民主制度及其本质

【案例三】思想一统

推明孔氏,抑黜百家。

——[西汉]董仲舒《汉书·董仲舒传》

【案例分析】

推崇儒家学说,抑制其他思想。

"推明孔氏,抑黜百家"指的就是"罢黜百家,独尊儒术"。"罢黜百家,独尊儒术"是由董仲舒于元光元年(前134)提出,汉武帝颁布推行的封建思想统治政策,也是儒学在中国文化中居于统治地位的标志。

汉武帝时,王国问题继续威胁着中央政权。汉武帝为巩固中央集权的封建国家,彻底解决王国问题,需要一个符合实际的统治思想,以思想上的统

---

① 彭安玉:《论中国古代王权制衡现象及特征》,《湖北行政学院学报》,2003年第4期。

一来巩固政治上的统一。过去的法家思想已经不完全适应巩固政权的需要,汉初道家无为而治的思想也不适应恢复发展后的变化。当时儒学代表董仲舒吸收法家、道家等各派的主张,对儒学加以改造和发挥,提出了"君权神授""大一统"的思想,首倡"独尊儒术",适应了当时政治的需要。如此,董仲舒就构建了政治一统、思想一统和天下一统的理论,随着思想一统的儒学成为正统思想,政治一统和天下一统作为意识形态也被历代王朝所追求用来巩固政治统治。

资本主义意识形态的构建也是出于政治统治的需要。资产阶级在革命取得胜利后建立了资本主义国家,为了巩固政治统治,资产阶级开始构建资本主义国家的意识形态。从这时起,与文艺复兴和资产阶级革命时期一脉相承的资产阶级的各种思想理论和观念逐步发展为资本主义国家意识形态的基本内容。资本主义国家的意识形态同时也构成了资本主义国家上层建筑的重要内容,为巩固资本主义的经济基础服务,为资本主义国家的政治上层建筑服务。

【教材内容链接】《马克思主义基本原理》第四章第三节"资本主义上层建筑"之"资本主义意识形态及其本质"——资本主义意识形态的形成

【案例四】透象见质

飞来山上千寻塔,闻说鸡鸣见日升。

不畏浮云遮望眼,只缘身在最高层。

——[北宋]王安石《登飞来峰》

【案例分析】

听说在飞来峰极高的塔上,鸡鸣时分可看到旭日初升。不怕浮云会遮住我的视线,只因为如今我身在最高层。

"不畏浮云遮望眼,只缘身在最高层",比喻掌握了正确的观点和方法,认识达到了一定的高度,就能透过现象看到本质,就不会被事物的假象所迷惑。

资本主义意识形态具有欺骗性和虚伪性,正如马克思、恩格斯所说的,"资产者的假仁假义虚伪的意识形态用歪曲的形式把自己的特殊利益冒充为普遍的利益"①,为了使人们接受、认同其意识形态,资产阶级"赋予自己的思想以普遍性的形式,把它们描绘成唯一合乎理性的、有普遍意义的思想"②。但资本主义意识形态是建立在资本主义的经济基础之上的,是为巩固资产阶级的政治统治、维护资本主义的政治制度,为资产阶级的阶级剥削和阶级压迫服务的。列宁指出:"所有一切压迫阶级,为了维持自己的统治,都需要两种社会职能:一种是刽子手的职能,另一种是牧师的职能","牧师的使命是安慰被压迫者,给他们描绘一幅在保存阶级统治的条件下减少苦难和牺牲的前景","从而使他们顺从这种统治"。③资本主义意识形态正是通过论证资本主义社会制度的合理性、资本主义民主的普遍性等观点来实现其"牧师"职能的。对于资本主义意识形态,我们要透过现象看本质,用辩证的观点来分析。既要研究、参考和借鉴其文明进步成分,又要警惕、批判和摒弃其极大的阶级的和历史的局限性。

【教材内容链接】《马克思主义基本原理》第四章第三节"资本主义上层建筑"之"资本主义意识形态及其本质"——资本主义意识形态的本质

【案例五】运用辩证观点,借鉴有益文明

和实生物,同则不继。

——[春秋]左丘明《国语·郑语》

---

① 《马克思恩格斯全集》(第三卷),人民出版社,1960年,第195页。
② 《马克思恩格斯选集》(第一卷),人民出版社,2012年,第180页。
③ 《列宁选集》(第二卷),人民出版社,2012年,第478页。

【案例分析】

实现了(辩证地)和谐,则万物即可生长发育,如果完全相同一致,则无法发展、继续。

辩证思维在中华优秀传统文化中凸显智慧。如阴阳互补、动静相宜、盛极而衰、防微杜渐、相反相成等都是广泛流传的思想理念,体现着古人对事物发展规律的认识和在现实政治社会生活中的处事哲学。"从历史上看,中华优秀传统文化中的辩证思维早在先秦就已经萌芽,'阴''阳'概念和符号的出现,伏羲八卦的产生,'和实生物,同则不继'命题的提出等都是辩证思维的闪光点,而老子、孔子、孙子则较为系统地提出了各具特色的辩证思想。老子以'道'和'太极'概念为基础,提出了'弱之胜强,柔之胜刚'的思想,论证了'无为'与'有为'辩证关系,用'道生一,一生二,二生三,三生万物''祸兮,福之所倚;福兮,祸之所伏'等论述阐明了道家辩证思想。"[①]围绕辩证思维,古代思想家、哲学家们在漫长的历史过程中不断充实丰富辩证思想的内涵,形成了庞大的辩证理论体系。

对于资本主义意识形态,应该用辩证的观点来分析。资本主义在长期发展中创造出大量物质财富的同时,也创造出丰富的精神成果。这些精神成果有相当一部分是以意识形态的形式被保存下来的,这些成果中包含着人类文明进步的成就。对于资本主义意识形态中的文明进步成分,我们应该加以研究、参考和借鉴。但资本主义意识形态作为资产阶级经济和政治的集中反映,是为巩固资产阶级的政治统治、维护资本主义的政治制度、为资产阶级的阶级剥削和阶级压迫服务的。因而资本主义意识形态具有极大的阶级的和历史的局限性,对此我们必须加以分析、批判和摒弃。

【教材内容链接】《马克思主义基本原理》第四章第三节"资本主义上层建筑"之"资本主义意识形态及其本质"——资本主义意识形态的本质

---

① 秦冰馥:《中华优秀传统文化融入高校思想政治教育研究》,东北师范大学,2021年博士研究生毕业论文,第40页。

第五章 资本主义的发展及其趋势

资本主义社会有一个产生、发展和走向衰亡的过程。19世纪末20世纪初,资本主义从自由竞争阶段发展到垄断阶段。第二次世界大战后,资本主义经历了一个繁荣发展的时期,经济和社会生活出现了一些变化。近年来,资本主义世界又发生了以金融危机为标志的经济和社会性危机。认识垄断资本主义的特征,了解经济全球化的过程,剖析当代资本主义新变化,对于我们正确把握资本主义发展的历史趋势具有重要意义。

本章共精选16个中华优秀传统文化案例,用以阐释和印证垄断资本主义的形成与发展,正确认识当代资本主义的新变化,资本主义的历史地位和发展趋势三个问题。

第一节 垄断资本主义的形成与发展

资本主义不是一成不变的,而是变化发展的。资本主义的发展经历了两个阶段:自由竞争资本主义和垄断资本主义。垄断资本主义的基本经济特征在表现形式上发生了一些变化,但其基本内容及实质并没有发生根本变化。垄断资本在国内建立了垄断统治后,必然要把其统治势力扩展到国外,建立国际垄断统治。垄断资本主义的发展促进了生产社会化和国际化程度的提高,各国间的经济联系也因此逐渐加强,推动经济全球化的到来。经济全球化对世界各国产生了极其深远的影响,使当代资本主义产生了一些新变化,但资本主义的根本性质没有变。

本节共精选6个中华优秀传统文化案例,用以阐释和印证资本主义从自由竞争到垄断,垄断资本主义的发展,经济全球化及其影响三个问题。

【案例一】积微成著

夫尽小者大,积微成著。

——[战国]荀子《荀子·大略》

【案例分析】

尽力从小事做起的一定能做大事,从很微小的事情开始积累一定能够达到很显著的结局。意思是微不足道的事物经过长期积累也会变得显著,揭示了事物由小到大、由弱到强的发展过程。

唯物辩证法告诉我们,事物的量变发展到一定程度,内部的主要矛盾运动形式会发生变化,进而引起质变。质变表面上是一瞬间的事,但前期要经历长久的量的积累。垄断资本主义的形成也体现了这个原理,私人垄断资本主义是在生产集中和资本集中的基础上形成的。自由竞争引起了生产集中和资本集中,而生产集中和资本集中发展到一定阶段必然引起垄断,这是资本主义发展的规律。垄断是适应生产高度社会化而产生的资本社会化形式。垄断取代自由竞争只是在资本主义私有制范围内生产关系的阶段性调整。垄断资本主义在发展过程中又出现部分质的变化,从私人垄断资本主义转变为国家垄断资本主义。

垄断的实质或目的在于攫取垄断利润,垄断的产生不仅不能消除竞争,反而会使竞争变得更加复杂和激烈,是一种不正当的竞争。党的十八大以来,我们围绕反垄断、反不正当竞争作出一系列重大决策部署,完善公平竞争制度,改革市场监管体制,加强反垄断监管,推进高标准市场体系建设,推动形成统一开放、竞争有序的市场体系。针对一些平台企业存在野蛮生长、无序扩张等突出问题,国家加大反垄断监管力度,依法查处有关平台企业垄断和不正当竞争行为,防止资本无序扩张初见成效,市场公平竞争秩序稳步向好。

【教材内容链接】《马克思主义基本原理》第五章第一节"垄断资本主义的形成与发展"之"资本主义从自由竞争到垄断"——生产集中与垄断的形成

【案例二】"轻重"思想

民有余则轻之,故人君敛积之以轻。民不足则重之,故人君散行之以重,敛积之以轻,散行之以重,故君必有十倍之利,而财之可得平也。

——[春秋]管仲《管子·国蓄》

【案例分析】

民间物资有余就肯于低价卖出,故君主应该以低价收购;民间物资不足就肯于高价买进,故君主应该以高价售出。用低价收购,用高价抛售,君主不但有十倍的盈利,而且物资财货的价格也可以得到调节后的稳定。

敛积之以轻,散行之以重,一方面有利于社会商品的流通,充实国家财政,另一方面还可起到平抑物价的作用。从以上《管子·国蓄》篇的论述中可以看到,轻重理论的本质是由封建国家采取各种措施以控制商品货币关系,通过市场自发调节的机制来达到管理经济的目的,而最主要的措施就是国家对山林、川泽、矿产等资源进行垄断和统一管理。①

所谓垄断,是指少数资本主义大企业为了获得高额利润,通过相互协议或联合,对一个或几个部门商品的生产、销售和价格进行操纵和控制。垄断是通过一定的垄断组织形式实现的。垄断组织是指在一个或几个经济部门中,占据垄断地位的大企业联合。垄断组织的形式不仅多种多样,而且在各个国家、各个时期也不同。最简单的、初级的垄断组织形式是短期价格协定,即几个企业在短期内订立一种或几种产品的售价协定,所有参加方必须遵守协定所规定的商品销售价格。这种垄断组织的稳定性是比较弱的,一旦市场情况发生变化便会自行解体。尽管垄断组织的形式多种多样,且不断变化发展,但是它们在本质上是一样的,即通过联合实现独占和瓜分商品生产和销售市场,操纵垄断价格,以攫取高额垄断利润。

【教材内容链接】《马克思主义基本原理》第五章第一节"垄断资本主义的形成与发展"之"资本主义从自由竞争到垄断"——生产集中与垄断的形成

【案例三】万变宗一

与时迁徙,与世偃仰,千举万变,其道一也。

——[战国]荀子《荀子·儒效》

【案例分析】

形式无论如何变化都是依照一个规则、中心或是基础,缺少这个规则、中心、基础事物就不会存在。上述案例是成语"万变不离其宗"的出处。指尽管形式上变化多端,其本质或目的不变。

世上诸事、万物实则是万变不离其宗的,因为所有的事情不管形式上

---

① 王萍:《论中国古代宏观经济管理思想中的国家干涉主义》,西北大学,2005年硕士研究生毕业论文,第23页。

如何变化,变换有多么得快、多么得大,其目的宗旨是不变的,自有它运行的规律。

后来庄子在《庄子·天下》对"千举万变,其道一也"续写了下句,即"不离于宗,谓之天人"。这句话告诫我们:事物时常变化,我们办事要注意观察其变化,处变不惊。在没有变化时我们要提前准备,将事物的变化加以充分考虑。解决千变万化的事态发展。

国家垄断资本主义是垄断资本主义的新发展,它对资本主义经济的发展产生了积极的作用。但是国家垄断资本主义的出现并没有根本改变垄断资本主义的性质,可谓"换汤不换药"。国家垄断资本主义在本质上是资产阶级国家力量同垄断组织力量结合在一起的垄断资本主义。它在一定程度上促进生产力发展的同时,加大了对劳动人民的剥削和掠夺,更好地保证了垄断资产阶级获得高额垄断利润,更有利于维护资本主义制度。国家垄断资本主义的出现是资本主义经济制度内的经济关系调整,并没有从根本上消除资本主义的基本矛盾。

【教材内容链接】《马克思主义基本原理》第五章第一节"垄断资本主义的形成与发展"之"垄断资本主义的发展"——国家垄断资本主义的形成及作用

【案例四】事物关联

一发不可牵,牵之动全身。

——[清]龚自珍《自春徂秋偶有所感触》

【案例分析】

一根头发也不可牵动,如果牵动就会动及全身。后演变为成语"牵一发而动全身"。上述案例是成语牵一发而动全身的出处,比喻动极小的部分就会影响全局。

第五章 资本主义的发展及其趋势

垄断资本在国内形成垄断后,必然要把其垄断势力扩展到国外,建立国际垄断统治。垄断资本向世界范围的扩展,产生了一系列的社会经济后果。对于资本输出国来讲,资本输出为其带来了巨额利润,加速了资本积累,增强了垄断资本的实力;带动和扩大了商品输出,巩固和扩大了垄断资本的销售市场和投资场所;对发展中国家的经济命脉形成控制,进一步巩固和扩大了垄断优势地位。在资本输出过程中,资本输出国可能出现产业空心化,资本输出国与发展中国家和其他发达国家之间的矛盾会加深,但是这些都不能改变垄断资本通过资本输出攫取巨大利益和扩大垄断实力的实质。

资本输入国主要是发展中国家,对发展中国家来讲,资本的输入对其经济和社会发展产生了一定的积极作用,主要有:利用外资和技术,建立一批现代工业,改造老企业和旧设备,优化了产业结构;推动经济的发展,增加就业机会,提高了收入水平等。但资本输入也给发展中国家带来了一定的不利影响,主要有:付出了较大的经济代价以及环境污染、能源资源消耗的代价;产业调整和布局有可能受制于外资的投资战略;外来资本和跨国公司投资增加,冲击本国的民族工业,并影响到国民经济的控制权;债务负担加重,影响经济的持续稳定发展;对国际资本的依赖性增强,容易受到国际经济波动的影响。随着资本输出的不断增加和垄断资本势力范围的迅速扩大,各国之间的经济联系日益密切,国际经济联系也更为复杂,同时彼此间的竞争更为激烈,矛盾和冲突也更为突出。

【教材内容链接】《马克思主义基本原理》第五章第一节"垄断资本主义的形成与发展"之"垄断资本主义的发展"——垄断资本向世界范围的扩展

【案例五】和谐相处

万物并育而不相害,道并行而不相悖。

——[西汉]戴圣《礼记·中庸》

中华优秀传统文化融入《马克思主义基本原理》案例研究指南

【案例分析】

万物竞相生长，但是彼此之间并不妨害；日月运行、四时更替各有各的规律，相互不冲突。这句话体现了大自然法则中的包容精神与和合之道。

习近平总书记在庆祝中国共产党成立100周年大会上的讲话中指出："以史为鉴、开创未来，必须不断推动构建人类命运共同体。"[①]在构建人类命运共同体的过程中，应该要把坚持"万物并育而不相害，道并行而不相悖"这一准则运用到当代国际关系当中，运用到当代的国与国之间的关系的培育当中，这正是中华优秀传统文化的创造性转化和创新性发展。

经济全球化是指在生产不断发展、科技加速进步、社会分工和国际分工不断深化、生产的社会化和国际化程度不断提高的情况下，世界各国、各地区的经济活动越来越超出某一国家或地区的范围而相互联系、相互依赖的过程。进入21世纪以来，经济全球化在加速发展的同时，其弊端也日益显现。如何正确认识经济全球化的发展趋势和问题挑战，成为当前国际社会面临的一个重要理论和实践问题。习近平总书记指出："中国共产党是为中国人民谋幸福的党，也是为人类进步事业而奋斗的党。"[②]本着负责任大国的历史担当，中国提出构建人类命运共同体的"中国方案"，愿与世界各国携手合作，引领经济全球化朝着更加开放、包容、普惠、平衡、共赢的方向发展。

【教材内容链接】《马克思主义基本原理》第五章第一节"垄断资本主义的形成与发展"之"经济全球化及其影响"

【案例六】顺应世界潮流，促进共同发展

志合者，不以山海为远。

——［东晋］葛洪《抱朴子·博喻》

---

① 习近平：《在庆祝中国共产党成立100周年大会上的讲话》，《人民日报》，2021年7月2日。
② 习近平：《携手建设更加美好的世界——在中国共产党与世界政党高层对话会上的主旨讲话》，《人民日报》，2017年12月2日。

第五章 资本主义的发展及其趋势

【案例分析】

志趣相同的人,不会因为有山海阻隔而感到彼此距离很远。

充满德性伦理和人文关怀精神的中华优秀传统文化还有着贵和尚中、崇尚和合、爱好和平、天下一家、协和万邦的世界情怀,而"大同世界"就是华夏民族最高的理想愿景。习近平主席在金砖国家领导人第五次会晤时的主旨讲话中,引用《抱朴子·博喻》中的"志合者,不以山海为远"这句古语,意在阐明来自世界四大洲不同地域的中国、巴西、俄罗斯、印度、南非五个国家,谨怀构筑伙伴关系、谋求共同进步发展的共同愿望和理念走到一起。同样,这也是适应于世界所有国家寻求和平共处、和谐共存、携手发展的文明理念。充分反映了中国共产党人不但要为中国人民谋幸福、为中华民族谋复兴的雄心壮志,而且要为世界人民谋和平、谋发展的道义担当。

经济全球化是当今世界发展的必然趋势,我们必须认识到经济全球化不是一部分国家的独角戏,而是世界各国、各民族共同实现发展的大舞台。改革开放以来,我国充分利用经济全球化带来的机遇,不断扩大对外开放,实现了我国同世界关系的历史性变革。中国是经济全球化的受益者,更是贡献者。中国在谋求自身发展、受益于经济全球化的同时也拉动了世界经济增长,为国际社会提供了公共产品,推动了全球治理的发展,对世界经济的发展作出了贡献。党的二十大报告指出:"中国坚持经济全球化正确方向,推动贸易和投资自由化便利化,推进双边、区域和多边合作,促进国际宏观经济政策协调,共同营造有利于发展的国际环境,共同培育全球发展新动能,反对保护主义,反对'筑墙设垒'、'脱钩断链',反对单边制裁、极限施压。"[①]

【教材内容链接】《马克思主义基本原理》第五章第一节"垄断资本主义的形成与发展"之"经济全球化及其影响"——经济全球化的影响

[①] 习近平:《高举中国特色社会主义伟大旗帜 为全面建设社会主义现代化国家而团结奋斗——在中国共产党第二十次全国代表大会上的报告》,人民出版社,2022年,第61~62页。

第二节　正确认识当代资本主义的新变化

我们不仅要了解资本主义的历史发展,而且要把握资本主义的现实变化。第二次世界大战后,资本主义经济政治都发生了变化。正确认识第二次世界大战后资本主义变化的原因和实质,对于在新的历史条件下深刻把握资本主义的本质和规律具有十分重要的意义。

本节共精选4个中华优秀传统文化案例,用以阐释和印证二战后资本主义的变化及其实质;当代资本主义变化的新特征;世界大变局下资本主义的矛盾与冲突三个问题。

【案例一】干预国民经济

士受资以币,大夫受邑以币,人马受食以币,则一国之谷资在上,币赀在下。国谷什倍,数也。

——[春秋]管仲《管子·山至数》

【案例分析】

士的俸禄用货币支付,大夫封邑的租税也用货币,官府的大夫、马匹等一切开支也用货币支付,这样,粮食就全部留存在国家手里,货币就散布在民间流通。粮价上涨十倍左右,就是因为此法。这里所谓的"上"是指货币退出流通领域,由国家收藏起来;所谓的"下"是指货币处于流通领域之中。

这段引文的意思是说,如果流通中的货币十分之九退出流通领域,由国家收藏起来,只有十分之一的货币在流通领域中,执行支付手段的职能,那么货币的购买力必然就会大幅度的上涨,币值的上涨则会带来物价的下跌。这时,如果国家向市场上投放货币来收购粮食,货币就会进入流通领域而商品则会集中到国家手里,从而引起物价上涨。在此基础上,《管子》提出了国家必须垄断货币的发行,统一币制,利用货币数量的变动来维持物价的稳定,干预国民经济。①

二战后,资本主义国家为尽快恢复国民经济,在继续发挥市场机制主导性作用的同时,开始对经济进行全面干预。国家承担起了实现经济增长和充分就业、保持经济稳定、提高社会福利水平,以及维护市场秩序等重要职能。它与市场机制相辅相成,共同推动资本主义经济的运行和发展。

【教材内容链接】《马克思主义基本原理》第五章第二节"正确认识当代资本主义的新变化"之"第二次世界大战后资本主义的变化及其实质"——变化的主要表现

【案例二】洞察资本主义本质,完善社会主义制度

通古今之变,成一家之言。

——[西汉]司马迁《报任安书》

【案例分析】

通晓古往今来的社会演变进程,以形成自己独到的理论学说。

中华优秀传统文化历来重视古今传承,认为应当对历史变迁进行积极考察,"通古今之变",从中汲取治国平天下的智慧。这种以古喻今、以史为鉴、省察历史的思想,使中华民族在不断收获启迪中繁衍生息,稳步前行,并在长期的历史积累过程中形成了深刻的历史思维。具体来看,一方面,传统文化普遍认为历史是前后相继,有规律可循的;另一方面,从历史发展变化趋势的角度看,传统文化中总体上体现了"今胜于古"的判断。总之,从总体上看,可以判断出中国传统文化中的历史思维更加侧重于对兴衰更迭规律

---

① 王萍:《论中国古代宏观经济管理思想中的国家干涉主义》,西北大学,2005年硕士研究生毕业论文,第7页。

的把握,对历史发展趋势、内在规律和主要动力等基本问题所提出的观点基本符合中国社会实际情况,具有客观性与进步性。

二战后,资本主义发生变化是客观事实,正视这些变化,深刻分析这些变化的实质,对于我们正确认识资本主义的本质、把握资本主义发展的趋势具有重要的意义。正确认识资本主义的这些变化,有助于我们在深刻洞察资本主义本质的同时,实事求是地分析和借鉴资本主义发展过程中出现的符合社会化大生产要求的积极因素,为我所用,以进一步完善和发展社会主义制度。

【教材内容链接】《马克思主义基本原理》第五章第二节"正确认识当代资本主义的新变化"之"第二次世界大战后资本主义的变化及其实质"——变化的原因和实质

【案例三】一着错,满盘空

只因一着错,输了半盘棋。

——[元]李文蔚《蒋神灵应》

【案例分析】

只因为下错了一步棋,致使半盘棋都输了。此为谚语"只因一着错,满盘都是空"的出处,比喻对全局有决定意义的问题处理错误,便会导致整局的失败。

世界正处于百年未有之大变局,国际格局和国际体系深刻调整,全球治理体系深刻变革,国际力量对比正在发生近代以来最具革命性的变化,世界进入新的动荡变革期。资本主义社会问题加速积累,资本主义国家内部的矛盾和冲突日益明显。

由美国次贷危机引发的 2008 年国际金融危机是自 20 世纪 30 年代经济大萧条以来最为严重的全球性经济危机,它迅速从局部发展到全球,从发达国家传导到新兴市场国家,从金融领域扩散到实体经济领域,造成了一系列灾难性后果。在这场危机的影响下,西方国家出现了经济发展失调、政治体制失灵和社会融合机制失效等一系列问题,显示了当代资本主义社会的乱象。而这些现象背后深层次的原因和根源,归根结底在于资本主义制度本身。

所谓制度稳则国家稳,制度强则国家强。新中国成立70多年来,中国共产党领导人民创造了世所罕见的经济快速发展奇迹和社会长期稳定奇迹,这"两大奇迹"的背后,正是中国特色社会主义的制度优势。中国特色社会主义制度是当代中国发展进步的根本制度保障,是具有鲜明中国特色、明显制度优势、强大自我完善能力的先进制度。中国共产党人和中国人民完全有信心为人类对更好社会制度的探索提供中国方案。

【教材内容链接】《马克思主义基本原理》第五章第二节"正确认识当代资本主义的新变化"之"世界大变局下资本主义的矛盾与冲突"

【案例四】

是以圣王在上,经国序民,正其制度。

——[西汉]荀悦《前汉纪·孝武皇帝纪一》

【案例分析】

所以圣明的君主在位时,治理国家,整顿百姓,严明有关制度。

司马光在《资治通鉴》中也引用了"经国序民,正其制度",强调严明的制度在治理国家事务中的重要性。可见,"有制"才能"有治","善制"方能"善治",制度是定国安邦之根本。

2008年金融危机,给世界带来了一系列灾难性后果,而这场危机产生的根源便在于资本主义制度本身,在于资本主义的基本矛盾。习近平总书记在十九届中央政治局第十七次集体学习时指出:"新中国成立70年来,我们党领导人民不断探索实践,逐步形成了中国特色社会主义国家制度和法律制度,为当代中国发展进步提供了根本保障,也为新时代推进国家制度和法律制度建设提供了重要经验。"①

"经国序民,正其制度。"征程万里风正劲,重任千钧再奋蹄。建立先进的社会主义制度,是中国共产党人坚守初心使命的题中应有之义;坚持和完善中国特色社会主义制度,是中国共产党人坚守初心使命的重要体现。在新时代,要进一步坚定制度自信,坚持和完善中国特色社会主义制度,要将初心使命转化为坚持和完善中国特色社会主义制度、推进国家治理体系和治理能力现代化的生动实践,不断推进国家治理体系和治理能力现代化,确保党和国家事业蓬勃发展、长治久安。

【教材内容链接】《马克思主义基本原理》第五章第二节"正确认识当代资本主义的新变化"之"世界大变局下资本主义的矛盾与冲突"

第三节 资本主义的历史地位和发展趋势

资本主义已经有数百年的历史,至今仍有很大影响并处在变化发展中。资本主义社会同历史上有过的一切其他社会制度一样,其产生、发展以及最终为另一种更高级的社会制度所代替,都是由人类社会发展的一般规律决定的,是客观的不以人的意志为转移的自然历史过程。但同此前的其他社会制度相比,资本主义制度空前地提高了社会生产力,具有以往任何社会所不可比拟的历史作用。但由于资本主义的内在矛盾,从人类社会发展的过程中看,资本主义终究要被社会主义所取代,这是历史发展的基本趋势。

---

① 中央全面依法治国委员会办公室著:《中国共产党百年法治大事记》(1921年7月—2021年7月),人民出版社、法律出版社,2022年,第310页。

第五章　资本主义的发展及其趋势

本节共精选6个中华优秀传统文化案例,用以阐释和印证资本主义的历史地位;资本主义为社会主义所代替的历史必然性两个问题。

【案例一】俯瞰全局

横看成岭侧成峰,远近高低各不同。

不识庐山真面目,只缘身在此山中。

——[北宋]苏轼《题西林壁》

【案例分析】

从正面、侧面看庐山山岭连绵起伏、山峰耸立,从远处、近处、高处、低处看都呈现不同的样子。之所以辨不清庐山真正的面目,是因为我身处在庐山之中。

"横看成岭侧成峰,远近高低各不同",实写游山所见。庐山是座纵横交错、连绵起伏的大山,大小山峰千姿百态、重峦叠嶂,游人身处山中所观赏到的景色会因自身所处之地不同而千变万化。"不识庐山真面目,只缘身在此山中",是即景说理,谈游山体会。之所以不能辨识出庐山的真面目,因为身处庐山的峰峦之中,视野被连绵起伏的山岭阻隔,所见之景必然只是庐山的一部分而已。

观察世事如同游山,人们对于相同事物的认识,对于同一问题的理解及看法,难免会受到一些主观因素的限制,带有一定的片面性。因此要做到全面、客观地认识事物,就必须具有全局思维、整体意识和大局观念。①

如何正确认识资本主义,这是科学社会主义理论面临的一个重大课题。因为社会主义不仅是资本主义的对立物,是一种超越资本主义的社会形态,而且是资本主义发展逻辑的必然结果,离开资本主义的发展,社会主义便无

---

① 人民日报评论部:《习近平用典》,人民日报出版社,2015年,第296页。

从谈起。对于资本主义,我们既要看到与封建社会相比,资本主义显示了巨大的历史进步性,同时又要看到资本主义自身的局限性。

【教材内容链接】《马克思主义基本原理》第五章第三节"资本主义的历史地位和发展趋势"之"资本主义的历史地位"

【案例二】消除两极分化,坚持以民为本

圣人无常心,以百姓之心为心。

——[春秋]老子《道德经·第四十九章》

【案例分析】

圣人没有固定不变的意志,而是以百姓的意志为意志。

中华优秀传统文化富有人文精神,具有显著的民本主义特征,强调人在一切事物中居于最重要的地位,人的一切行为都围绕实现人自身的价值,强调人的作用与地位。这些观点反映在政治理念上形成了源远流长的民本思想。"民惟邦本"是中国传统政治思想的基本理念,体现了深厚绵长的仁爱精神和人文精神,也呈现了中华优秀传统文化的人民性底色。

反观资本主义社会,尽管劳动者获得了人身自由,但是资本家和雇佣工人的平等关系只体现在流通领域形式上的等价交换,工人阶级实质上是雇佣奴隶。在资本主义生产过程中,雇佣工人不仅生产出相当于自己劳动力价值的价值,而且还要创造归资本家无偿占有的剩余价值。不仅如此,资本家还用无偿获得的剩余价值去无偿地获得更多的剩余价值。因此,资本家阶级和工人阶级之间本质上是不平等的,是压迫与被压迫、统治与被统治、剥削与被剥削的关系。由此可见,资本主义的民主是经济地位不平等下的民主,是内外不同的民主,是以民主的名义实现其对世界财富的掠夺,是虚伪的、具有欺骗性的、不平等的,是为了麻痹劳动者而制造的形式,其实质是保护资本主义私有制。

第五章 资本主义的发展及其趋势

【教材内容链接】《马克思主义基本原理》第五章第三节"资本主义的历史地位和发展趋势"之"资本主义的历史地位"——资本主义的局限性

【案例三】中国古代"两端"说

物生有两、有三、有五,有陪贰。故天有三辰,地有五行,体有左右,各有妃耦。王有公,诸侯有卿,皆有贰也。

——[春秋]左丘明《左传·昭公三十二年》

【案例分析】

事物的存在有的成双、有的成三、有的成五、有的有辅佐。所以天有三辰,地有五行,身体有左右,各有配偶。王有公,诸侯有卿,都是有辅助的。

"两"指两个不同或对立的方面,"物生有两"是最基本的存在形式。"陪贰"陪伴为贰,事物的两个方面,其地位和作用不是并列的,而是一种主从关系。"两"不是一个简单的数词,而是指事物在生成的过程中总是存在着对立的矛盾双方。所谓"有陪贰""各有妃耦",则是强调事物的矛盾双方不是简单的并列关系,而是由主辅两个方面所构成。

上述案例是"物生有两,皆有陪贰"的出处,这一观点意思是所有的事物都是成对出现的,互为补益,两两相对。体现了对立面相互转化的观点。"这在中国古代还是第一次被提出来的,强调了事物本身包含着矛盾的两个方面,是一个很有价值的思想。"①

与封建社会相比,资本主义显示了巨大的历史进步性:第一,资本主义将科学技术转变为强大的生产力。第二,资本追求剩余价值的内在动力和竞争的外在压力推动了社会生产力的迅速发展。第三,资本主义的意识形态和政治制度作为上层建筑在战胜封建社会自给自足的小生产的生产方式,保

---

① 曹德本:《中国古代辩证法思想的矛盾观》,《社会科学战线》,1985年第2期。

护、促进和完善资本主义生产方式方面起着重要作用,从而推动了社会生产力的迅速发展,促进了社会进步。然而,资本主义的历史进步性并不能掩盖其自身的局限性,其表现是:第一,资本主义基本矛盾阻碍社会生产力的发展。第二,资本主义制度下财富占有两极分化,引发经济危机。第三,资产阶级支配和控制资本主义经济和政治的发展和运行,不断激化社会矛盾和冲突。

【教材内容链接】《马克思主义基本原理》第五章第三节"资本主义的历史地位和发展趋势"之"资本主义的历史地位"

【案例四】见利思害

大事起于难,小事起于易。故欲思其利,必虑其害,欲思其成,必虑其败。是以九重之台,虽高必坏。故仰高者不可忽其下,瞻前者不可忽其败。

——[三国·蜀]诸葛亮《便宜十六册·思虑》

【案例分析】

谋划大事要从难处入手,谋划小事要从容易处入手,在谋划收益的时候也必须要考虑到损失的风险,在谋划成功的时候也必须要考虑到失败的风险。所以九重的高台越高越容易倒塌。所以向高处仰望的时候千万不要忽略下面的风险,向前方遥望的时候千万不要忽略眼前的风险。

正如"是以九重之台,虽高必坏。故仰高者不可忽其下,瞻前者不可忽其败",资本主义制度空前地提高了社会生产力,这是以往任何社会所不可比拟的。对此,马克思、恩格斯在《共产党宣言》中指出:"资产阶级在它的不到一百年的阶级统治中所创造的生产力,比过去一切世代创造的全部生产力还要多,还要大。自然力的征服,机器的采用,化学在工业和农业中的应用,轮船的行驶,铁路的通行,电报的使用,整个大陆的开垦,河川的通航,仿佛用法术从地下呼唤出来的大量人口——过去哪一个世纪料想到在社会劳动里蕴藏有这样的生产力呢？"①在看到资本主义的历史进步性的同时,我们也要看到其自身的局限性。第一,资本主义基本矛盾阻碍社会生产力的发展。第二,资本主义制度下,使得财富占有两极分化,引发经济危机。第三,资产阶级支配和控制资本主义经济和政治的发展和运行,不断激化社会矛盾和冲突。资本主义自身的局限性决定了在资本主义的经济、政治、文化和社会等各个领域以及全球范围内必然产生冲突、动荡和危机。这些局限性在资本主义生产方式范围内是不可能根本消除的。所以从人类社会发展的长河看,资本主义终究要被社会主义所取代,这是历史发展的基本趋势。

【教材内容链接】《马克思主义基本原理》第五章第三节"资本主义的历史地位和发展趋势"之"资本主义的历史地位"

【案例五】列子学射

子列子常射中矣,请之于关尹子。关尹子曰:"子知子之所以中乎？"答曰:"弗知也。"关尹子曰:"未可。"退而习之三年,又请。关尹子问:"子知子之所以中乎？"子列子曰:"知之矣。"关尹子曰:"可矣,守而勿失也。"非独射也,国之存也,国之亡也,身之贤也,身之不肖也,亦皆有以。

——［战国］列子《列子·说符》

【案例分析】

列子学射箭,射中了靶心,于是列子向关尹子请教射箭。关尹子问:"你知道你射中靶心的原因吗？"列子回答说:"不知道。"关尹子说:"还不可以。"列子回去后再去练习,三年之后,又向关尹子请教。关尹子问:"你知道你射中靶心的原因吗？"列子说:"知道了！"关尹子说:"可以了,你要牢记这个道理,不要轻易地丢弃。不仅学习射箭是这样,而且治理国家和修身做人也都

---

① 《马克思恩格斯选集》(第一卷),人民出版社,2012年,第405页。

应是这样。"

因为不知道射中的道理,所以关尹子认为他不能算是学会了射箭。因为只有懂得了为什么能射中,也就是掌握了射箭的规律,才能算学会了。《列子学射》这个故事让我们懂得了办事情不仅要知其然,而且要知其所以然,掌握它的规律。

从人类社会发展的长河看,资本主义终究要被社会主义所取代,这是历史发展的基本趋势。资本主义的内在矛盾决定了资本主义必然被社会主义所代替。第一,资本主义基本矛盾"已经包含着现代的一切冲突的萌芽"①。第二,资本积累推动资本主义基本矛盾不断激化并最终否定资本主义自身。第三,国家垄断资本主义是资本社会化的更高形式,将成为社会主义的前奏。第四,资本主义社会存在着资产阶级和无产阶级两大阶级之间的矛盾和斗争。但资本主义制度通过自我调节还能为生产力的发展提供一定的空间。"我们要深刻认识资本主义社会的自我调节能力,充分估计到西方发达国家在经济科技军事方面长期占据优势的客观现实,认真做好两种社会制度长期合作和斗争的各方面准备。"②

【教材内容链接】《马克思主义基本原理》第五章第三节"资本主义的历史地位和发展趋势"之"资本主义为社会主义所代替的必然性"

【案例六】

欲知大道,必先为史。

——[清]龚自珍《古史钩沉论》

---

① 《马克思恩格斯选集》(第三卷),人民出版社,2012年,第801页。
② 中共中央文献研究室编:《十八大以来重要文献选编》(上),中央文献出版社,2014年,第117页。

第五章 资本主义的发展及其趋势

【案例分析】

要掌握"大道",必须先研究蕴含着"大道"的历史。其所谓"大道"者,即"人间正道",历史发展规律。

由此可见,要想研究人类历史发展规律,就必须先研究其历史。同此前的其他社会制度相比,资本主义空前提高了社会生产力,是以往任何社会所不可比拟的。然而,从人类社会发展的长河看,资本主义终究要被社会主义所取代,这是历史发展的基本趋势。习近平总书记明确指出:"事实一再告诉我们,马克思、恩格斯关于资本主义社会基本矛盾的分析没有过时,关于资本主义必然消亡、社会主义必然胜利的历史唯物主义观点也没有过时。这是社会历史发展不可逆转的总趋势,但道路是曲折的。资本主义最终消亡、社会主义最终胜利,必然是一个很长的历史过程。"[1]

"欲知大道,必先为史。"党的十八大以来,以习近平同志为核心的党中央坚持宽广深邃的大历史观,深刻认识历史规律,准确把握历史大势,不断从历史中汲取智慧和力量,推动党和人民事业不断向前发展。习近平总书记强调:"一个国家要发展繁荣,必须把握和顺应世界发展大势,反之必然会被历史抛弃。"[2]树立大历史观,就要认清历史有其发展规律和大势,历史潮流不可阻挡,不断提高把握方向、把握大势、把握全局、把握机遇的能力。

【教材内容链接】《马克思主义基本原理》第五章第三节"资本主义的历史地位和发展趋势"之"资本主义为社会主义所代替的历史必然性"

---

[1] 中共中央文献研究室编:《十八大以来重要文献选编》(上),中央文献出版社,2014年,第117页。

[2] 习近平:《在德国科尔伯基金会的演讲》,《人民日报》,2014年3月30日。

第六章　社会主义的发展及其规律

社会主义代替资本主义是人类历史发展的必然趋势。从16世纪初期兴起的社会主义思潮算起,社会主义到现在已经有500多年的历史。社会主义是在曲折中发展、在开拓中前进的。站在新时代中国特色社会主义新的历史起点上,学习掌握科学社会主义基本原则,深入总结社会主义运动的历史经验,对于我们推进世界社会主义事业具有重要意义。

本章共精选20个中华优秀传统文化案例,用以阐释和印证社会主义500多年的历史进程;科学社会主义基本原则;在实践中探索社会主义的发展规律三个问题。

第一节　社会主义五百年的历史进程

社会主义经过300多年长期探索,实现了从空想到科学的飞跃,此后在科学社会主义的指引下,社会主义实现了从理想到现实的飞跃,从一国到多国的发展,极大地推进了20世纪的世界历史进程,而中国特色社会主义的成功实践使社会主义在21世纪焕发出新的蓬勃生机。

本节共精选5个中华优秀传统文化案例,用以阐释和印证社会主义从空想到科学;社会主义从理想到现实;从一国到多国的发展;社会主义在中国焕发出蓬勃生机三个问题。

【案例一】太平世界

太平到矣,上平气来矣、颂声作矣,万物长安矣,百姓无言矣。

——[东汉]于吉《太平经》

【案例分析】

太平到了,太平气、歌功颂德的声音就来了,万物长久安定了,百姓们就都不抱怨了。

上述案例出自《太平经》,有学者认为《太平经》秉承道家思想,社会思想与《老子》相似,有学者认为《太平经》期望救世主与乌托邦。东汉时期的农民大起义,就是明显受到了太平世界思想的影响。这个理想的社会反映了东汉时期广大劳苦大众对美好生活的向往。太平世界正是为人们的这种"自发的渴望"提供了奋起抗争的思想武器。①

受《乌托邦》一书的影响,意大利的康帕内拉于1602年在监狱里写出了《太阳城》,进一步描绘了一个财产公有、共同劳动和人人平等的理想社会。到了18世纪,法国的摩莱里和马布利分别在《自然法典》和《论法制或法律的原则》中,论述了从私有制过渡到公有制的必然性,并以法律条文的形式阐述了理想社会的纲领和原则。19世纪上半叶,空想社会主义发展到最高阶段,代表人物有法国的圣西门、傅立叶和英国的欧文。

以三大空想社会主义者为代表的空想社会主义学说,在理论上致力于

---

① 程亚平:《中国古代空想社会主义思想初探》,《科教导刊》,2010年第20期。

对社会制度的分析。他们对资本主义旧制度的辛辣批判,包含着许多切中的见解;对社会主义新制度的描绘,闪烁着诸多天才的火花。空想社会主义是早期无产阶级意识和利益的先声,反映了早期无产阶级迫切要求改造现存社会、建立理想新社会的愿望。"但是空想社会主义没有能够指出真正的出路。它既不会阐明资本主义制度下雇佣奴隶制的本质,又不会发现资本主义发展的规律,也不会找到能够成为新社会的创造者的社会力量"[1]。这种时代的局限性说明,空想社会主义不成熟的理论,"是同不成熟的资本主义生产状况、不成熟的阶级状况相适应的。解决社会问题的办法还隐藏在不发达的经济关系中,所以只能从头脑中产生出来"。[2]空想社会主义虽然"提供了启发工人觉悟的极为宝贵的材料"[3],但并不是科学的思想体系。

随着社会化大生产的发展和资本主义生产方式的普遍确立,以及资本主义社会中生产社会化与生产资料资本主义私人占有之间矛盾的激化,无产阶级与资产阶级的斗争更加激烈。无产阶级队伍不断壮大,并在与资产阶级的斗争中从自发走向自觉,表现出改造社会、创造历史的巨大力量。这些新的变化,为社会主义从空想发展到科学提供了社会需要和客观条件。

马克思、恩格斯适应社会的需要,在新的历史条件下创立和发展了唯物史观和剩余价值学说,为实现社会主义从空想到科学的飞跃奠定了坚实的理论基础。

【教材内容链接】《马克思主义基本原理》第六章第一节"社会主义五百年的历史进程"之"社会主义从空想到科学"

---

[1] 《列宁选集》(第二卷),人民出版社,2012年,第313页。
[2] 《马克思恩格斯选集》(第三卷),人民出版社,2012年,第645页。
[3] 《马克思恩格斯选集》(第一卷),人民出版社,2012年,第432页。

第六章 社会主义的发展及其规律

【案例二】从容坚定

咬定青山不放松,立根原在破岩中。

千磨万击还坚劲,任尔东西南北风。

——[清]郑燮《竹石》

【案例分析】

竹子紧紧咬定青山,将根系深深扎进岩石的缝隙当中。历尽磨难,依旧坚韧挺拔,傲然挺立,任凭你四面来风。

生活在山石上的竹子是没有人精心呵护的,风来了,它得挺着,雨来了,它还得挺着。可是正因为风里雨里,千磨万击,它养成了一种坚韧挺拔的气性,也有了坚韧挺拔的资本。竹子能够在千磨万击之下依然报以坚韧,在东西南北风中依然傲立挺直,其实是因为"咬定青山不放松",竹品就像人品,只有深深地扎根青山之上、岩石之中,才能够面对各种各样的风雨和打磨,依然保持坚劲挺直。人也是一样,只有坚定信念,坚定信仰,我们才能够"虽九死其犹未悔""历百折而仍向东"。

1871年爆发的巴黎公社革命,是第一国际精神的产儿,是无产阶级夺取政权的第一次伟大尝试。这场革命是在法国同普鲁士之间发生战争、民族矛盾和阶级斗争激化的情况下爆发的。1871年3月18日,起义取得胜利。起义胜利后,巴黎人民立即开始了建立无产阶级政权的尝试。他们摧毁资产阶级的国家机构,废除资产阶级议会制,成立了新的国家机关——巴黎公社,并实行了一系列新的政策。虽然,巴黎公社仅存在了72天就在国内外敌对势力联合镇压下失败了。但马克思高度评价巴黎公社的意义,认为巴黎公社的精神是永存的。马克思、恩格斯总结巴黎公社经验,指出无产阶级革命取得成功并保持胜利果实的首要条件是要拥有革命的武装;必须打碎旧的国家机器,建立无产阶级的新型国家;无产阶级政权是为人民服务的机关;必须建立无产阶级政党,发挥党的政治领导作用。

中华优秀传统文化融入《马克思主义基本原理》案例研究指南

【教材内容链接】《马克思主义基本原理》第六章第一节"社会主义五百年的历史进程"之"社会主义从理想到现实、从一国到多国的发展"——第一国际与巴黎公社

【案例三】星火燎原

贪黩有司及四方无籍奸徒窜入其中者,激而构扇之,星星之火,遂成燎原。

——[明]张居正《答云南巡抚何莱山论夷情》

【案例分析】

明朝时期,宰相张居正起用名将戚继光练兵对付倭寇侵略,起用潘季治理黄河水灾。少数民族地区发生叛乱,他认为是贪官和无赖所为,起义军的力量是星星之火可以燎原,下令惩治贪官无赖,迅速平息了叛乱。从那时起,"星星之火"这个成语就和"可以燎原"紧密地联系在了一起。后来用以比喻开始时微小,但有远大发展前途的新事物。

十月革命一声炮响,给中国送来了马克思列宁主义。在中国人民和中华民族的伟大觉醒中,在马克思列宁主义同中国工人运动的紧密结合中,1921年7月,中国共产党应运而生,并成为中国社会主义运动的领导力量。

中国产生了共产党,这是开天辟地的大事件,深刻改变了近代以后中华民族发展的方向和进程,深刻改变了中国人民和中华民族的前途和命运,深刻改变了世界发展的趋势和格局。中国共产党领导的社会主义事业经过了从夺取新民主主义革命伟大胜利到完成社会主义革命和推进社会主义建设、进行改革开放和社会主义现代化建设、开创中国特色社会主义新时代的发展过程,在一百多年的奋斗中不断发展壮大,在21世纪焕发出蓬勃生机。

【教材内容链接】《马克思主义基本原理》第六章第一节"社会主义五百年的历史进程"之"社会主义在中国焕发出蓬勃生机"

第六章 社会主义的发展及其规律

【案例四】邯郸学步

昔有学步于邯郸者,曾未得其仿佛,又复失其故步,遂匍匐而归耳。

——[东汉]班固《汉书·叙传上》

【案例分析】

从前有个人去邯郸学习走路,但没有学会邯郸人走路的方式,反而忘记了自己的走路方式,最后没办法,只有趴在地上爬着回家了。

燕国人努力向别人学习的精神应该肯定,但是他依样画葫芦的生搬硬套并不可取,不但没学到别人的精髓,反而连自己原有的东西也丢了。学习不是不能模仿,但必须先细心观察别人的优点,研究邯郸人之所以能够走得优雅的关键之处,除了步法外,那种优雅是否和他们的神态、心境,甚至文化有关。再从自己的实际状况来检视,要将步伐调整成邯郸人的样子,需要做出哪些改变。这样才能取人之长,补己之短。如果像燕国人那样盲目,一味崇拜别人,结果必然是功夫没学成,自己的长处也丢光了。

用"邯郸学步"这一成语来反思社会主义在我国的发展历程,我国社会主义的建设始于向苏联学习,却没有照搬硬抄,而是结合我国实际探索出适合我国的社会主义建设道路。一路走来,中国共产党团结带领全国各族人民,自力更生、艰苦奋斗,创造了一个又一个彪炳史册的中国奇迹,中华大地日新月异。100多年光辉历程,100多年砥砺前行,中华民族从"站起来""富起来"到"强起来"的伟大飞跃,正是中国共产党百年历史征程的辉煌写照。科学社会主义在中国的成功实践和理论发展,使世界范围内社会主义和资本主义两种社会制度、两种意识形态的历史演进及其较量,发生了有利于社会主义的重大转变。中国特色社会主义高高举起科学社会主义旗帜,向世界表明科学社会主义在21世纪的中国焕发出新的蓬勃生机,突出展现了社会主义的优越性。

【教材内容链接】《马克思主义基本原理》第六章第一节"社会主义五百

年的历史进程"之"社会主义在中国焕发出蓬勃生机"

【案例五】坚定社会主义信仰,焕发社会主义活力

知之愈明,则行之愈笃;行之愈笃,则知之益明。

——[南宋]朱熹《朱子语类·卷十四》

【案例分析】

理解得越清楚,实践就越扎实;实践越扎实,认识就会更加清晰。

实践决定认识,认识来源于实践。正所谓"行之愈笃,则知之益明",经过实践探索,我们党提出了社会主义初级阶段理论,确立了党在社会主义初级阶段的基本路线,第一次比较系统地初步回答了在中国这样经济文化比较落后的国家如何建设社会主义、如何巩固和发展社会主义的一系列基本问题,把对社会主义的认识提高到新的科学水平,翻开了中国社会主义发展的崭新一页。

党的十八大以来,中国特色社会主义进入新时代。新时代十多年来,中国共产党人坚持马克思列宁主义、毛泽东思想、邓小平理论、"三个代表"重要思想、科学发展观,全面贯彻习近平新时代中国特色社会主义思想,全面贯彻党的基本路线、基本方略,采取一系列战略性举措,推进一系列变革性实践,实现一系列突破性进展,取得一系列标志性成果,经受住了来自政治、经济、意识形态、自然界等方面的风险挑战考验,党和国家事业取得历史性成就、发生历史性变革,推动我国迈上全面建设社会主义现代化国家新征程。科学社会主义在21世纪的中国焕发出新的蓬勃生机。

【教材内容链接】《马克思主义基本原理》第六章第一节"社会主义五百年的历史进程"之"社会主义在中国焕发出蓬勃生机"

第二节 科学社会主义基本原则

科学社会主义基本原则是社会主义事业发展规律的集中体现,是马克思主义政党领导人民进行社会主义革命、建设、改革的基本遵循。必须始终坚持科学社会主义基本原则,同时从本国实际出发不断进行丰富和发展。中国特色社会主义集中体现了科学社会主义基本原则与当代中国实际和中华优秀传统文化的有机统一。

本节共精选7个中华优秀传统文化案例,用以阐释和印证科学社会主义基本原则的主要内容;正确把握科学社会主义基本原则;科学社会主义基本原则与中国特色社会主义三个问题。

【案例一】公平国安

不患寡而患不均,不患贫而患不安。

——[春秋]孔子、其弟子及其再传弟子《论语·季氏第十六篇》

天之道,其犹张弓欤!高者抑之,下者举之,有余者损之,不足者与之,天之道损有余而补不足。

——[春秋]老子《道德经·第七十七章》

【案例分析】

不担心分的少,而是担心分配的不公平公正;不担心生活贫穷,而担心生活不安定。

自然的规律,不是很像张弓射箭吗?弦拉高了就把它压低一些,低了就把它举高一些,拉得过满了就把它放松一些,拉得不足了就把它补充一些。

自然的规律,是减少有余的补给不足的。

传统经济思想注意到不能使贫富差距过大,以免打破社会均衡而导致社会动力不足。"不患寡而患不均。"某种程度上反映了他们期望均平而抑制分化的愿望。"天之道,损有余而补不足",只有用"有余"补不足,把有余者的一部分财富拿来补给不足者,社会财富才能趋于平衡,才能达到共同富裕的目标。实际上就是说让消费者来参与利润的分配,才符合自然界发展的基本规律。这充分体现了中国古代传统文化中,共同富裕的思想特征。

马克思阐述社会主义社会在个人消费品分配上,打破和改变了资本主义社会"按资分配"的原则,实行按劳分配的制度。这有利于充分调动劳动者的积极性和创造性,从而促进社会生产的发展。"按劳分配"体现了劳动者共同劳动、平等分配的社会地位。我国古代传统文化中共同富裕的思想特征,为我们接受马克思主义分配理论奠定了基础。

【教材内容链接】《马克思主义基本原理》第六章第二节"科学社会主义基本原则"之"科学社会主义基本原则的主要内容"

【案例二】尊重规律,和谐共生

草木荣华滋硕之时,则斧斤不入山林,不夭其生,不绝其长也。

——[战国]荀子《荀子·王制》

【案例分析】

草木开花生长之时,不能进山林砍伐,断绝它们的生长。

中华优秀传统文化中蕴含着丰富而又深刻的生态伦理思想,对于纠偏和克服西方文化所型构的现代文明困境具有重大理论价值和实践意义,当然这也是构成中国共产党人生态文明思想的主要理论生成逻辑。

中华优秀传统文化的生态思想既包括人与自然关系上的自然生态伦理,又包括人际关系、民族与国家关系上的社会生态伦理,还包括生命个体自身灵肉关系上的身心生态伦理。"孔子'子钓而不纲,弋不射宿',荀子'草木荣华滋硕之时则斧斤不入山林,不夭其生,不绝其长也'以及《吕氏春秋》中关于'竭泽而渔'的自然观念,向社会公众传达了对自然要取之以时、取之有度的思想,有十分重要的现实意义。"[①]鼓励社会公众要善于汲取传统文化中的生态智慧和自然精髓,培育尊重自然、顺应自然、保护自然的生态理念,自觉践行生态优先原则与绿色发展理念。

社会主义社会要实现人与自然的和谐共生。在社会主义建设事业中,特别是在经济建设过程中,要正确处理人与自然的关系。要深刻认识自然是生命之母,人与自然是生命共同体。人类在同自然的互动中生产、生活、发展,人类善待自然,自然也会馈赠人类。要自觉把实现人与自然的和谐共生作为社会发展的重要目标,以合乎自然发展规律、合乎人类幸福生活和追求美丽环境的方式来改造和利用自然,调节人与自然之间的物质变换,保持人与自然之间的动态平衡。

【教材内容链接】《马克思主义基本原理》第六章第二节"科学社会主义基本原则"之"科学社会主义基本原则的主要内容"

【案例三】天人合一

天地合和,生之大经也。

——[战国]吕不韦及其门客《吕氏春秋·有始》

【案例分析】

天阳地阴,阴阳交合,是一切生命的途径。意思是天地交合是万物生成的根本。

---

① 李娜:《习近平关于中华优秀传统文化重要论述的逻辑维度和价值意蕴》,《中共福建省委党校(福建行政学院)学报》,2022年第2期。

有人说中华文化很大程度上就是阴阳文化,在有形无形之中,无不赋有阴阳的痕迹。古人把春天万物生长、生命繁荣归结为天地的作用,称之为"天地合和",又有"天人合一"的观念。近代以来,科学技术和生产力的日益强大,人类经济在取得飞速发展的同时却造成环境污染、生态破坏等,人类面临严峻挑战。残酷的现实表明,构建"社会主义和谐社会"的经济体制应树立包含高科技精神和新人文精神的现代"天人合一"理念,即现代高科技精神所具有的创新、协作和人性化的精神,及体现以人为本、以人的全面发展为出发点和以人民利益为最终目标的全心全意为人民服务的新人文精神,最终促进经济社会的持续、健康发展。①

社会主义社会要合乎自然规律地改造和利用自然,努力实现人与自然的和谐共生。在改造自然的过程中,始终要保持对自然及其规律的敬畏,不能狂妄自大。恩格斯指出:"我们不要过分陶醉于我们人类对自然界的胜利。对于每一次这样的胜利,自然界都对我们进行报复。……因此我们每走一步都要记住:我们决不像征服者统治异族人那样支配自然界,决不像站在自然界之外的人似的去支配自然界——相反,我们连同我们的肉、血和头脑都是属于自然界和存在于自然界之中的。"②

【教材内容链接】《马克思主义基本原理》第六章第二节"科学社会主义基本原则"之"科学社会主义基本原则的主要内容"

【案例四】实践创新

善琴弈者不视谱,善相马者不按图,善治民者不泥古。无他,亲历诸身而已。

——[清]魏源《默觚·学篇》

---

① 袁文斌、苏子毓:《论"构建社会主义和谐社会"理论是对中国古代传统"和谐"思想的继承和发展》,《社会科学论坛》,2010年第2期。
② 《马克思恩格斯选集》(第三卷),人民出版社,2012年,第998页。

第六章　社会主义的发展及其规律

【案例分析】

善于弹琴、下棋的人，不会只盯着琴谱、棋谱；会相马的人，也不会按图上画的马去寻马；善于治国的人不会因循守旧。没有别的，只是要亲历而已。也就是实践出真知，不能拘泥于书本、教条。

习近平总书记在《关于坚持和发展中国特色社会主义的几个问题》一文中指出："中国特色社会主义是社会主义而不是其他什么主义，科学社会主义基本原则不能丢，丢了就不是社会主义。"①

中国共产党人在领导中国革命建设和改革的过程中逐渐认识到，面对中国的特殊国情，不能教条地对待马克思列宁主义，必须从中国实际出发，实现马克思主义中国化。中国共产党的历史，是一部不断推进马克思主义中国化的历史，是一部不断推进理论创新、进行理论创造的历史。我们要把科学社会主义基本原则同新时代的中国国情结合起来，才能创造性地回答和解决本国实际问题。不断发展中国特色社会主义道路、理论、制度、文化，不断开辟科学社会主义的新境界。

【教材内容链接】《马克思主义基本原理》第六章第二节"科学社会主义基本原则"之"正确把握科学社会主义基本原则"

【案例五】变中求进

故圣人法与时变，礼与俗化。衣服器械各便其用；法度制令各因其宜。故变古未可非，而循俗未足多也。

——［西汉］刘安及其门客《淮南子·氾论训》

不慕古，不留今，与时变，与俗化。

——［春秋］管仲《管子·正世》

---

① 《习近平谈治国理政》（第一卷），外文出版社，2018年，第22页。

中华优秀传统文化融入《马克思主义基本原理》案例研究指南

【案例分析】

圣人执政法律和时代一起变动,礼制与习俗一起变化。衣服器械,各自方便他们的使用;法令制度,各自依照他们的适宜情况而制定。因此改变古制无可非议,而依循旧俗不值得赞美。

不要迷恋过去,也不要局限在今天,要与时代一起改变,与世俗一同变化。用现在的话讲就是与时俱进,紧扣时代的脉搏,跟上时代的节拍,这样才能谋求更大的发展。

习近平总书记一贯强调,创新是一个民族进步的灵魂,是一个国家兴旺发达的不竭动力。在博鳌亚洲论坛 2018 年年会开幕式主旨演讲中,他引用"法与时变,礼与俗化"告诉世人,变革创新的潮流滚滚向前,谁排斥变革,谁拒绝创新,谁就会落后于时代,谁就会被历史淘汰。一切都是变化发展的,制度、法令与礼义也应随着时代的发展而做出相应的调整,反对因循守旧,主张创新变革,一切以顺应时势和国情民意为治国理政的根本原则。

科学社会主义基本原则不是一成不变的教条,而是随着社会主义实践而不断丰富和发展的学说。紧跟时代和实践的发展,在不断总结新鲜经验中进一步丰富和发展科学社会主义基本原则。马克思、恩格斯创立了科学社会主义,并提出了正确对待科学社会主义基本原则的科学态度。他们一方面强调这些原则的正确性,另一方面又反对将这些原则的实际运用教条化。

【教材内容链接】《马克思主义基本原理》第六章第二节"科学社会主义基本原则"之"正确把握科学社会主义基本原则"

【案例六】创新不已

天行健,君子以自强不息。

——[远古至秦汉]《易经》

第六章 社会主义的发展及其规律

【案例分析】

大自然的运行刚强劲健,君子处世也应该如天道一样,追求进步、刚毅坚卓、发愤图强、永不停息。

创新精神是中华民族最鲜明的禀赋。中国人民具有伟大的创造精神。在中国古代,从思想学术到文学艺术,从四大发明到万里长城,创造了伟大成就。创新是改革开放的生命。改革开放创造的伟大奇迹不是从天上掉下来的,而是我们党领导人民推进理论创新、制度创新、科技创新、文化创新等各方面的创新取得的。创新决胜未来,改革关乎国运。

中国特色社会主义始终坚持科学社会主义基本原则。中国人民在中国共产党的领导下,历史性地选择了马克思主义、选择了社会主义,创造性地走出了一条符合中国特点的社会主义道路。中国特色社会主义之所以是社会主义而不是别的什么主义,就是因为中国特色社会主义始终坚持科学社会主义基本原则不动摇,始终没有背离科学社会主义基本原则。中国特色社会主义道路、理论、制度、文化无疑具有鲜明的中国特色,但都体现着科学社会主义的基本原则,不仅没有丢掉"老祖宗",而且使科学社会主义在中国这块土地上焕发出勃勃生机。

【教材内容链接】《马克思主义基本原理》第六章第二节"科学社会主义基本原则"之"科学社会主义基本原则与中国特色社会主义"

【案例七】标新立异

庄子《逍遥篇》,旧是难处,诸名贤所可钻味,而不能拔理于郭、向之外。支道林在白马寺中,将冯太常共语,因及《逍遥》。支卓然标新理于二家之表,立异义于众贤之外,皆是诸名贤寻味之所不得。后遂用支理。

——[南朝]刘义庆《世说新语·文学》

中华优秀传统文化融入《马克思主义基本原理》案例研究指南

【案例分析】

《庄子·逍遥游》一篇，历来是个难点，众多知名贤士一直钻研品味，可是对它的义理的阐述却不能超出郭象和向秀。支道林在白马寺里和冯太常一起谈论，便谈到《逍遥游》。支道林在郭、向两家的见解之外，卓越地揭示出新的义理，在众贤士之外提出了特异的见解，都是众多知名贤士探索时没能得到的。后来解释《逍遥游》便采用支道林阐明的义理。此为成语"标新立异"的出处，通常指提出新的主张、见解或创造出新奇的样式。

毛泽东曾提出："特别像中国这样大的国家，应该'标新立异'。"[①]他表明，我们应该在自己初步实践的基础上，吸取苏联的经验和教训，从中国的国情出发，开动脑筋，强调创造性，在创新上下功夫，努力找出在中国这块大地上建设社会主义的具体道路。

中国特色社会主义是根植于中国大地、反映中国人民意愿、适应中国和时代发展进步要求的科学社会主义，它既坚持了科学社会主义基本原则，又根据时代条件赋予其鲜明的中国特色，是科学社会主义在中国的运用和发展，是扎根中国大地的科学社会主义。中国特色社会主义既坚持了科学社会主义基本原则，又具有鲜明的民族特色和时代特色。中国共产党坚持"两个结合"，坚持将马克思主义基本原理同中国具体实际相结合、同中华优秀传统文化相结合。不断赋予科学理论鲜明的中国特色，不断夯实马克思主义中国化时代化的历史基础和群众基础，让马克思主义在中国牢牢扎根。

新时代中国特色社会主义在坚持科学社会主义基本原则基础上，在与中国具体实际和中华优秀传统文化结合中，作出了一系列重大创新。习近平新时代中国特色社会主义思想，是在中国特色社会主义进入新时代、当今世界经历新变局、我们党面临执政新考验的历史条件下形成和发展起来的，标

---

① 《毛泽东文集》(第七卷)，人民出版社，1999年，第80页。

志着中国共产党在自觉把科学社会主义基本原则与中国实际和时代特征相结合上达到了新的境界。

在新时代新征程将中国特色社会主义继续推向前进,一定要以全面建设社会主义现代化国家和实现中华民族伟大复兴的事业为中心,着眼于科学社会主义基本原则的新运用,着眼于中国特色社会主义建设新经验对科学社会主义的新贡献,在坚持和发展中国特色社会主义事业中实现实践创新与理论创新的良性互动,实现新时代的"标新立异"。

【教材内容链接】《马克思主义基本原理》第六章第二节"科学社会主义基本原则"之"科学社会主义基本原则与中国特色社会主义"

第三节 在实践中探索社会主义的发展规律

马克思、恩格斯曾预测社会主义将首先在发达的资本主义国家实现。然而,由于历史的复杂性,社会主义革命却首先在经济文化相对落后国家取得了胜利。对走上社会主义道路的国家来说,社会主义建设是前无古人的事业,必须在实践中探索和掌握社会主义的发展规律。

本节共精选8个中华优秀传统文化案例,用以阐释和印证社会主义建设过程的长期性;社会主义建设过程发展道路的多样性;社会主义在实践中开拓前进三个问题。

【案例一】万物各异

物之不齐,物之情也。

——[战国]孟子、其弟子及其再传弟子《孟子·滕文公上》

中华优秀传统文化融入《马克思主义基本原理》案例研究指南

【案例分析】

物有千差万别，这是客观规律。对此，朱熹解释为："孟子言物之不齐，乃其自然之理。"世界上的事物各有差异，这就是造物者的自然情况。引申来看，这样求同存异的态度、包容并蓄的精神，正是从传统的经典角度、以哲学的理论高度，释读了当前我们所强调的多元文化并存的世界观。

2015年9月22日，习近平主席对美国进行国事访问前夕接受《华尔街日报》采访，说道："中国古代思想家孟子说过：'物之不齐，物之情也。'国与国之间的确存在相互不理解的问题，但这就是生活。既然世界上存在着不同的民族、历史、文化、宗教、制度、发展水平、生活方式，那就肯定会存在一些相互不那么好理解的事情。但是，我认为，一切看上去不可理解的事情都是可以理解的，关键是要想去理解并努力去理解，而不要排斥。丰富多彩的人类文明都有自己存在的价值。本国本民族要珍惜和维护自己的思想文化，也要承认和尊重别国别民族的思想文化。"①

万物莫不相宜。不同的物品有不同的价格；世上没有两片完全相同的树叶；一片沙漠中，找不到完全一样的沙粒。各国有各国的国情，千差万别，这是客观情形，也是历史必然。在社会主义发展过程中，社会主义的发展道路不是单一性的，而是多样性的。

【教材内容链接】《马克思主义基本原理》第六章第三节"在实践中探索社会主义的发展规律"之"社会主义发展道路的多样性"——社会主义发展道路多样性的原因

【案例二】适宜为要

履不必同，期于适足；治不必同，期于利民。

——[清]魏源《默觚下·治篇五》

---

① 《习近平接受〈华尔街日报〉采访时强调：坚持构建中美新型大国关系正确方向 促进亚太地区和世界和平稳定发展》，《人民日报》，2015年9月23日。

第六章　社会主义的发展及其规律

【案例分析】

每一个人的鞋子大小不必相同,关键是要适合自己的脚;每个国家的治理方法不必雷同,关键是要有利于人民。

一个国家实行什么样的政治制度、走什么样的政治发展道路,是由这个国家的具体国情和历史文化条件决定的,必须与这个国家的国情和性质相适应。习近平总书记多次在讲话中引用魏源的这句话,强调独特的文化传统、独特的历史命运、独特的国情,注定了中国必然要走适合自己特点的发展道路。

世界上没有"放之四海而皆准"的发展道路,只有能够持续造福人民的发展道路,才是最有生命力的。一个国家发展道路合不合适,只有这个国家的人民才最有发言权。正像我们不能要求所有花朵都变成紫罗兰这种花一样,我们也不能要求有着不同文化传统、历史遭遇、现实国情的国家都采用同一种发展模式。

道路决定命运。一个国家,一个民族,只有找到适合自己条件的道路,才能实现自己的发展目标。中国特色社会主义制度的生命力,就在于这一制度是在中国社会的土壤中生长起来的。正如习近平总书记在党的二十大报告中所指出的:"党的百年奋斗成功道路是党领导人民独立自主探索开辟出来的,马克思主义的中国篇章是中国共产党人依靠自身力量实践出来的,贯穿其中的一个基本点就是中国的问题必须从中国基本国情出发,由中国人自己来解答。"[1]探索社会主义发展道路,必须从当时当地的历史条件出发,坚持"走自己的路"。

【教材内容链接】《马克思主义基本原理》第六章第三节"在实践中探索社会主义的发展规律"之"社会主义发展道路的多样性"——探索适合本国国情的发展道路

---

[1] 习近平:《高举中国特色社会主义伟大旗帜 为全面建设社会主义现代化国家而团结奋斗——在中国共产党第二十次全国代表大会上的报告》,《人民日报》,2022年10月26日。

【案例三】晏子使楚

晏子至，楚王赐晏子酒，酒酣，吏二缚一人诣王，王曰："缚者曷为者也？"对曰："齐人也，坐盗。"王视晏子曰："齐人固善盗乎？"晏子避席对曰："婴闻之，橘生淮南则为橘，生于淮北则为枳，叶徒相似，其实味不同。所以然者何？水土异也。今民生长于齐不盗，入楚则盗，得无楚之水土使民善盗耶？"

——［春秋］晏婴《晏子春秋·内篇·杂下》

【案例分析】

晏子来到了楚国，楚王请晏子喝酒，喝酒喝得正高兴的时候，两名小官员绑着一个人到楚王面前来。楚王问道："绑着的人是做什么的？"公差回答说："他是齐国人，犯了偷窃罪。"楚王看着晏子问道："齐国人本来就善于偷东西的吗？"晏子离开座位回答道："我听说这样一件事：橘树生长在淮河以南的地方就是橘树，生长在淮河以北的地方就是枳树，只是叶子相像罢了，他们的果实味道却不同。这是什么原因呢？是因为水土地方不相同啊。老百姓生长在齐国不偷东西，到了楚国就偷东西，莫非楚国的水土使百姓善于偷东西吗？"

"橘生淮南则为橘，生于淮北则为枳"，现在常用来比喻一旦环境改变，事物的性质也可能随之改变。

探索社会主义发展道路，必须从当时当地的历史条件出发。如果不顾我们自己国家的"土壤情况"，盲目学习外国的制度和模式，学到的也只会是皮毛，更有可能带来灾难性后果。的确，在这方面我们有很多教训可鉴：冷战结束后，照搬西方政治制度模式的国家，很多仍然不能稳定发展；受"阿拉伯之春"影响的国家，很多政局仍然没能稳定。由此可见，社会主义建设没有统一的模式，各国必须根据本国的国情选择适合自己的社会主义道路。在当今这个多元化的时代，没有最好的社会主义道路，只有最适合本国的社会主义道路。

第六章 社会主义的发展及其规律

【教材内容链接】《马克思主义基本原理》第六章第三节"在实践中探索社会主义的发展规律"之"社会主义发展道路的多样性"——探索适合本国国情的发展道路

【案例四】探索发展

积土而为山,积水而为海。

——[战国]荀子《荀子·儒效》

【案例分析】

山再高,也是一抔土一抔土积累而成的。水再深,也是一滴水一滴水汇集而成的。

这句话表明不论是伟大的人还是平凡的人,都要通过坚持不懈地努力才能够达成远大的目标。另外,做一件事要善始善终。行动不是盲行,实践不是盲目的实践。第一,干好就要久久为功。常言说"一口吃不成胖子",一个成功的实践就是一个坚持到底的实践。第二,干好就要依靠群众。有句谚语,"一个人可以走得很快,但一群人能够走得更远"。实践不是单个人的活动,它是群众性的活动,单个人是干不成大事的。第三,干好就要勤奋劳动。勤劳是我们中华民族的标识,正所谓"业精于勤,荒于嬉"。

越是伟大的事业,越充满艰难险阻,越需要艰苦奋斗,越需要开拓创新。纵观社会主义的发展历程,可以看到一个突出特点,即社会主义是在实践中开拓前进、不断发展的。深刻认识这一特点,不仅有助于我们从理论上把握社会主义的发展规律,而且有助于我们在当今时代正确看待世界社会主义的发展态势,正确看待中国特色社会主义实践探索对于世界社会主义事业的深远意义,并有助于我们以开拓奋进的精神开辟社会主义事业发展的新未来。

【教材内容链接】《马克思主义基本原理》第六章第三节"在实践中探索社会主义的发展规律"之"社会主义在实践中开拓前进"

【案例五】有新方进

> 君子之学必日新,日新者日进也。不日新者比日退,未有不进而不退者。
> ——[北宋]程颢、程颐《二程集·河南程氏遗书·卷第二十五》

【案例分析】

君子学习,每天必定有新的收获,每天有收获的人每天有进步。每天没有收获的人每天必定退步,没有不进步而又不退步的人。

君子一定要做到日新,日新就是每一天都要进步,要保持一颗奋发向上、积极进取的心,才能在日新月异的今天跟上时代的脚步,到达共同富裕的理想彼岸。学无止境,人应该不断更新和完善自我。张伯行释曰:"君子之为学也,必刻励其功,濯旧见以来新机,使其所得有日新之益。……若不日新,便是心有间断,私欲相乘,非昏则倦,日退必矣。未有半上落下,能站得住,不进而不退者。"这与《增广贤文》中的"学如逆水行舟,不进则退"一样,都阐述了进取的重要性。古人尚且如此,在日新月异的现代社会,处于瞬息万变之中,要跟上时代节拍,更须积极进取、奋发前行、与时俱进。

实践和发展前无古人的社会主义事业,必须要有勇于开拓创新的精神和奋斗前行的精神。习近平总书记指出:"社会主义从来都是在开拓中前进的。"[1]这是对社会主义历史进程的全面总结,也是对社会主义事业发展的深刻启示。

【教材内容链接】《马克思主义基本原理》第六章第三节"在实践中探索社会主义的发展规律"之"社会主义在实践中开拓前进"——在实践中开拓前进是社会主义事业发展的必然要求

---

[1] 《习近平谈治国理政》(第一卷),外文出版社,2018年,第23页。

第六章 社会主义的发展及其规律

【案例六】勇迎困难

莫言下岭便无难,赚得行人空喜欢,

正入万山圈子里,一山放出一山拦。

——[南宋]杨万里《过松源晨炊漆公店》

【案例分析】

不要说从山岭上下来就没有困难,骗得前来爬山的人白白地欢喜一场。好比行走在群山的包围之中,你刚翻过一座山,另一座山立刻出现阻拦去路。

这首诗是南宋诗人杨万里在建康江东转运副使任上的外出纪行之作。一次,诗人途经皖南松源时,见群山环绕忽有所悟,便写下这首富有哲理的诗。诗人借助景物描写和生动形象的比喻,通过写山区行路的感受,说明一个具有普遍意义的深刻道理:人们无论做什么事,都要对前进道路上的困难作好充分的估计,不要为一时的成功所陶醉。

任何事物的发展都是前进性和曲折性的统一。人类社会是从低级向高级发展,这种发展不是直线式的,有时会出现某种程度的曲折甚至倒退,这是符合历史规律的现象。社会主义的历史进程也是这样。从社会主义的历史来看,有时凯歌行进、势如破竹,走的是平坦而顺利的道路;有时则出现曲折,走一些弯路,甚至遇到大的挫折。20世纪80年代末90年代初的苏联解体、东欧剧变,就是世界社会主义运动的重大挫折。我们要对社会主义发展过程中的曲折性有正确的认识。既要认识到一定曲折的不可避免性,又要尽可能地避免某些曲折,推动社会主义顺利发展;既要能够直面曲折、承认曲折,又要不因曲折而改变初衷和失去信念,还要总结经验教训,努力战胜和走出曲折,推动社会主义不断发展。

【教材内容链接】《马克思主义基本原理》第六章第三节"在实践中探索社会主义的发展规律"之"社会主义在实践中开拓前进"——在实践中开拓

中华优秀传统文化融入《马克思主义基本原理》案例研究指南

前进是社会主义事业发展的必然要求

【案例七】以民为本

孟子曰:"桀、纣之失天下也,失其民也;失其民者,失其心也。得天下有道,得其民,斯得天下矣;得其民有道,得其心,斯得民矣;得其心有道,所欲与之聚之,所恶勿施尔也。"

——[战国]孟子、其弟子及其再传弟子《孟子·离娄上》

【案例分析】

孟子说:"桀和纣之所以失去天下,是因为失去了老百姓的支持;之所以失去老百姓的支持,是因为失去了民心。获得天下有办法,获得老百姓的支持,便可以获得天下;获得老百姓的支持有办法,获得民心,便可以获得老百姓的支持;获得民心也有办法,他们所希望的,就满足他们,他们所厌恶的,就不强加在他们身上。如此罢了。"

有这样一个故事:清末年间,滕县县令姚诗志很有学问,写得一手好字。他清正廉明,爱民如子,很受老百姓爱戴。南门里有一家卖粥的,天一明,两口子抬着粥缸去摆摊,不巧被一块大石头绊倒,摔破了缸,粥淌了一地。他们是小本经营,赖以谋生,这一下失去了半个家当。两口子坐在地上哭了起来。姚县令一早起来去访察民情,来到街上,见有两个人坐在地上哭,就走过去问起情况来。听完两人的诉说,姚县令说:"这样吧,你俩把这块石头抬到衙门去,我得问问它为什么绊你们,叫它赔你们的粥缸。"卖粥的心里话:俺这就够倒霉的了,您大老爷还开什么玩笑!可不抬不行呀,县太爷的话,谁敢不听? 没法,两口子拿起扁担,把那块石头架上抬粥缸的架子,抬起来跟着姚县令朝衙门走去。这就引出了一街两巷的人,都跟上去看稀奇,边走边叽咕:"他们这是干什么呀?""八成大老爷要审石头。"到了衙门,围观的人呼呼啦啦挤了一院子。姚县令命衙役把住大门,光许进不许出。然后,他站在大堂前开了腔:"乡亲们,今天本县令遇上这块石头绊了人,摔破了缸,害得卖粥的两口子哭哭啼啼。本打算严审这石头,估计它不会开口,可它引来了你们众乡亲,就算它将功补过吧。没说的,大伙儿凑个份子,最少一文,多者不限,算是大伙周济卖粥的两口子吧。"大伙儿纷纷掏钱,不大一会儿,足足凑了二十多吊铜钱。姚县令数过铜钱,又在自己兜里摸出来五两碎银子,一起交给卖粥的,说:"这足够买缸和米的了,回家吧。"卖粥的两口子千恩万谢地回家了。

以民为本是传统文化中的从政之德。共产党执政规律具有丰富的理论内涵和实践要求。执政最根本的是人心向背。"一个政党,一个政权,其前途命运取决于人心向背。"①"江山就是人民,人民就是江山,人心向背关系党的生死存亡。"②共产党抓住"人心是最大的政治"这个根本执政规律,把根深深扎在人民沃土中,始终站在人民大众立场上,"中国共产党始终代表最广大人民根本利益,与人民休戚与共、生死相依,没有任何自己特殊的利益,从来不代表任何利益集团、任何权势团体、任何特权阶层的利益"③。坚持以人民为中心,始终把人民放在心中最高位置,坚持一切为了人民、一切依靠人民,把人民对美好生活的向往作为奋斗目标,诚心诚意为人民谋幸福,为民族谋复兴。失去了人民拥护和支持,党的事业和工作就无从谈起。中国共产党把民心作为最大的政治,既是对历史上政治发展的经验总结,也是对执政规律认识的进一步深化。

【教材内容链接】《马克思主义基本原理》第六章第三节"在实践中探索社会主义的发展规律"之"社会主义在实践中开拓前进"——社会主义在实践中开拓前进必须遵循客观规律

---

① 习近平:《决胜全面建成小康社会夺取新时代中国特色社会主义伟大胜利——在中国共产党第十九次全国代表大会上的报告》,人民出版社,2017年,第61页。
② 习近平:《在党史学习教育动员大会上的讲话》,人民出版社,2021年,第15页。
③ 习近平:《在庆祝中国共产党成立100周年大会上的讲话》,人民出版社,2021年,第11~12页。

【案例八】思始成终

政如农功,日夜思之,思其始而成其终。朝夕而行之,行无越思,如农之有畔。其过鲜矣。

——[春秋]左丘明《左传·襄公二十五年》

【案例分析】

为政就像农民种地,白天晚上挂在心上,从下种就开始操心才能最终有所收获。早晚都按设想去做事,所做的不超出所想的,就好比农田里有垄沟作界限一样,(这样做的话)过错就会少了。

"日夜思之"是一种精神品质,也是一种工作状态。党的二十大报告提出,"坚持以人民为中心的发展思想。维护人民根本利益,增进民生福祉,不断实现发展为了人民、发展依靠人民、发展成果由人民共享,让现代化建设成果更多更公平惠及全体人民。"①我们党的历史上,许多好干部用行动给出了答案:谷文昌带领技术人员试验"旬旬造林",研究木麻黄的种植,战天斗地十几载,硬是治服了"神仙都难治"的风沙;焦裕禄与群众一起进行翻淤压沙、封闭沙丘、试栽泡桐,终于战胜"三害";廖俊波甘为"樵夫",4年间驱车36万千米,终于实现了带领群众脱贫的夙愿……他们一片赤诚,满腔热血,俯身向下,思群众所思,想群众所想,注重研究问题,讲究工作方法,在"日夜思之"中为群众打拼幸福生活。我们要坚定信心,振奋精神,以开拓奋进的姿态走向社会主义光明未来。

【教材内容链接】《马克思主义基本原理》第六章第三节"在实践中探索社会主义的发展规律"之"社会主义在实践中开拓前进"——以自信担当、开拓奋进的姿态走向社会主义光明未来

---

① 习近平:《高举中国特色社会主义伟大旗帜 为全面建设社会主义现代化国家而团结奋斗——在中国共产党第二十次全国代表大会上的报告》,《人民日报》,2022年10月26日。

第七章 共产主义崇高理想及其最终实现

社会主义经过长期的发展，在高度发达的基础上，最终将走向共产主义。共产主义不仅是一种科学的理论和这种理论指导下的现实的运动，而且是一种未来的社会制度和社会形态，是历史发展的必然趋势。那么，如何理解共产主义实现的必然性、长期性？作为当代中国青年，我们应该坚持怎样的理想信念？

本章共精选16个中华优秀传统文化案例，用以阐释和印证展望未来共产主义新社会；实现共产主义是历史发展的必然趋势；共产主义远大理想与中国特色社会主义共同理想三个问题。

第一节 展望未来共产主义新社会

在展望未来社会的问题上，空想社会主义主要依靠猜测和想象的方法，而马克思主义经典作家则基于科学的方法论原则。马克思主义经典作家依据人类社会历史的发展规律，通过对资本主义生产方式内在矛盾的深刻分析，总结了国际共产主义运动的经验，对共产主义社会做出了前瞻性的展望，科学地预见了共产主义社会的基本特征，向全世界劳动人民展示了未来共产主义社会的美好前景。

本节共精选6个中华优秀传统文化案例，用以阐释和印证预见未来社会的方法论原则；共产主义社会的基本特征两个问题。

【案例一】事必有法

此章言事必有法，然后可成，师舍是则无以教，弟子舍是则无以学。曲艺且然，况圣人之道乎？

——[南宋]朱熹《为〈孟子·告子上〉第二十章所作的注解》

【案例分析】

此章论述的任何事情都要有自己的方法，只有找到方法，做事情才能成功。教师舍弃方法，就教不好；学生舍弃方法，就学不好。射箭只是区区小技，也必须掌握教与学的方法，更何况学习圣人之道呢？

"事必有法，然后可成"，出自朱熹为《孟子·告子上》第二十章所作的注解。孟子的原话为："羿之教人射，必志于彀；学者亦必志于彀。大匠诲人，必以规矩；学者亦必以规矩。"意思是后羿教人射箭，一定要求把弓拉满，学生也努力做到；高明的工匠教人手艺，一定首先明确规矩，学生也严格执行。对此，朱熹注曰："此章言事必有法，然后可成，师舍是则无以教，弟子舍是则无以学。曲艺且然，况圣人之道乎？"朱熹认为，方法是达到目的手段和途径，只有掌握了科学可行的方法，才能取得事半功倍的效果。这个方法也就是孟子所说的"规矩"。

习近平总书记指出："学习掌握唯物辩证法的根本方法，不断增强辩证思维能力，提高驾驭复杂局面、处理复杂问题的本领。'事必有法，然后可成.'我们的事业越是向纵深发展,就越要不断增强辩证思维能力。"①强调事物发展有其规律,推动工作必须遵守基本规律,讲究科学方法。

在展望未来社会的问题上,是否坚持科学的立场观点方法是能否正确预见未来的基本前提,也是马克思主义与空想社会主义的根本区别。马克思主义经典作家站在科学的立场上,提出并自觉运用了预见未来社会的方法论原则。这是我们展望未来理想社会的基本依据,同时我们也应结合社会主义国家特别是中国发展的历史经验,自觉地运用和发展这些科学的方法论原则。

【教材内容链接】《马克思主义基本原理》第七章第一节"展望未来共产主义新社会"之"预见未来社会的方法论原则"

【案例二】运用正确原则,展望美好未来

凡观物有疑,中心不定,则外物不清;吾虑不清,则未可定然否也。

——[战国]荀子《荀子·解蔽》

【案例分析】

凡是观察事物如有疑惑,心里不能确定,就会认识不清;思想认识不清,也就无法辨别是非了。由此可见,要明辨是非必须能正确"观物"。

在人类历史上,有许许多多思想家热切地关注着人类社会的未来,并提出自己的预见,特别是一些空想社会主义者曾详尽地描绘理想社会的图景。但在马克思主义诞生以前,人们对未来社会的预见往往带有浓厚的空想性质和幻想色彩,因为他们还没有掌握预见未来的科学方法,也不懂得人类社会发展的客观规律。

马克思、恩格斯站在无产阶级立场上,运用科学的方法,致力于研究人

---

① 习近平:《论党的宣传思想工作》,中央文献出版社,2020年,第129页。

类社会特别是资本主义社会,第一次揭示了社会发展的一般规律和资本主义社会发展的特殊规律,从而对共产主义社会作出了科学的展望。人类社会的发展像自然界的发展一样,具有自己的客观规律,科学揭示这些规律,就能为正确地理解过去、把握现在和展望未来提供向导。马克思主义经典作家站在科学的立场上,提出并自觉运用了预见未来社会的方法论原则。这是我们展望未来理想社会的基本依据,同时我们也应结合社会主义国家特别是中国发展的历史经验,自觉地运用和发展这些科学的方法论原则。

【教材内容链接】《马克思主义基本原理》第七章第一节"展望未来共产主义新社会"之"预见未来社会的方法论原则"——在揭示人类社会发展一般规律的基础上指明社会发展的方向

【案例三】四海一家

司马牛忧曰:"人皆有兄弟,我独亡。"子夏曰:"商闻之矣:死生有命,富贵在天。君子敬而无失,与人恭而有礼,四海之内,皆兄弟也。君子何患乎无兄弟也?"

——[春秋]孔子、其弟子及其再传弟子《论语·颜渊》

【案例分析】

司马牛忧愁地说:"别人都有兄弟,唯独我没有。"子夏说:"我听说过:'死生有命,富贵在天。'君子只要对待所做的事情严肃认真,不出差错,对人恭敬而合乎于礼的规定,那么,天下人就都是自己的兄弟了。君子何愁没有兄弟呢?"

这是较早的四海一家的说法,也可表达对理想社会的憧憬。"君子敬而无失,与人恭而有礼,四海之内,皆兄弟也",揭示了简单而深刻的道理。"敬"和"恭"在"明礼"的问题上显得极其重要,许多经典文学中都有过论述,比如说"爱人者,人恒爱之;敬人者,人恒敬之"。人能够在工作中做到"敬",在和别人交往中做到"恭",一切都合乎礼节,那么我们的生活将会处在和谐有序发展状态中。有的人也许也会有像司马牛同样的疑问,如果能够做到"与人恭而有礼",那么普天之下的人皆可以兄弟相处。

"四海之内皆兄弟"的理念在古代社会极具吸引力,对现代社会也产生了非常深远的影响。"四海之内皆兄弟"的格言被挂到了联合国大厅,可见,当今世界,不同国家、民族、文化传统之间存在着矛盾、偏见、猜疑,甚至对抗和残酷的斗争,如果各方都能按照《论语》中这一格言的精神彼此相处,就能逐步化解相互之间的不信任或仇恨心理,有助于解决对立双方之间的矛盾和冲突。联合国是世界最高、最权威的国际组织,如果按照"四海之内皆兄弟"的精神处理一切国际事务,那么国际社会就一定会成为名副其实的和睦的世界大家庭。由此可见,马克思主义描述的共产主义社会的基本特征之一——社会关系高度和谐,人们精神境界极大提高,与"四海一家"的理想社会关系有着异曲同工之妙。

【教材内容链接】《马克思主义基本原理》第七章第一节"展望未来共产主义新社会"之"共产主义社会的基本特征"——社会关系高度和谐,人们精神境界极大提高

【案例四】克明俊德

克明俊德,以亲九族。九族既睦,平章百姓。百姓昭明,协和万邦。

——[上古时代]《尚书·尧典》

【案例分析】

(尧)能发扬大德,使家族亲密和睦。家族和睦以后,又考察百官中有德行的人加以举用表彰。百官中的事治理完善了,又努力使各个部落之间和睦相处,亲如一家。天下民众在帝尧的教育之下逐渐变得友好和睦起来。这是一个"由小及大""由近及远"的思想体系。

"协和万邦"引申到今天,就是与邻邦之间和睦相处、守望相助,协调不同国家之间的关系,让各个国家都能够相互尊重、相互合作、共同发展。

在共产主义社会,战争将不复存在。数千年来,消除战争、实现和平始终是人们向往的目标。习近平主席在第七十六届联合国大会一般性辩论上的讲话中指出:"中华民族传承和追求的是和平和睦和谐理念。我们过去没有,今后也不会侵略、欺负他人,不会称王称霸。中国始终是世界和平的建设者、全球发展的贡献者、国际秩序的维护者、公共产品的提供者,将继续以中国的新发展为世界提供新机遇。"①只有到了共产主义社会,随着阶级和阶级斗争消失,国家消亡,人类内部不同利益集团的划分和对抗也将消失,政治斗争不再存在,战争随之消失,从此人们真正过上和平安宁的日子。同时,大量的社会资源将从军事活动中解放出来,造福于全社会。

【教材内容链接】《马克思主义基本原理》第七章第一节"展望未来共产主义新社会"之"共产主义社会的基本特征"——社会关系高度和谐,人们精神境界极大提高

【案例五】非攻

国家发政,夺民之用,废民之利,若此甚众,然而何为为之?

——[战国]墨子、其弟子及其再传弟子《墨子·非攻》

【案例分析】

国家发布政令,掠夺百姓的财用,荒废百姓的利益,像这样的事情很多,然而又为什么还去做这种事呢?

周朝进入春秋战国时期,战争频仍,土地荒芜,死者遍野,民不聊生,广大人民群众渴望弭兵息战,休养生息。墨子体察到下层的民情,代表小生产

---

① 习近平:《坚定信心 共克时艰 共建更加美好的世界——在第七十六届联合国大会一般性辩论上的讲话》,《人民日报》,2021年9月22日。

者及广大百姓的利益,提出了"非攻"的主张,就这一点讲,是有积极意义的。自古及今,不论什么形式的战争,其受害最深的首先是人民群众。墨子的非攻思想是影响古今的和平主义,是平民主义的战争观。

数千年来,消除战争、实现和平始终是人们向往的目标。习近平总书记强调:"和平是人民的永恒期望。和平犹如空气和阳光,受益而不觉,失之则难存。没有和平,发展就无从谈起。国家无论大小、强弱、贫富,都应该做和平的维护者和促进者,不能这边搭台、那边拆台,而应该相互补台、好戏连台。"① 在共产主义社会,战争将不复存在。随着阶级和阶级斗争消失,国家消亡,人类内部不同利益集团的划分和对抗也将消失,政治斗争不再存在,战争随之消失,从此人们真正过上和平安宁的日子。

【教材内容链接】《马克思主义基本原理》第七章第一节"展望未来共产主义新社会"之"共产主义社会的基本特征"——社会关系高度和谐,人们精神境界极大提高

【案例六】天下为公

天下非一人之天下也,天下之天下也。

——[战国]吕不韦及其门客《吕氏春秋·孟春纪·贵公》

【案例分析】

天下不属于某一家一姓,国家为天下人共有。

我国自古就追求"大同社会"理想,其本质可以说是追求"天下为公"的社会。这种大同社会理想,在一定程度上带有公有制的属性,表达的是对私有制的否定。

马克思、恩格斯关于未来社会的预测,是在科学地批判和剖析资本主义

---

① 习近平:《共同创造亚洲和世界的美好未来——在博鳌亚洲论2013年年会上的主旨演讲》,人民出版社,2013年,第5页。

社会的过程中作出的。他们在探讨未来的理想社会中,已经解决资本主义社会的基本矛盾——生产资料私有制与社会大生产之间的矛盾,阶级消除、国家已经完全消亡、生产资料归全体劳动者所有,没有剥削和压迫的集体化社会,这时候已然进入了公有制的社会。在达到共产主义后,人民各尽其职,实现真正的平等,人类社会真正进入了高级社会。进入高级社会阶段,许多不良的社会现象开始逐步消失,人们志愿参加各种自己热爱的劳动,以获取自己需要的物质生活的需求。这两种思想同样都是以公有制为基础,都是集体主义,主张天下为公。

追求实现天下为公、大同世界的终极社会理想始终是我们为之不断努力奋斗的远大而崇高的目标。中国人是向来没有狭隘的国家观念的,正如历史学家吕思勉先生所说:"中国人总愿意与天下之人,同进于大道,同臻于乐利。有什么办法,可以使天下的人,同进于大道,同臻于乐利,中国人总欣然接受。"[①]中国人希望能够循序渐进,而使天下的人都能够同进于大道,共臻于大同。期望能够化天下为一家、四海为兄弟,而使整个天下成为一个人类休戚与共的命运共同体,因为只有这样的"天下",才是"大道之行也,天下为公"的天下。

【教材内容链接】《马克思主义基本原理》第七章第一节"展望未来共产主义新社会"之"共产主义社会的基本特征"

第二节 实现共产主义是历史发展的必然趋势

共产主义是人类最美好的社会理想,为人类社会的发展标明了根本目

[①] 吕思勉:《吕思勉讲思想史》,凤凰出版社,2008年,第70~71页。

标和前进方向。实现共产主义,是无产阶级和人民群众的不懈追求。共产主义一定能够实现,这是由人类社会的发展规律所决定的。共产主义一定要实现,共产主义一定能够实现,但共产主义的实现是一个十分漫长而且充满艰难曲折的历史过程。

本节共精选5个中华优秀传统文化案例,用以阐释和印证实现共产主义是历史发展的必然;实现共产主义是长期的历史过程两个问题。

【案例一】大同理想

孔子曰:"大道之行也,与三代之英,丘未之逮也,而有志焉。大道之行也,天下为公,选贤与能,讲信修睦。故人不独亲其亲,不独子其子,使老有所终,壮有所用,幼有所长,矜、寡、孤、独、废疾者皆有所养,男有分,女有归。货恶其弃于地也,不必藏于己;力恶其不出于身也,不必为己。是故谋闭而不兴,盗窃乱贼而不作,故外户而不闭,是谓大同。"

——[西汉]戴圣《礼记·礼运》

【案例分析】

孔子作为陪祭者参与了蜡祭,祭祀结束,来到宫门前的望楼上游玩,喟然而叹。当时学生言偃在旁边,问:"君子为何叹息?"孔子说:"大道实行的时代,夏、商、周三代杰出人物当政的时期,我孔丘未能赶得上,但我有志于此。大道运行的时代,天下是属于大家的。选拔贤能之人当政,相互讲究信用,建立和睦关系。所以人们不只是把自己的亲人当作亲人,不只是把自己的儿子当作儿子,使老年人得到赡养,壮年人有用武之地,幼年人得到抚养,鳏寡孤独者及身体残疾之人皆得供养。男子有正当职业,女人都适时出嫁。爱护财货却不必藏于身边,能竭尽其力却不必为自己。因此阴谋诡计不会兴起,偷窃作乱无人去做,所以外出可以不关闭大门。这称为大同世界。

值得注意的是,社会主义来到中国,一开始就是被作为"大同"来认知的。中华优秀传统文化中的"大同"理想,构成社会主义思潮在中国传播的深厚而适宜的文化土壤。虽然中华优秀传统文化中的"大同社会"与马克思主义所描绘的共产主义社会存在本质区别,但从否定私有制、推动生产力发展进而变革生产关系来看,两者都是为了改变物对人的奴役,改变人性的异化,是追求平等、和谐的社会理想。作为马克思主义学说的共产主义,其社会理想同中华优秀传统文化的"大同社会"的理想社会之间具有某种兼容的性质。也正因此,前者才能够在中国的先知先觉者中深入人心。

马克思所描述的共产主义社会,是自由人的联合体,是在真正解决了人与人、人与自然界等的矛盾之后,实现人的全面自由发展的美好社会形态。这一社会形态的建立要求推翻以生产资料私有制为基础的资本主义,要求生产力的高度发达,如此方能彻底改变资本主义社会中存在的人为奴役以及人性异化的不合理现象,让每个人获得强烈的幸福感。这与中国古人孜孜不倦所追求的"大同社会"具有共同点。在中国古代社会,劳动人民一直追求一种自由、平等、和谐的社会,憧憬"天下有道"的时代。这里所说的"道"指的是一种完美的和谐状态,没有剥削和压迫,人不受物的奴役,是文明社会的表现形态。儒家提出的"大同社会"理想集中表现了中国古代人民关于未来社会的理想。因此,中华优秀传统文化的"大同社会"与马克思主义的共产主义思想在某些方面具有共通性。

共产主义一定能够实现,这是由人类社会的发展规律所决定的。共产主义理想是能够实现的理想,它与一切空想和幻想有着本质区别。共产主义理想作为一种社会理想,是在对人类社会发展规律认识的基础上设想的社会发展目标。共产主义理想并不神秘。我们完全可以根据对社会结构的认识,从生产力状况、生产关系状况、社会生活和精神生活等方面去把握共产主义社会的基本特征,靠社会的发展和进步,靠人民群众的实践,走近共产主义。

【教材内容链接】《马克思主义基本原理》第七章第二节"实现共产主义

是历史发展的必然趋势"之"实现共产主义是历史发展的必然"——共产主义理想的实现是历史发展的必然

【案例二】实现世界大同

土地平旷,屋舍俨然,有良田美池桑竹之属。阡陌交通,鸡犬相闻。其中往来种作,男女衣着,悉如外人。黄发垂髫,并怡然自乐。

——[东晋]陶渊明《桃花源记》

【案例分析】

(呈现在他眼前的是)一片平坦宽广的土地,一排排整齐的房舍。还有肥沃的田地、美丽的池沼、桑树竹林之类的。田间小路交错相通,鸡鸣狗叫到处可以听到。人们在田野里来来往往耕种劳作,男女的穿戴跟桃花源以外的世人完全一样。老人和小孩们个个都安适愉快,自得其乐。

《桃花源记》的故事和其他仙境故事有相似之处,描写了一个美好的世外仙界。不过应当强调的是,陶渊明所提供的理想模式有其特殊之处:在那里生活着的其实是普普通通的人,一群避难的人,而不是神仙,只是比世人多保留了天性的淳朴而已,他们的和平、宁静、幸福,都是通过自己的劳动取得的。由此可见,建立世界大同、社会太平的美好社会制度,是中国历史上一代代人的美好梦想。

实现共产主义理想是广大人民群众的共同愿望。在历史上,人民群众对美好生活和理想社会的向往和追求源远流长,总体上说是向往和追求一个没有剥削、没有压迫的理想社会。这种愿望来自人民群众的根本利益和需要,也来自他们对现实生活的感受。在阶级社会,广大人民群众受着少数人的剥削和压迫,甚至人身安全都时常受到威胁,因而他们渴望改变自己的命运,渴望没有剥削和压迫、人人平等友爱的理想社会。因此,争取共产主义的最终实现,不仅是无产阶级彻底解放的标志,也是全人类得到解放的根本要求和体现。

【教材内容链接】《马克思主义基本原理》第七章第二节"实现共产主义是历史发展的必然趋势"之"实现共产主义是历史发展的必然"——实现共产主义是人类最伟大的事业

【案例三】做好谋划

凡事预则立,不预则废。言前定,则不跲;事前定,则不困;行前定,则不疚;道前定,则不穷。

——[西汉]戴圣《礼记·中庸》

【案例分析】

做任何事情,事前有准备就可以成功,没有准备就会失败。说话先有准备,就不会理屈词穷站不住脚;行事前计划先有定夺,就不会发生错误或后悔的事;道路预先选定,就不会走投无路。

2020年8月24日,习近平总书记在中南海主持召开经济社会领域专家座谈会,听取专家代表就"十四五"规划编制等提出的意见和建议,并发表重要讲话。他强调:"'十四五'时期是我国全面建成小康社会、实现第一个百年奋斗目标之后,乘势而上开启全面建设社会主义现代化国家新征程、向第二个百年奋斗目标进军的第一个五年,我国将进入新发展阶段。凡事预则立,不预则废。我们要着眼长远、把握大势、开门问策、集思广益,研究新情况、作出新规划。"①

共产主义一定能够实现,但共产主义的实现是一个十分漫长而且充满艰难曲折的历史过程。从理论上讲,马克思主义所揭示的社会形态发展与更替的规律是一般的历史规律,是只有在漫长的历史过程中才能显现出来的

---

① 习近平:《在经济社会领域专家座谈会上的讲话》,《人民日报》,2020年8月25日。

规律性。从资本主义到共产主义的转变是一种根本的转变，它不仅是具体制度的更替，更是整个社会的根本改造，因而必然是一个长期而艰难的历史过程。在资本主义走向灭亡和社会主义革命取得胜利后，还有一个从资本主义向社会主义转变的时期。这是一个不以人的意志为转移、不能省略、不可随意缩短的过渡时期。而且，在完成资本主义向社会主义的转变以后，还要经历一个社会主义发展阶段，最后才能逐步走向共产主义。我们应坚定共产主义理想信念，在艰难曲折的历史发展进程中科学谋划，制定规划、做好计划，力避失误，减少挫折，攻难克坚，砥砺前行，为实现共产主义理想不懈奋斗！

【教材内容链接】《马克思主义基本原理》第七章第二节"实现共产主义是历史发展的必然趋势"之"实现共产主义是长期的历史过程"——资本主义的灭亡和向社会主义的转变是一个长期的历史过程

【案例四】矢志不渝

靡不有初，鲜克有终。

——[西周]《诗经·大雅·荡》

【案例分析】

原意是指，凡事皆有开始，但很少有（或鲜有）结果，有始无终的意思。后借此语以讽谕持志不终的人，用以告诫人们为人做事要有头有尾、善始善终。

在全世界实现共产主义，首先取决于社会主义国家的巩固和发展，取决于这些国家所经历的社会主义建设的历史进程。共产主义只有在社会主义社会充分发展和高度发达的基础上才能实现。社会物质财富的充分涌流，人的精神境界和道德品质的不断提高，共产主义新人的培养和成长等，都需要很长的历史时期。因而，社会主义社会的充分发展和共产主义的实现将是一个漫长的历史过程。

共产主义远大理想的实现,需要一代又一代人为之努力。我们要坚定资本主义必然灭亡、共产主义必然胜利的信念,坚信随着世界社会主义运动的发展,特别是随着中国特色社会主义不断发展,社会主义制度必将越来越成熟,社会主义制度的优越性必将进一步显现,社会主义道路必将越走越宽广,社会主义对世界的影响必将越来越大,共产主义最终会在全人类实现。我们要有这样的道路自信、理论自信、制度自信,真正做到"千磨万击还坚劲,任尔东西南北风","集中精力办好自己的事情,不断壮大我们的综合国力,不断改善我们人民的生活,不断建设对资本主义具有优越性的社会主义,不断为我们赢得主动、赢得优势、赢得未来打下更加坚实的基础"。①

【教材内容链接】《马克思主义基本原理》第七章第二节"实现共产主义是历史发展的必然趋势"之"实现共产主义是长期的历史过程"——社会主义社会的充分发展和最终向共产主义过渡需要很长的历史时期

【案例五】克服艰难险阻,展望共产主义

石可破也,而不可夺坚;丹可磨也,而不可夺赤。

——[战国]吕不韦及其门客《吕氏春秋·诚廉》

【案例分析】

石头可以被打碎,但无法改变它坚硬的质地;丹砂可以被研磨,但不能改变它朱红的颜色。

硬度和颜色分别是石头、丹砂的本性所具有的,是与生俱来的,不能任意择取和变更。从资本主义到共产主义的转变是整个社会的根本改造,是一个长期而艰难的历史过程,需要坚韧不拔的意志作为支撑,以此实现共产主义的远大理想,因此,这一过程必然是十分漫长且充满艰难曲折的。

---

① 《习近平著作选读》(第一卷),人民出版社,2023年,第84页。

中国共产党的一百多年历程,就是一部高举真理旗帜、为远大理想不懈奋斗的历史。一百多年来,共产主义远大理想激励了一代又一代共产党人英勇奋斗,成千上万的烈士为了这个理想献出了宝贵的生命。历史经验证明,对社会主义的长期性应有充分的估计,决不能超越阶段急于迈向共产主义,否则会欲速不达,带来严重的后果。历史经验也证明,在社会主义的发展过程中,还存在遭受严重挫折甚至发生资本主义复辟的可能性,对此必须始终保持头脑清醒。邓小平指出:"我们搞社会主义才几十年,还处在初级阶段。巩固和发展社会主义制度,还需要一个很长的历史阶段,需要我们几代人、十几代人,甚至几十代人坚持不懈地努力奋斗,决不能掉以轻心。"[①]

【教材内容链接】《马克思主义基本原理》第七章第二节"实现共产主义是历史发展的必然趋势"之"实现共产主义是长期的历史过程"——社会主义社会的充分发展和最终向共产主义过渡需要很长的历史时期

第三节 共产主义远大理想与中国特色社会主义共同理想

人类实现共产主义远大理想的过程,就好比一次远航。阶段性的理想就像大海中的灯塔,指引着人类的航船一步步驶向胜利的彼岸。中国特色社会主义共同理想,就是一座照亮中国人民征途的灯塔。在新时代新征程上,大学生应该坚持远大理想与共同理想的辩证统一,为理想而奋斗。

本节共精选5个中华优秀传统文化案例,用以阐释和印证坚持远大理想与共同理想的辩证统一;坚定理想信念,投身新时代中国特色社会主义伟大事业两个问题。

[①]《邓小平文选》(第三卷),人民出版社,1993年,第379~380页。

中华优秀传统文化融入《马克思主义基本原理》案例研究指南

【案例一】家国情怀

穷则独善其身,达则兼善天下。

——[战国]孟子、其弟子及其再传弟子《孟子·尽心章句上》

先天下之忧而忧,后天下之乐而乐。

——[北宋]范仲淹《岳阳楼记》

天下兴亡,匹夫有责。

——[明末清初]顾炎武《日知录·正始》

【案例分析】

一个人在不得志的时候,就要洁身自好,注重提高个人修养和品德;一个人在得志显达的时候,就要想着把"善"发扬光大,惩恶扬善。

在天下人忧愁之前先忧愁,在天下人快乐之后才快乐。

把国家、民族的利益摆在首位,为祖国的前途、命运担忧分愁,为天底下的人民幸福出汗、流血。天下的存亡,就连百姓也有责任。

这三句话充分展现了"家国天下"的政治情怀。这种家国情怀指引了一代代中国人的道路,从"学而优则仕"到"为中华之崛起而读书",也正是这种"家是最小国,国是千万家"的情怀,支撑中国人民战胜压迫与侵略,走向自由与平等。

邓小平指出:"我们一定要经常教育我们的人民,尤其是我们的青年,要有理想。为什么我们过去能在非常困难的情况下奋斗出来,战胜千难万险使革命胜利呢?就是因为我们有理想,有马克思主义信念,有共产主义信念。我们干的是社会主义事业,最终目的是实现共产主义。"[①]理想是指引人们奋斗方向的航标,也是推动人们前进的强大精神动力。一个社会不能没有理想,一个人也不能没有理想。个人的理想必须同社会发展进步的大趋势相一致。

---

① 《邓小平文选》(第三卷),人民出版社,1993年,第110页。

第七章 共产主义崇高理想及其最终实现

共产主义理想是建立在科学基础上的社会理想,是人类最伟大的社会理想。

我国当前正处于社会主义初级阶段,建设有中国特色社会主义是我国人民的历史使命和共同理想。在坚持和发展中国特色社会主义的实践中,我们不但要坚定中国特色社会主义共同理想,而且要进一步树立共产主义远大理想。

【教材内容链接】《马克思主义基本原理》第七章第三节"共产主义远大理想与中国特色社会主义共同理想"之"坚持远大理想与共同理想的辩证统一"

【案例二】坚定理想信念,实现共产主义

吾心信其可行,则移山填海之难,终有成功之日;吾心信其不可行,则反掌折枝之易,亦无收效之期也。

——孙中山《建国方略·自序》

【案例分析】

如果有信心把某件事做成,即使像移山填海一样困难,也会有成功的一天;如果没有信心把事情做成,即使像翻手掌、折树枝一样容易,也不会有见成效的时候。

理想是人生航程的灯塔,是人生奋斗的目标。在坚持和发展中国特色社会主义的实践中,我们不但要坚定中国特色社会主义共同理想,而且要进一步树立共产主义远大理想。习近平在纪念马克思主义诞辰200周年大会上的讲话指出:"马克思主义奠定了共产党人坚定理想信念的理论基础。我们要全面掌握辩证唯物主义和历史唯物主义的世界观和方法论,深刻认识实现共产主义是由一个一个阶段性目标逐步达成的历史过程,把共产主义远大理想同中国特色社会主义共同理想统一起来、同我们正在做的事情统一起来,坚定中国特色社会主义道路自信、理论自信、制度自信、文化自信,坚守共产党人的理想信念,像马克思那样,为共产主义奋斗终身。"①

中国特色社会主义道路是中华民族最终走向共产主义的必由之路。只有沿着这条道路前进,中国的社会主义建设才能取得成功,社会主义制度的优越性才能得到充分的体现,社会主义社会才能在充分发展和高度发达的基础上,逐步迈向共产主义社会。"我们现在坚持和发展中国特色社会主义,就是向着最高理想所进行的实实在在努力。"②

【教材内容链接】《马克思主义基本原理》第七章第三节"共产主义远大理想与中国特色社会主义共同理想"之"坚持远大理想与共同理想的辩证统一"——坚持和发展中国特色社会主义是中华民族通向共产主义的必由之路

【案例三】无私报国

帝初为飞营第,飞辞曰:"敌未灭,何以家为?"或问天下何时太平,飞曰:"文臣不爱钱,武臣不惜死,天下太平矣。"

——[南宋]章颖《宋史·岳飞传》

【案例分析】

皇帝开始的时候想为岳飞建造府邸,岳飞推辞说:"敌人还没有被消灭,怎么能够建立自己的府邸呢?"有的人问天下什么时候太平,岳飞说:"文臣不吝惜钱,武臣不吝惜死,天下就太平了。"

这句话表现了南宋爱国英雄岳飞在内忧外患、国难当头的时刻,希望政治清明、国家太平的理想。这种忧国忧民的家国情怀,增强了民族凝聚力和向心力,也将自立自强、反抗压迫的精神种子埋进了中国人的心中,成为中华民族奋然前行、战胜困难的精神力量。

习近平指出:"青年是标志时代的最灵敏的晴雨表,时代的责任赋予青

---

① 习近平:《在纪念马克思诞辰200周年大会上的讲话》,《人民日报》,2018年5月5日。
② 《习近平谈治国理政》(第二卷),外文出版社,2017年,第143页。

第七章　共产主义崇高理想及其最终实现

年,时代的光荣属于青年。"①青年是祖国的未来、民族的希望。青年兴则国家兴,青年强则国家强。实现中华民族伟大复兴的中国梦,夺取新时代中国特色社会主义的伟大胜利,将全国各族人民的共同理想变为现实,需要一代又一代有志青年接续奋斗。"广大青年要坚定不移听党话、跟党走,怀抱梦想又脚踏实地,敢想敢为又善作善成,立志做有理想、敢担当、能吃苦、肯奋斗的新时代好青年,让青春在全面建设社会主义现代化国家的火热实践中绽放绚丽之花。"②宣扬家国情怀,能够正确引领大学生们走在新时代的前列,做新时代的奋进者、开拓者、奉献者,以执著的理想信念、优良的品德、丰富的知识、过硬的本领投身于中国特色社会主义建设的伟大实践中,在实现中华民族伟大复兴的中国梦的生动实践中放飞青春梦想,创造无限的人生价值。

【教材内容链接】《马克思主义基本原理》第七章第三节"共产主义远大理想与中国特色社会主义共同理想"之"坚定理想信念,投身新时代中国特色社会主义伟大事业"

【案例四】担当使命

为天地立心,为生民立命,为往圣继绝学,为万世开太平。

——[北宋]张载《横渠语录》

【案例分析】

为天地确立起生生之心,为百姓指明一条共同遵行的大道,继承孔孟等以往的圣人快要失传的学问,为天下后世开辟永久太平的基业。

这四句言简意宏、掷地有声的名言,涉及了社会和民众的精神价值、生活意义、学统传承、政治理想等内容,被后儒尊为"横渠四句"。

---

① 中共中央文献研究室编:《习近平关于青少年和共青团工作论述摘编》,中央文献出版社,2017年,第4页。
② 习近平:《高举中国特色社会主义伟大旗帜　为全面建设社会主义现代化国家而团结奋斗——在中国共产党第二十次全国代表大会上的报告》,人民出版社,2022年,第71页。

中华优秀传统文化融入《马克思主义基本原理》案例研究指南

2016年5月17日,习近平总书记在哲学社会科学工作座谈会上指出:"自古以来,我国知识分子就有'为天地立心,为生民立命,为往圣继绝学,为万世开太平'的志向和传统。"①关心民生疾苦、心系国家命运、传承文化精神,将个体之小我融入国家民族之大我中,将短暂之生命融入文化传承的历史长河中,是中国知识分子独特的精神传统。

一代青年有一代青年的历史际遇。青年学子应树立远大理想抱负,树立正确的人生观、价值观、历史观、道德观和世界观。用马克思主义的辩证思维和历史思维去把握远大理想和共同理想的关系,任何时候都要坚持远大理想和共同理想的统一,不能把它们割裂开来、对立起来。"新时代的中国青年要以实现中华民族伟大复兴为己任,增强做中国人的志气、骨气、底气,不负时代,不负韶华,不负党和人民的殷切期望!"②积极投身新时代中国特色社会主义伟大事业,勇做担当中华民族伟大复兴大任的时代新人。

【教材内容链接】《马克思主义基本原理》第七章第三节"共产主义远大理想与中国特色社会主义共同理想"之"坚定理想信念,投身新时代中国特色社会主义伟大事业"

【案例五】坚定理想信念

功崇惟志,业广惟勤。

——[上古时代]《尚书·周书·周官》

【案例分析】

取得伟大的功业,是因为有伟大的志向;完成伟大的功业,在于辛勤不懈地工作。

这句话出自《周官》篇,是周公在消灭了殷商残部以及淮夷的叛乱,回到

---

① 习近平:《在哲学社会科学工作座谈会上的讲话》,《人民日报》,2016年5月19日。
② 《习近平谈治国理政》(第四卷),外文出版社,2022年,第14页。

都城丰邑,代表周成王向群臣宣布的关于本朝职官制度的诰令。《周官》除了对官职设立的理念进行说明外,还对一些重要官职的责任范围进行了规定,也对各级官员如何履行职责进行了训诫,立下了一些直到今天仍未过时的政治原则和规矩。"功崇惟志,业广惟勤",就是其中非常重要的一条。意思是功高由于有志,业大在于勤劳。以此勉励群臣,要树立远大志向以及勤勉为政的态度,如此才能恪尽职守、不辱使命。这句话无疑是一个真理,即想要建立一番功业,既要有高远的志向,同时也要付出辛勤的努力,"志"与"勤"二者,缺一不可。用现在的话来说,就是既要仰望星空,又要脚踏实地。

习近平总书记指出:"理想指引人生方向,信念决定事业成败。没有理想信念,就会导致精神上'缺钙'。中国梦是全国各族人民的共同理想,也是青年一代应该牢固树立的远大理想。中国特色社会主义是我们党带领人民历经千辛万苦找到的实现中国梦的正确道路,也是广大青年应该牢固确立的人生信念。"[1]青年是祖国的未来、民族的希望。青年兴则国家兴,青年强则国家强。实现中华民族伟大复兴的中国梦,夺取新时代中国特色社会主义的伟大胜利,将全国各族人民的共同理想变为现实,需要一代又一代有志青年接续奋斗。新时代的青年,必须坚定理想信念。要以勇于担当的精神,做走在新时代前列的奋进者、开拓者、奉献者,以执着的信念、优良的品德、丰富的知识、过硬的本领,同人民群众一道,担负起历史赋予的重任,在实现中华民族伟大复兴中国梦的生动实践中放飞青春梦想。

【教材内容链接】《马克思主义基本原理》第七章第三节"共产主义远大理想与中国特色社会主义共同理想"之"坚定理想信念,投身新时代中国特色社会主义伟大事业"

---

[1] 习近平:《在同各界优秀青年代表座谈时的讲话》,《人民日报》,2013年5月5日。

参考文献

一、著作

1.《马克思恩格斯选集》(第一~四卷),人民出版社,2012年。

2.《马克思恩格斯文集》(第一~二卷),人民出版社,2009年。

3.《马克思恩格斯全集》(第三卷),人民出版社,1960年。

4.《马克思恩格斯全集》(第四十卷),人民出版社,1982年。

5.《列宁全集》(第三十九卷),人民出版社1986年。

6.《列宁全集》(第五十五卷),人民出版社,2017年。

7.《列宁选集》(第二卷),人民出版社,2012年。

8.《毛泽东选集》(第一~四卷),人民出版社,1991年。

9.《毛泽东文集》(第三卷),人民出版社,1996年。

10.《毛泽东文集》(第六~八卷),人民出版社,1999年。

11.毛泽东:《"七大"工作方针》,人民出版社,1981年。

12.《邓小平文选》(第三卷),人民出版社,1993年。

13.《习近平谈治国理政》(第一~四卷),外文出版社,2018年、2017年、2020年、2022年。

14.《习近平著作选读》(第一卷),人民出版社,2023年。

15.习近平:《之江新语》,浙江人民出版社,2007年。

16.习近平:《共同创造亚洲和世界的美好未来——在博鳌亚洲论2013年年会上的主旨演讲》,人民出版社,2013年。

17.习近平:《在哲学社会科学工作座谈会上的讲话》,人民出版社,2016年。

18.习近平:《在省部级主要领导干部学习贯彻党的十八届五中全会精神专题研讨班上的讲话》,人民出版社,2016年。

19.习近平:《决胜全面建成小康社会 夺取新时代中国特色社会主义伟大胜利——在中国共产党第十九次全国代表大会上的报告》人民出版社,2017年。

20.习近平:《在纪念马克思诞辰200周大会上的讲话》人民出版社,2018年。

21.习近平:《论党的宣传思想工作》,中央文献出版社,2020年。

22.习近平:《在党史学习教育动员大会上的讲话》,人民出版社,2021年。

23.习近平:《在庆祝中国共产党成立100周年大会上的讲话》,人民出版社,2021年。

24.习近平:《高举中国特色社会主义伟大旗帜 为全面建设社会主义现代化国家而团结奋斗———在中国共产党第二十次全国代表大会上的报告》,人民出版社,2022年。

25.中共中央文献研究室编:《习近平关于全面深化改革论述摘编》,中央文献出版社,2014年。

26.中共中央文献研究室编:《习近平关于青少年和共青团工作论述摘编》,中央文献出版社,2017年。

27.中共中央文献研究室编:《习近平关于社会主义文化建设论述摘编》,中央文献出版社,2017年。

28.中共中央文献研究室编:《习近平关于协调推进"四个全面"战略布局论述摘编》,中央文献出版社,2015年。

29.中共中央纪律检查委员会、中共中央文献研究室编:《习近平关于党风廉政建设和反腐败斗争论述摘编》,中国方正出版社、中央文献出版社2015年。

30.中共中央党史和文献研究院编:《习近平关于社会主义精神文明建设论述摘编》,中央文献出版社,2022年。

31.中共中央党史和文献研究院编:《十九大以来重要文献选编》(中),中央文献出版社,2021年。

32.中共中央文献研究室编:《十八大以来重要文献选编》(上),中央文献出版社,2014年。

33.中央全面依法治国委员会办公室:《中国共产党百年法治大事记》(1921年7月—2021年7月),人民出版社、法律出版社,2022年。

34.人民日报评论部:《习近平用典》(第一~二辑),人民日报出版社,2015年、2018年。

35.人民日报评论部:《习近平讲故事》,人民出版社,2017年。

36.中共中央宣传部、中央广播电视总台:《平语近人——习近平总书记用典》,人民出版社,2019年。

37.中共中央宣传部、中央广播电视总台:《平"语"近人——习近平喜欢的典故》(第二季),人民出版社,2021年。

38.梁漱溟:《东西文化及其哲学》,上海人民出版社,2006年。

39.倪其心、吴鸥译注:《杜甫诗选译》,凤凰出版社,2011年。

40.齐艳:《中国传统文化与高校思想政治教育的融合性研究》,中国广播影视出版社,2019年。

41.朱康有:《中华传统文化与马克思主义》,重庆出版社,2019年。

42.毕国明、许鲁洲:《中国哲学与马克思主义哲学中国化》,人民出版社,2010年。

二、报刊文章

1.陈先达等:《学术自觉与马克思主义哲学中国化的百年探索》,《马克思主义与现实》,2021年第6期。

2.范树成:《马克思主义整体性研究的方法论》,《高校马克思主义理论研究》,2016年第2期。

3.李娜:《习近平关于中华优秀传统文化重要论述的逻辑维度和价值意蕴》,《中共福建省委党校(福建行政学院)学报》,2022年第2期。

4.唐文忠等:《马克思主义基本原理同中华优秀传统文化的内在契合与相互作用》,《艺苑》,2021年第6期。

5.王元珍:《中华优秀传统文化融入"马克思主义基本原理概论"课程教学探究》,《教育现代化》,2019年第57期。

6.王洪刚:《思政课讲好中华优秀传统文化故事的意义、主要内容和理论问题》,《北方工业大学学报》,2020年第3期。

7.王锦:《中国传统文化与马克思主义的契合》,《法制与社会》,2020年第3期。

8.于志全:《谬误与真理之门》,《写作》,2005年第16期。

9.何平:《中古自然经济下的货币拜物教经典〈钱神论〉》,《中国钱币》,2019年第5期。

10.李俊:《中国古代政府权力制衡体制初探——皇权与相权的平衡》,《学理论》,2013 年第 33 期。

11.彭安玉:《论中国古代王权制衡现象及特征》,《湖北行政学院学报》,2003 年第 4 期。

12.曹德本:《中国古代辩证法思想的矛盾观》,《社会科学战线》,1985 年第 2 期。

13.袁文斌,苏子毓:《论"构建社会主义和谐社会"理论是对中国古代传统"和谐"思想的继承和发展》,《社会科学论坛》,2010 年第 2 期。